Chère lectrice,

S'il est bien connu que
c'est particulièrement vra
d'abord, en 1292, accuei
venu en visite au château
toujours que les Highla..
de son hôte, qui saisit la première occasion pour l'enlever et la séquestrer dans sa forteresse, la conforte d'abord dans ses préjugés. Mais, avec le temps, *La captive des Hautes-Terres* va réviser son jugement... Des préjugés, Riona, *La rebelle écossaise*, en a elle aussi. Comment avoir de l'estime pour un homme qui, soucieux de contracter un riche mariage, réunit chez lui toutes les demoiselles nobles des environs afin de faire son choix ? Bien sûr, en 1240, les mariages d'intérêt sont légion. Mais Riona, elle, poursuit d'autres rêves... Plus tard, en 1540, Morgana fuit un prétendant quand son chemin croise celui d'un rebelle qui, à la suite d'un quiproquo, la prend pour une traîtresse à la solde des Anglais. Entre eux, d'emblée, la passion flambe — et le ton monte ! Car, même follement éprise, Morgana n'a aucune intention de se plier au joug d'un despotique *Seigneur irlandais*. Un siècle plus tard, Anne fait elle aussi une rencontre qui va bouleverser sa vie : habillée en homme, elle galope à travers la lande pour échapper à un oncle indigne lorsque surgit un mystérieux *Brigand de la nuit*. Bien plus tard, sous la Régence anglaise, Horatia se rend chez le comte de Rule avec un objectif bien précis : lui faire sa *Demande en mariage*. Une démarche audacieuse, motivée par une raison surprenante... A la fin du XIXe siècle, dans le Colorado, Harriet poursuit également un objectif hasardeux : obtenir de Brandon Calhoun, un riche banquier, qu'il autorise sa fille Jenny, à épouser le jeune frère d'Harriet. Mais, très vite, la discussion tourne à l'orage... Le bébé qu'attend Jenny, *L'enfant du printemps*, saura-t-il les réconcilier ?

Enfin, le 1er septembre, ne manquez pas le nouveau titre de la collection Best Sellers : *Une passion irlandaise* de Brenda Joyce.

Bonne lecture et rendez-vous en octobre,

La responsable de collection

La demande en mariage

GEORGETTE HEYER

La demande en mariage

LES HISTORIQUES

éditions Harlequin

Si vous achetez ce livre privé de tout ou partie de sa couverture, nous vous signalons qu'il est en vente irrégulière. Il est considéré comme « invendu » et l'éditeur comme l'auteur n'ont reçu aucun paiement pour ce livre « détérioré ».

Cet ouvrage a été publié en langue anglaise sous le titre :
THE CONVENIENT MARRIAGE

Traduction française de
ENID BURNS

HARLEQUIN®

est une marque déposée du Groupe Harlequin
et Les Historiques® est une marque déposée d'Harlequin S.A.

Toute représentation ou reproduction, par quelque procédé que ce soit, constituerait une contrefaçon sanctionnée par les articles 425 et suivants du Code pénal.
© 1934, Georgette Heyer. © 2008, Traduction française : Harlequin S.A.
83-85, boulevard Vincent-Auriol, 75013 PARIS — Tél. : 01 42 16 63 63
Service Lectrices — Tél. : 01 45 82 47 47
ISBN 978-2-2808-4403-1 — ISSN 1159-5981

À cette époque...

Dans ce roman Régence, l'héroïne et ses sœurs, comme toutes les élégantes de l'époque, arborent un réticule, un petit sac qui se balance au rythme de la marche...

Auparavant, au temps des paniers, les femmes dissimulaient de vastes poches dans les plis de leurs robes. Mais sous la Régence, qui marque le retour au goût antique, la sobre fluidité des toilettes qui épousent les lignes du corps rend cet artifice impossible. On suspend donc à l'épaule, ou à l'avant-bras, un réticule en maille ou en étoffe, égayé de glands tressés, ou bien brodé de fleurs, de devises, de rébus, ou encore de scènes mythologiques.

1.

Lady Winwood n'étant pas visible, la visiteuse matinale insista pour rencontrer Miss Winwood, ou, à défaut, une de ces demoiselles. Considérant la rumeur parvenue à ses oreilles, il eût été ahurissant d'entendre ici que toutes ces dames refusaient de se montrer. Mais, sans se faire prier davantage, le majordome ouvrit toute grande la porte, en déclarant que Miss Winwood se trouvait à la maison.

Après avoir appelé le cocher de sa très élégante voiture, pour lui ordonner de l'attendre un moment, Mme Maulfrey entra dans le vestibule plutôt obscur et demanda au majordome, d'un ton assez sec :

— Dites-moi donc où se trouve Miss Winwood. Ainsi n'aurez-vous pas à vous donner la peine de m'annoncer.

Les jeunes demoiselles, à ce qu'il semblait, se trouvaient rassemblées dans le petit salon. Mme Maulfrey hocha la tête et traversa le vestibule, ses hauts talons cliquetant sur le carrelage à damiers. Elle gravit l'escalier, son ample robe à panier caressant le mur d'un côté, la rampe de l'autre, et se fit la réflexion — pas pour la première fois ! — que cet escalier était bien trop étroit, et le tapis, plutôt miteux. Elle-même aurait eu honte d'habiter une maison aussi pauvrement arrangée. Puis elle se redit, non sans une indicible satisfaction, que, si elle était bien la cousine de ces gens, elle n'était pas, elle, une Winwood *de* Winwood.

Mme Maulfrey connaissait bien le *petit salon*, pièce minuscule, à l'arrière de la maison, réservée à l'usage des demoiselles. Arrivée sur le palier du premier étage, elle donna un coup sec de sa main gantée et entra sans attendre d'y être invitée.

Rassemblées près d'une fenêtre, les trois demoiselles Winwood offraient à la vue un agréable tableau. Assises sur un sofa recouvert d'un satin jaune passé, Miss Elizabeth et Miss Charlotte se tenaient par la taille. Elles se ressemblaient beaucoup, mais, de l'avis général, Miss Elizabeth était la plus belle. A l'entrée tapageuse de Mme Maulfrey, elle tourna vivement la tête vers la porte ; ses yeux bleus s'écarquillèrent sans excès et sa bouche s'arrondit, juste un peu, pour former un O qui exprimait, avec retenue, sa surprise. Autour de son visage très régulier s'agitèrent à peine ses boucles blondes corsetées par un bandeau assorti à la couleur de ses yeux.

Miss Charlotte n'était pas à son avantage lorsqu'elle se trouvait placée à côté de la beauté de la famille, mais elle pouvait se targuer d'être une vraie Winwood, avec le fameux nez tout droit et les yeux si bleus. Ses boucles, pas aussi blondes que celles de ses sœurs, devaient leur existence au fer à friser ; ses yeux étaient d'un bleu légèrement plus fade ; et son teint semblait un peu cireux. Elle n'en demeurait pas moins une très jolie et très agréable jeune fille.

Miss Horatia, la plus jeune des trois, n'arborait rien qui pût dénoncer son appartenance familiale, si ce n'était son nez, Winwood lui aussi. Elle avait les cheveux bruns et les yeux gris. Ses sourcils, presque noirs et tout droits, lui faisaient une mine sérieuse, presque perpétuellement chagrinée ; elle avait beau faire, elle n'arrivait pas à les arrondir le moins du monde. D'une demi-tête plus petite que ses sœurs, elle était obligée d'admettre, à son grand regret, qu'elle ne grandirait plus parce qu'elle avait déjà dix-sept ans.

Quand Mme Maulfrey entra dans le petit salon, Horatia, assise sur un tabouret bas, près du sofa, le menton reposant sur les mains, semblait renfrognée ; à moins, se dit Mme Maulfrey, que ce fût là une illusion due à ces ridicules sourcils.

Les trois sœurs arboraient leur toilette du matin, robes légères de mousseline et larges ceintures en gaze. Tout cela d'un provincial ! songea Mme Maulfrey avec une sorte de satisfaction perverse.

— Mes chères enfants ! s'exclama-t-elle. Je suis venue aussi vite que j'ai pu dès que j'ai appris la nouvelle ! Mais dites-moi, est-ce bien vrai ? Rule s'est donc déclaré ?

Miss Winwood, qui s'était gracieusement levée pour accueillir sa cousine, parut vaciller. Elle avait pâli.

— C'est exact, balbutia-t-elle d'une voix mourante. Hélas, rien n'est plus vrai, Thérésa.

Les yeux de Mme Maulfrey s'écarquillèrent de respect.

— Oh, Lizzie ! murmura-t-elle dans un souffle extatique. Rule ! Vous serez donc comtesse ! Vingt mille livres de revenu par an, à ce qu'on m'a dit. Je crois même pouvoir affirmer qu'il y a plus encore à espérer.

Miss Charlotte, qui avançait un siège pour la visiteuse, lui fit observer, sur un ton de reproche à peine voilé :

— Nous sommes bien conscientes que Lord Rule est le plus estimable des partis. Cela dit, aucun homme, quelles que soient ses qualités, ne peut prétendre être digne de notre chère Lizzie.

— Charlotte ! s'exclama Mme Maulfrey, scandalisée. Comment osez-vous ? Rule est actuellement le meilleur parti possible et vous le savez fort bien ! Et j'affirme, moi, que vous le méritez, Lizzie ! Oui, je le pense vraiment, et je suis ravie pour vous. Et pensez au contrat de mariage !

Miss Charlotte manifesta sa réprobation.

— Thérésa, il n'est pas décent d'évoquer déjà ce contrat de mariage. Je ne doute pas que Maman saura arranger cela avec Lord Rule, mais il ne faut pas imaginer que Lizzie se pose de sordides questions quant à la fortune de son promis.

La plus jeune des demoiselles Winwood, qui, le menton dans

les mains, avait écouté la conversation, leva soudain la tête pour donner son avis, très tranché malgré son bégaiement.

— Ce mariage est q-quand même, q-qu'on le veuille ou non, une q-question d'argent.

Miss Charlotte parut peinée d'entendre cela, mais Miss Winwood, avec un petit sourire attristé, répondit :

— Je crains que Horry ne soit dans le vrai. C'est une question d'argent, rien de plus.

Puis elle se laissa retomber sur le sofa et tourna la tête pour regarder par la fenêtre.

Mme Maulfrey s'avisa que les beaux yeux bleus de la demoiselle brillaient de larmes.

— Eh bien, Lizzie ! murmura-t-elle. Qui croirait, à vous voir ainsi, que vous venez de recevoir la plus merveilleuse des propositions ?

— Mais enfin, Thérésa ! s'exclama Miss Charlotte en enlaçant sa sœur. Cette remarque n'est pas digne de vous ! Se peut-il que vous ayez oublié M. Héron ?

En effet, Mme Maulfrey avait oublié M. Héron. Bouche bée pendant quelques secondes, elle ne tarda pas à se reprendre, cependant.

— Oui, oui… M. Héron, bien sûr… C'est dommage… Mais Rule ! Réfléchissez ! Je ne dis pas que M. Héron n'est pas le plus estimable des hommes, mais il n'est que lieutenant, chère Lizzie ! Et il n'a pas de fortune. Il sera sans doute obligé de repartir pour cette horrible Amérique, où la guerre n'est pas près de se terminer… Donc, il ne faut plus penser à lui, ma petite.

— Non, murmura Elizabeth, d'une voix à peine audible. Il ne faut plus penser à lui.

Horatia reprit la parole.

— Moi je dis q-qu'il vaudrait mieux donner R-rule à Charlotte.

— Horry ! s'écria Charlotte.

— Que de sottises ne dites-vous pas ! énonça Mme Maulfrey en tâchant de sourire d'un air indulgent. Voyons, Horatia, c'est Elizabeth que Lord Rule désire épouser, pas Charlotte.

Horatia secoua la tête avec véhémence.

— Pas du tout ! Ce q-qu'il veut, c'est une Winwood, et tout a été arrangé voici des années d-déjà. Or, il n'a pas jeté les yeux sur L-lizzie plus d'une douzaine de fois. Alors, t-tirez-en les conclusions.

Miss Charlotte crut devoir protester.

— Pour rien au monde je n'épouserais Lord Rule, même si c'était à moi qu'il avait offert le mariage ! La notion même de mariage me répugne ! Ce que je veux — et il y a longtemps que j'y ai réfléchi —, c'est rester auprès de Maman pour l'aider dans ses vieux jours. Et j'ajoute, ma chère Horry, que le gentleman qui m'amènerait éventuellement à envisager le mariage devrait être très, très différent de Lord Rule ; il faudrait même qu'il fût à l'opposé !

Mme Maulfrey n'eut aucune peine à traduire cette affirmation, et elle la commenta en ces termes :

— Pour ma part, je ne détesterais pas un débauché… Et puis, Lord Rule est si beau !

— Je persiste à penser, reprit Horatia obstinée, que M-maman aurait dû proposer Charlotte.

— Chère Horry, tu ne comprends pas, soupira Elizabeth. Maman ne pourrait jamais faire quelque chose d'aussi saugrenu.

— Ma tante vous obligerait-elle à accepter ce mariage, Lizzie ? demanda Mme Maulfrey, tout émoustillée.

— Oh, non ! s'empressa de répondre Elizabeth ; certainement pas ! Vous connaissez Maman ! Elle est si gentille… Non, c'est moi qui, prenant conscience de mes devoirs envers la famille, ai pris cette initiative si… si désastreuse pour mon bonheur.

— Les hypothèques, ajouta Horatia, sentencieuse.

— Pelham, je suppose ? dit Mme Maulfrey.

— Bien sûr que c'est Pelham, répondit Charlotte, la voix empreinte de tristesse. Tout est sa faute. A cause de lui, la ruine nous menace.

— Pauvre Pelham, soupira Elizabeth. Je crains que notre pauvre frère ne soit... un peu extravagant.

Mme Maulfrey opina et reprit, sarcastique :

— Dettes de jeu, bien sûr ! Et ma tante qui le laisse faire !

— Il ne faut pas en vouloir à P-pel, déclara Horatia. Il a ça dans le sang. C'est pour cette raison q-que l'une d'entre nous doit épouser Lord Rule. Lizzie est l'aînée et certainement la p-plus belle, mais Charlotte ferait très bien l'affaire. Lizzie est p-promise à Edward Héron, tout de même !

— Je ne suis pas *promise* à proprement parler, corrigea Elizabeth. Simplement, nous avions espéré que s'il parvenait au grade de capitaine, Maman consentirait, peut-être...

— Même en supposant que M. Héron obtienne ce grade, fit observer Mme Maulfrey, avec le bon sens qu'elle aimait à manifester, peut-on raisonnablement comparer le capitaine d'un régiment de ligne avec Lord Drelincourt, comte de Rule ? En outre, il est de notoriété publique que ce jeune homme n'a pas de fortune, alors, je vous le demande, qui pourrait acheter ce grade pour lui ?

Imperturbable, Horatia expliqua :

— Edward m'a dit un jour q-que, avec une fiancée plus fortunée, il aurait quelque chance de devenir capitaine, mais...

Miss Winwood s'empourpra, porta ses deux mains à ses joues et geignit :

— Horry, je t'en prie !

— De toute façon, intervint Mme Maulfrey d'une voix tranchante, là n'est pas le problème ! Ma chère Lizzie, vous allez penser que je n'ai pas de cœur, mais pensez uniquement à la position que vous êtes sur le point de conquérir ! Songez à tous ces bijoux que vous pourrez porter.

Cette perspective parut horrifier Miss Winwood, mais elle

n'en dit rien, et il revint, comme souvent, à Horatia d'exprimer les sentiments des trois sœurs.

— C'est vulgaire de dire cela. Thérésa, vous êtes vulgaire.

A son tour, Mme Maulfrey rougit jusqu'à la racine des cheveux et, pour dissimuler son trouble, elle s'employa à arranger les plis de sa robe. Cela fait, elle reprit :

— Je sais bien que ces questions pécuniaires n'ont pas la moindre importance pour Lizzie, mais ne dites pas que ces fiançailles ne seraient pas une magnifique réussite pour elle ! Et d'abord, qu'en pense ma tante ?

— Elle est plutôt soulagée, affirma Charlotte. En vérité, nous devrions toutes l'être, vu la situation difficile dans laquelle nous a mises Pelham.

— A propos, où est donc Pelham ? demanda Mme Maulfrey.

— Nous ne le savons pas avec certitude, répondit Elizabeth. Aux dernières nouvelles, il se trouverait à Rome. Ce garçon n'aime pas trop donner de ses nouvelles, mais je suis sûre que nous ne tarderons plus à en avoir.

— Il faudra bien qu'il revienne pour assister à votre mariage, fit observer Mme Maulfrey. Mais, Lizzie, il faut que vous me le disiez franchement : Rule s'est-il déclaré pour de bon ? J'avais cru comprendre que tout était arrangé et que…

Elle s'interrompit en se mordant la lèvre, parut s'effaroucher de ce qu'elle s'apprêtait à déclarer, et reprit :

— Quoi qu'il en soit, je suis certaine qu'il fera le plus charmant des maris. Lui avez-vous donné votre assentiment, Lizzie ?

— Pas encore, fit la jeune fille d'une voix presque inaudible. Je… Moi aussi j'ai appris que ce mariage avait été arrangé à mon insu, Thérésa. J'ai rencontré Lord Rule, cela va de soi. Il a dansé avec moi les deux premières valses lors d'une soirée chez Almack… Pelham était encore à la maison, à cette époque. Il était — il a toujours été… — très aimable avec moi, mais je n'aurais jamais imaginé, encore moins rêvé, qu'il demanderait ma main. Hier seulement, il a sollicité auprès de Maman la permission de venir me faire sa cour. Quoi qu'il en soit, il n'y a rien encore d'officiel, vous pouvez l'imaginer.

— Tout cela me semble très convenable ! s'exclama Mme Maulfrey. Oh, ma chérie ! Vous pensez que je n'ai aucune sensibilité et j'en suis navrée, mais je vous jure que je suis toute chamboulée de savoir que Lord Rule se décide enfin à songer au mariage ; et avec vous ! Je vous jure que je donnerais mes yeux — ou plutôt, que je les aurais donnés si je n'avais pas épousé déjà M. Maulfrey — pour avoir cette chance ! Toutes les jeunes filles de la ville doivent penser comme moi. Mes petites, vous n'imaginez pas les appels du pied que Lord Rule a reçus !

— Thérésa ! protesta Charlotte. Je vous serais reconnaissante de ne pas parler de façon aussi crue !

Horatia, qui considérait sa cousine avec le plus grand intérêt, lui demanda, d'un air innocent :

— Que voulez-vous insinuer q-quand vous dites que Lord Rule se décide enfin à songer au mariage ? Cela signifie-t-il q-qu'il est déjà vieux ?

— Vieux ? Rule ? Allons donc ! Ma tête à couper, il n'a pas plus de trente-cinq ans. Et la jambe si bien tournée ! Et quelle distinction de toute sa personne ! Un sourire des plus engageants…

— Moi je dis q-que trente-cinq ans, c'est vieux, rétorqua Horatia avec calme. Edward n'a q-que trente-deux ans, lui.

Il n'y avait plus rien à dire après cela. Mme Maulfrey, comprenant qu'elle avait tiré de ses cousines tous les renseignements qu'elle pouvait en espérer, se dit qu'il était temps de prendre congé.

Désolée de voir Elizabeth accueillir avec chagrin la perspective d'un si avantageux mariage, elle se dit que plus vite le lieutenant Héron serait renvoyé à son régiment, mieux cela vaudrait. Aussi, quand une personne entre deux âges entra pour venir murmurer à l'oreille d'Elizabeth que le lieutenant Héron sollicitait la faveur d'un entretien, elle pinça les lèvres pour exprimer la plus vive désapprobation.

Elizabeth avait vivement rougi. Elle se leva avec précipitation en disant :

— Merci, Laney.

Miss Lane, la gouvernante, semblait être du même avis que Mme Maulfrey quant à cette visite. Elle suggéra, d'une voix déférente :

— Ma chère Miss Winwood, croyez-vous que ce soit nécessaire ? Pensez-vous que votre Maman acquiescerait ?

Elizabeth répondit avec dignité :

— Chère Laney, j'ai la permission de Maman pour recevoir M. Héron et l'informer de… de certains changements.

Elle se tourna vers Mme Maulfrey :

— Thérésa, je sais que vous ne parlerez à personne de la proposition faite par Lord Rule jusqu'à ce que nos fiançailles soient officiellement annoncées, n'est-ce pas ?

Elle sortit du petit salon.

— Quelle noble créature ! soupira Charlotte, alors que la porte se refermait doucement sur sa sœur. Moi, je dis que les épreuves qui accablent le sexe féminin sont humiliantes.

— Edward aussi est humilié, affirma Horatia, ses yeux au regard pénétrant restant fixés sur sa cousine. T-thérésa, si vous bavardez à tort et à travers, vous vous en repentirez. Il f-faut faire q-quelque chose !

— Mais que pouvons-nous faire, gémit Charlotte, alors que notre bonne Lizzie accepte de monter sur l'autel du sacrifice ?

— Epreuves ? Sacrifice ? s'exclama Mme Maulfrey. A vous écouter, on jurerait que Lord Rule est un ogre ! Ma petite Charlotte, vous mettez ma patience à rude épreuve ! Une maison à Grosvenor Square et une résidence campagnarde à Meering, permettez-moi de vous le dire, ce n'est pas ce que j'appellerais des épreuves bien terribles à subir. Il paraît qu'on doit parcourir, à Meering, sept miles dans le parc avant d'atteindre la résidence ; sept miles ! Vous rendez-vous compte ?

— Il est certain, dit la gouvernante, que la position matérielle de Lady Rule sera des plus avantageuses. Et qui, mieux que Miss Winwood, serait digne de porter ce titre prestigieux ? Personnellement, j'ai toujours pensé qu'elle était destinée à une place éminente dans la société.

Miss Horatia n'était pas de cet avis. Claquant des doigts, elle s'écria :

— Pfou ! Ce qu'il ne faut pas entendre ! C'est Rule qui gagne à ce mariage.

Elle s'attira cette remontrance :

— Miss Horatia, je vous prie de ne pas claquer des doigts : c'est très vulgaire !

Charlotte vint au secours de sa sœur.

— Il est vrai, Horry, que tu pourrais perdre cette méchante habitude de claquer des doigts, mais tu as tout de même raison. Lord Rule fait une excellente affaire en épousant une Winwood.

Pendant ce temps, Miss Winwood, après s'être arrêtée un instant sur les marches pour tenter d'amenuiser l'agitation que lui avait causée l'arrivée de M. Héron, reprenait sa descente en direction de la bibliothèque, au rez-de-chaussée.

Elle ne le savait pas, mais là attendait un homme aussi nerveux qu'elle.

M. Edward Héron, du 10e régiment d'infanterie qui opérait en Amérique, accomplissait pour lors une période au service du recrutement. Ayant été blessé à la bataille de Bunker's Hill, il avait été renvoyé en Angleterre, son état ne lui permettant plus — du moins pour un certain temps — de participer à d'autres engagements. Donc, en attendant sa complète guérison, il vaquait, pour son plus grand déplaisir, dans l'administration militaire.

Fils cadet d'un gentleman campagnard dont le modeste domaine touchait à celui du vicomte Winwood, il connaissait Miss Winwood depuis sa plus tendre enfance. Rejeton d'une excellente mais impécunieuse famille, il n'eût pas été un parti forcément acceptable pour la jeune fille, dont la noblesse surpassait de beaucoup la sienne.

A l'entrée de Miss Winwood, il se leva du siège qu'il occupait près de la fenêtre pour s'avancer. On lui reconnaissait habituellement beaucoup de charme, surtout lorsqu'il portait son uniforme écarlate, comme c'était le cas ce matin-là. Grand et bien bâti, le visage avenant et le regard assuré, il restait encore un peu pâle et amaigri à cause de sa convalescence prolongée. En outre, s'il avait le bras gauche encore raidi, il ne manquait pas de se proclamer en excellente santé et prêt à rejoindre son régiment dès qu'on l'y appellerait.

Au premier regard sur Miss Winwood, il comprit que l'anxiété, suscitée en lui par le billet de la demoiselle, n'était pas injustifiée. C'est pourquoi il demanda, d'un ton pressant :

— Que se passe-t-il, Elizabeth ? Est-ce si terrible ?

Et elle, agrippant le dossier d'une chaise pour affirmer sa position, lui répondit d'une voix tremblante :

— Oh, Edward ! Plus terrible que vous ne l'imaginez !

La pâleur du jeune homme s'accentua.

— Votre billet m'a alarmé. Je vous en prie, expliquez-moi !

Miss Winwood pressa son mouchoir sur ses lèvres.

— Lord Rule était hier avec Maman. Tenez, dans cette pièce ! Edward, tout perdu ! Lord Rule a demandé ma main.

Un lourd silence s'instaura dans la bibliothèque. Miss Winwood gardait la tête baissée devant M. Héron qui sentait le sol se dérober sous lui. Il demanda, d'une voix rauque :

— Et qu'avez-vous dit ?

Etait-ce d'ailleurs une question ? Il savait déjà ce que la jeune fille avait répondu car elle avait le sens du devoir. D'un léger haussement d'épaules, elle exprima son impuissance.

— Que pouvais-je dire ? Vous connaissez parfaitement notre situation, n'est-ce pas ?

Alors il se mit à marcher de long en large, nerveusement.

— Rule ! s'exclama-t-il. Est-il si riche ?

— Très riche, murmura Elizabeth, désolée.

Il sembla à Edward Héron que les mots se bousculaient dans sa gorge pour exprimer sa rage, sa douleur et sa passion déçue, mais aucun ne put franchir le barrage de ses lèvres. La vie venait de lui infliger un coup si cruel que tout ce qu'il put dire, d'une voix qui ne paraissait plus être la sienne, ce fut :

— Je vois…

Puis, s'apercevant qu'Elizabeth pleurait en silence, il se jeta vers elle pour la prendre par les mains et l'attirer vers un sofa, où il la fit asseoir en disant :

— Je vous en prie, mon amour, ne pleurez pas. Peut-être n'est-il pas trop tard. Nous allons trouver un moyen… Je suis sûr que nous allons trouver quelque chose.

Il parlait sans conviction car il savait bien qu'il ne pourrait jamais rien opposer à la formidable fortune de Marcus Drelincourt, comte de Rule. Enlaçant la jeune fille, il approcha son visage des boucles blondes tandis que de grosses larmes s'écrasaient sur sa redingote écarlate. Après un petit instant, Elizabeth soupira :

— Je sais que je vous rends très malheureux.

A ces mots, il se laissa tomber à genoux et enfouit son visage dans les mains qu'elle lui abandonnait en ajoutant :

— Maman a été si bonne. Elle m'a permis de vous annoncer moi-même la nouvelle. Il faut… il faut que nous nous fassions nos adieux, Edward. Je n'ai plus la force de continuer à vous voir. Je voudrais affirmer que vous aurez toujours une place dans mon cœur, mais je suppose que je n'ai pas le droit de dire cela, n'est-ce pas ?

— Je ne renonce pas à vous ! s'exclama-t-il avec emportement. Tous nos espoirs… nos projets… Y songez-vous, Elizabeth ?

Comme elle ne lui répondait pas, il reprit, d'une voix moins assurée :

— Que puis-je faire ? N'y a-t-il pas un moyen, vraiment ?

— Vous pensez bien que j'y ai déjà réfléchi, murmura-t-elle en tapotant la place à côté d'elle, pour l'inviter à s'asseoir. Hélas, n'avons-nous pas su, depuis le début, que notre rêve était irréalisable ?

Edward s'assit lourdement. Tête basse, les mains jointes entre ses genoux, il marmonna :

— C'est à cause de votre frère, n'est-ce pas ? Ses dettes…

Elizabeth hocha la tête.

— Maman a consenti à me dire toute la vérité. C'est encore pire que ce que j'imaginais. Tous nos biens sont hypothéqués. Il paraît que Pelham a perdu cinq mille guinées dans un tripot, à Paris.

— Ne gagne-t-il jamais ?

— Je ne sais pas… Il espère que la chance finira par le favoriser. Il ne se décourage pas.

Edward se redressa pour proclamer :

— Elizabeth, il ne faut pas vous sacrifier à cause de l'égoïsme, de la sottise de votre frère.

— Il ne faut pas dire cela. Vous connaissez comme moi le dérèglement fatal qui nous affecte, nous, les Winwood. Pelham n'est pas responsable, il n'y peut rien ! Notre père était déjà pareil. Quand Pelham a reçu son héritage, il l'a trouvé bien écorné. Maman m'a tout expliqué, vous dis-je. Elle en est désolée, nous avons pleuré ensemble, mais elle pense — et comment pourrais-je ne pas admettre cette vérité ? — que c'est mon devoir, pour la famille, de recevoir avec bienveillance la demande de Lord Rule.

— Rule ! gémit Edward. Un homme de quinze ans plus âgé que vous ! Et avec cette réputation ! Ainsi, il n'a eu qu'à lancer son gant à vos pieds et vous… Seigneur ! Je ne peux y songer sans frémir. Mais pourquoi a-t-il jeté sur vous son dévolu ? N'y a-t-il pas d'autres jeunes filles disponibles ?

— Je pense qu'il souhaite réellement s'allier à notre famille. A ce qu'on dit, il est très fier et notre famille est… très honorable malgré tout. Notre mariage sera de convenance, et il paraît que c'est une tradition de longtemps établie en France. Lord Rule ne prétend pas m'aimer, et comment le pourrait-il ? Je ne ferai pas semblant non plus.

Après un moment de silence, rythmé par le cartel placé sur la cheminée, la jeune fille reprit, d'une voix blanche :

— Il faut que vous partiez, maintenant. J'ai promis à Maman que je ne vous accorderais pas plus d'une demi-heure. Edward…

Le visage décomposé par le chagrin, elle se jeta dans les bras du jeune homme en s'exclamant, d'une voix entrecoupée de sanglots :

— Oh, mon amour, souvenez-vous de moi !

Trois minutes plus tard, la porte de la bibliothèque claquait. Les cheveux désordonnés, les gants et le chapeau dans ses mains qui tremblaient, M. Héron se dirigea, d'un pas mécanique, vers la sortie.

— Edward !

Alerté par le murmure suraigu venu de derrière lui, il se retourna et vit la plus jeune des demoiselles Winwood, penchée par-dessus la balustrade du palier.

— Montez, lui dit-elle. Il faut q-que je vous p-parle.

Il hésita. L'index impérieux, Horatia lui ordonna d'approcher.

— De quoi s'agit-il ? demanda-t-il, au bas des marches.

— Montez, v-vous dis-je !

Il gravit lentement les marches. Arrivé sur le palier, il se laissa saisir par la main et entraîner dans la grande pièce dont les fenêtres donnaient sur la rue. Horatia ferma la porte.

— Ne p-parlez pas trop fort, chuchota-t-elle. Maman se trouve à c-côté. Alors, q-que vous a-t-elle dit ?

— Je n'ai pas vu Lady Winwood...
— Vous êtes stupide ou q-quoi ? Je parle de Lizzie !
— Elle m'a dit adieu, c'est tout.

Horatia haussa les épaules et se montra très déterminée.

— Ecoutez-moi b-bien, Edward. Je crois q-que j'ai un p-plan.

A ces mots, il sentit l'espoir renaître en lui.

— Je ferai tout ce que vous me direz. De quoi s'agit-il ?
— Vous ne ferez rien, p-puisque c'est moi q-qui agirai.
— Vous ? Quelle est donc votre idée ?
— Je ne suis p-pas certaine de réussir, mais p-peut-être est-ce p-possible.
— Si vous voulez bien m'expliquer...
— Je ne p-peux pas. Je vous fais cette annonce parce q-que je vous vois très malheureux, mais je ne dirai rien de p-plus. Faites moi c-confiance, Edward.
— Je veux bien, mais...

Horatia attira Edward devant un miroir pour conseiller :

— Remettez un p-peu d'ordre dans vos cheveux... Et regardez votre chapeau, vous l'avez écrasé ! Voilà, c'est mieux... Maintenant, filez avant q-que Maman ne s'aperçoive de votre présence.

Comme elle le poussait vers la porte, il se retourna pour lui prendre les mains.

— Horry, je n'ai pas la moindre idée de ce que vous avez en tête, mais si vous pouvez sauver Elizabeth...

Deux fossettes se formèrent aux joues de la jeune fille et ses yeux gris s'illuminèrent.

— Je sais : vous me s-serez éternellement reconnaissant.
— Plus que cela !
— Pas si fort, M-maman va vous entendre !

Horatia ouvrit la porte, expulsa Edward, et referma sans bruit.

2.

M. Arnold Gisborne, ancien étudiant de Queen's College à Cambridge, passait pour chanceux aux yeux de sa famille car il avait réussi à se placer comme secrétaire auprès de Marcus Drelincourt, comte de Rule. Lui-même était assez content, car un tel emploi dans une maison noble lui permettrait sans doute d'accéder à une carrière publique, mais il eût de beaucoup préféré, car il se flattait d'être un jeune homme sérieux, se mettre au service d'un homme plus impliqué dans la conduite de la Nation. Quand Milord prenait intérêt pour quelque affaire, il consentait à siéger à la Chambre haute et prononçait, d'une belle voix grave et paresseuse, son soutien à une motion. Mais il n'avait pas ses entrées dans les ministères et ne cachait pas qu'il n'avait aucune envie de s'occuper plus ardemment de politique. Si Milord désirait se faire entendre, M. Gisborne était chargé de lui préparer un discours, et celui-ci s'acquittait de son devoir avec énergie et enthousiasme. La plume à la main, il *entendait* ses mots. Hélas, lorsque Milord jetait les yeux sur les feuilles couvertes d'une écriture fine et régulière, il s'exclamait avec lassitude :

— Admirable, mon cher Arnold, vraiment admirable. Mais ce n'est pas tout à fait mon style, vous ne pensez pas ?

Et M. Gisborne connaissait alors la douleur de voir la belle main de Milord, armée d'une plume comme d'un sabre, massacrer les périodes si magnifiquement ouvragées. Milord, conscient du chagrin qu'il infligeait ainsi à son secrétaire, levait parfois la tête pour déclarer avec un charmant sourire :

— Je souffre pour vous, Arnold, croyez-le. Mais je passe pour un être frivole, et je choquerais les lords en leur jetant à la tête un discours trop bien tourné. Ils ne m'y reconnaîtraient pas.

— Milord, répondait M. Gisborne avec une sévérité tempérée par le respect, dois-je comprendre qu'il vous plaît de passer pour un « être frivole » ?

— Bien sûr, Arnold ! Il faut suivre sa nature, toujours.

Alors M. Gisborne se tenait coi. Il préférait ne plus rien dire, estimant que c'eût été perdre son temps que de gloser davantage sur le sujet. Il aimait mieux rêver à un avenir qu'il espérait plus satisfaisant, ce qui ne l'empêcherait pas de s'occuper avec conscience des affaires de son maître présent. Lui-même fils d'un pasteur campagnard et élevé strictement, il n'approuvait pas la façon dont vivait M. le comte, il réprouvait ses assiduités coupables auprès de demoiselles fort légères, telles la Fanciola — une chanteuse d'opéra ! — ou une certaine Lady Massey, plus noble mais pas plus respectable.

Il avait appris avec grande surprise que Milord ambitionnait soudain d'embrasser l'état marital, il l'avait appris un matin, dans le bureau où il s'occupait à quelque travail d'écriture et où Milord, le voyant la plume à la main, l'avait apostrophé en gémissant :

— Vous êtes toujours si occupé, Arnold ! Je vous accable donc de travail ?

— Non, Sir, avait répondu M. Gisborne. Vous ne m'accablez pas.

— Vous êtes vraiment insatiable, mon cher ami… Mais quels sont ces papiers que vous agitez devant mon nez ?

— Je pensais, Milord, que vous aimeriez peut-être voir les comptes.

— Pas le moins du monde ! répliqua Lord Rule, d'un ton définitif, en s'adossant au manteau de la cheminée.

— Très bien, soupira M. Gisborne en reposant les documents sur la table. Vous n'aurez sans doute pas oublié, Milord, qu'il y a un débat à la Chambre, cet après-midi, auquel vous avez souhaité prendre part ? Enfin, je le pense…

Mais Milord pensait à autre chose. Milord, les bésicles sur le nez, examinait ses bottes d'un œil critique, et quand il releva la tête, ce fut pour demander, avec étonnement :

— Vous pensez quoi, Arnold ?

— Je pense que vous avez l'intention d'assister au débat à la Chambre, cet après-midi, Milord.

Le malheureux secrétaire s'attira cette réponse cinglante :

— Et moi, je pense que vous êtes ivre, mon cher ami. Mais dites-moi plutôt, est-ce une erreur de mes sens abusés, ou y a-t-il réellement un défaut dans mes bottes, à hauteur des chevilles ?

M. Gisborne jeta un vague coup d'œil en direction des belles bottes brillantes.

— Je ne remarque rien, Milord.

— Allons, Arnold, regardez mieux. Je vous en prie ! C'est important !

M. Gisborne se permit de n'obtempérer point. Croisant le regard de son maître, il se fendit même d'une recommandation.

— Milord, je pense que vous devriez partir, maintenant. Le temps presse, car dans un petit moment la Chambre basse…

— Voilà un petit moment que je sentais comme une gêne au niveau des chevilles, murmura le comte, dont l'esprit vagabondait très loin des Chambres haute et basse. Je vais être obligé de changer de bottier une fois de plus, je le crains.

Puis, laissant retomber ses bésicles au bout du long ruban de soie, il se plaça devant un miroir pour réarranger le nœud de sa cravate, en poursuivant :

— Ah ! N'oubliez pas de me rappeler, Arnold, que je dois me rendre chez Lady Winwood à 15 heures. C'est très important.

— Vraiment, Sir ?

— Oui, vraiment. Il me semble que ma nouvelle redingote dos de puce est un peu trop sombre pour aller en visite, et que le velours bleu conviendra mieux. Et qu'en est-il de la perruque à bourse ? Vous préférez sans doute celle à catogan, mais permettez-moi de vous dire, mon cher, que vous vous trompez complètement, parce que l'arrangement des boucles, sur le front, donne une impression de lourdeur. Vous ne voulez pas que je paraisse lourdaud, n'est-ce pas ?

Ayant donné une pichenette à ses dentelles, Lord Rule s'exclama alors :

— Oh ! Il me semble ne pas vous l'avoir dit ! J'envisage de convoler, Arnold.

— Vous, Sir ? Vous avez l'intention de vous marier ?

— Pourquoi pas ? Auriez-vous des objections ?

— Je n'objecte rien, Milord. Simplement, je m'étonne.

— Ma sœur considère qu'il est temps pour moi de prendre une épouse.

M. Gisborne avait beaucoup de respect pour la sœur de Milord, aussi se trouva-t-il heureux d'apprendre que ses avis avaient tant de poids. Il demanda :

— S'agit-il de Miss Winwood ?

— Miss Winwood, en effet. Vous voyez donc combien il est important que je n'oublie pas de me présenter chez Lady Winwood à 15 heures. J'ai bien dit 15 heures, n'est-ce pas ?

— Je ne manquerai pas de vous le rappeler, Sir.

La porte s'ouvrit et parut un valet en livrée bleue.

— Milord, fit-il avec un rien d'hésitation, une demoiselle demande à voir Milord.

M. Gisborne s'étonna de nouveau, mais avec retenue. S'il n'ignorait pas que Lord Rule menait une vie dissolue, c'était la première fois qu'une de ses belles amies venait lui rendre visite.

— Je crains, disait celui-ci, les sourcils hauts, je crains fort que vous n'ayez perdu la tête. J'ose espérer que vous avez déjà eu la présence d'esprit de dire que je n'étais pas visible.

Très gêné, tout rouge, le valet eut le front de répondre :

— La demoiselle m'a demandé de dire à Milord que Miss Winwood sollicite la faveur d'un entretien avec Milord.

Il y eut un moment de silence. M. Gisborne, qui avait dû se mordre la langue pour ne pas pousser une exclamation scandalisée, s'occupait à ranger des papiers sur sa table.

— Je vois, finit par murmurer Milord. Où se trouve Miss Winwood ?

— Dans le petit salon, Milord.

— Très bien. Je ne vous retiens pas.

Le valet s'inclina profondément et sortit en hâte. M. Gisborne rangeait ses papiers dans un ordre différent en se demandant pourquoi Lord Rule le regardait avec insistance.

— Arnold ?

— Oui, Milord ?

— Vous savez être discret, n'est-ce pas ?

— Certainement, Milord.

— J'en étais certain... un petit peu sourd aussi, peut-être ?

— En certaines occasions, Milord, je suis même complètement sourd.

— Ma question était idiote, reconnut Milord d'un ton bonhomme. Vous êtes le plus zélé des secrétaires, Arnold.

Sur ce compliment qui laissa M. Gisborne sans voix, le comte de Rule sortit de la pièce.

Il traversa l'immense vestibule pavé de marbre et aperçut, au passage, une jeune femme, visiblement une suivante, assise au bord d'une chaise, les mains crispées sur son réticule. Miss Winwood n'était pas venue sans chaperon, ce qui était rassurant.

Un laquais se précipita pour ouvrir les deux battants de la porte d'acajou donnant accès au petit salon. Milord entra.

Une demoiselle, pas aussi grande qu'il s'y attendait, se trouvait là. Le dos tourné à la porte, elle examinait un tableau. Elle pivota et montra un visage qui n'était certainement pas celui de Miss Winwood. Milord la toisa sans celer sa surprise. La demoiselle aussi devait être surprise, ce que trahissait un léger bégaiement.

— V-vous êtes bien L-lord Rule ?

— C'est ce qu'on m'a toujours dit, répondit Milord, amusé.

— Je p-pensais que vous étiez beaucoup p-plus vieux.

— C'est une vilaine pensée que vous aviez là. Mais êtes-vous venue ici simplement pour vérifier vos hypothèses à propos de mon âge ?

Prenant conscience de sa maladresse, la jeune fille rougit.

— P-pardonnez-moi, M-milord. Sans doute ai-je eu des p-propos inadéquats, mais il faut avouer q-que je suis surprise…

— Si vous êtes surprise, je suis flatté. Mais si vous n'êtes pas venue ici pour m'examiner, ne croyez-vous pas que vous devriez me dire ce que je pourrais faire pour vous, Miss…

La jeune fille sourit et, reprenant de l'assurance, elle planta son regard dans celui de Lord Rule pour répondre :

— P-pardonnez-moi de ne m'être point fait annoncer avec précision, mais je craignais q-que vous ne refusiez de me recevoir en apprenant q-que je n'étais pas Lizzie. Cela dit, je n'ai pas dit de gros mensonge, p-parce que je suis t-tout de même une Winwood, moi aussi… Horry Winwood.

— Horry ? répéta Lord Rule.

— Horatia, si vous préférez. Mais c'est un p-prénom tellement ridicule… Vous ne trouvez pas ? Ce p-prénom, je le dois à M. Horace Walpole, le ministre… Il faut vous dire q-qu'il est mon p-parrain, n'est-ce pas ?

— Certainement, fit Lord Rule en s'inclinant. Je vais sans doute vous paraître un peu sot et je vous prie de me pardonner,

29

mais — le croiriez-vous ? — je ne comprends pas le but de votre visite.

— Ah…, murmura Horatia Winwood, décontenancée. C'est un p-peu difficile à expliquer… Je c-comprends que vous soyez choqué par ma démarche, mais vous devez savoir q-que je suis venue avec ma suivante, Sir.

— Il est vrai que cette précision rend l'affaire déjà beaucoup moins choquante, admit Lord Rule en souriant. Mais je crois que vous seriez plus à l'aise pour parler si vous consentiez à vous asseoir. Et, pour commencer, ne voulez-vous pas me confier votre manteau ?

— M-Merci, dit Horatia en lui abandonnant son vêtement, avec un grand sourire. En fait, ma démarche m'apparaît maintenant b-beaucoup moins difficile. En vous attendant, j'avais l'impression de ne p-plus savoir ce que je devrais vous dire, mais puisque j'étais ici je n'allais pas p-prendre la fuite, n'est-ce pas ? Bien sûr, M-Maman ne sait rien, soyez-en sûr. Elle m'aurait empêchée de venir, mais je crois q-que c'est la seule solution.

Prêt à avouer qu'il comprenait de moins en moins, Lord Rule vit la jeune fille prendre une longue inspiration et lancer d'un trait :

— C'est à cause de L-Lizzie, ma sœur. Vous l'avez demandée en mariage, n'est-ce pas ?

Pris au dépourvu, Lord Rule s'inclina. Horatia jeta alors :

— Cela v-vous ennuierait-il beaucoup de m'épouser, moi plutôt qu'elle ?

Assis en face de la demoiselle, Lord Rule la considérait avec attention, tout en jouant distraitement avec ses bésicles, qu'il laissa brusquement tomber tandis qu'il se penchait en avant. Horatia, prenant sans doute ce mouvement pour l'annonce d'un refus, s'empressa d'expliquer :

— Je sais q-que normalement, c'est Charlotte q-qui devrait

être ici, puisqu'elle est plus âgée que moi, mais elle a dit q-qu'elle préférerait mourir plutôt que de vous épouser.

— Eh bien ! murmura Lord Rule, c'est une chance que je n'aie pas demandé la main de Miss Charlotte.

— Oh, q-que oui ! Je suis désolée d'avoir à vous le dire, mais Charlotte répugne à faire un tel sacrifice, même p-pour assurer le bonheur de Lizzie.

Lord Rule contint difficilement un accès d'hilarité et ses épaules se mirent à trembler, mouvement qui n'échappa nullement à la jeune fille, car elle demanda, inquiète :

— Ai-je dit quelque chose qu'il ne fallait pas ?

— Au contraire ! Votre conversation est des plus intéressantes, Miss Winwood !

— Je crois q-que vous vous moquez de moi ! lança-t-elle d'un ton accusateur. Vous semblez c-croire q-que je suis un p-peu simple d'esprit, mais ma démarche est très sérieuse.

— Vous êtes tout simplement délicieuse, mais ne sommes-nous pas en plein malentendu ? J'avais l'impression, en effet, que Miss Winwood avait accepté ma demande en mariage.

— Bien sûr q-qu'elle l'accepte, mais parce qu'elle est obligée, et elle en est terriblement malheureuse. C'est p-pourquoi j'ai pris la liberté de venir vous rendre visite. J'espère q-que je ne vous importune pas.

— Pas du tout ! s'exclama Lord Rule. Mais puis-je me permettre de vous demander pourquoi je suis si antipathique aux yeux de toute votre famille ?

— Vous n'êtes pas antipathique ! Maman vous aime bien et moi-même, je ne vous trouve pas désagréable du tout. Si vous vouliez bien demander ma main et non celle de Lizzie, je crois q-que je pourrais vous aimer.

— Pourquoi devrais-je vous demander en mariage ?

Les sourcils de la jeune fille se rapprochèrent sous l'effet de la réflexion, et elle expliqua :

— Cela vous paraîtra sans doute incongru, mais il faut que Lizzie épouse Edward Héron. Peut-être le connaissez-vous ?

— Je ne crois pas avoir ce plaisir.

— C'est un très bon ami à nous, et il aime Lizzie. Mais vous savez ce qu'il en est des cadets de famille, n'est-ce pas ? Ce pauvre Edward n'est même pas encore capitaine !

— Dois-je comprendre que M. Héron est dans l'armée ?

— Certainement : le 10e régiment d'infanterie. Si vous n'aviez pas d-demandé la main de Lizzie, je suis certaine q-que Maman aurait accepté de la marier à M. Héron.

— Il me semble que j'ai commis une erreur, murmura Lord Rule. Mais il n'est pas trop tard pour réparer.

— Allez-vous m'épouser à la place de Lizzie ? demanda Horatia, le regard brillant.

— Si je prends l'engagement de ne pas épouser votre sœur, il n'est pas nécessaire que vous vous sacrifiiez à sa place, ma chère enfant.

— Bien sûr q-que si ! Il faut q-que l'une d'entre nous vous épouse !

Le comte se leva, fit quelques pas dans la pièce, revint derrière son fauteuil, et, restant debout, les mains appuyées sur le dossier, il déclara :

— Ne croyez-vous pas nécessaire de m'expliquer toute l'histoire depuis le début et avec précision ? Je crains de n'avoir pas l'esprit bien vif, ce matin.

— Je veux bien essayer... Pour commencer, il faut q-que je vous l'avoue : nous sommes horriblement p-pauvres. Charlotte dit q-que tout est la faute de Pelham et elle a peut-être raison, mais il ne faut pas lui en vouloir, c-car il n'est pas responsable. Il joue... Jouez-vous aussi ?

— Cela m'arrive.

— A moi aussi ! s'exclama la jeune fille d'un ton joyeux et les yeux brillants. Pas pour de vrai, bien entendu, mais avec Pelham.

Il m'a tout appris. Charlotte dit q-que je ne devrais pas. Elle est c-comme ça, assez sévère, ce q-qui la pousse à s'emporter c-contre le pauvre Pelham. Elle s'agace très facilement. Remarquez, moi aussi je m'agace q-quand je pense q-que la pauvre Lizzie doit se sacrifier. Maman aussi se désole, mais elle dit q-que c'est malheureusement nécessaire, et q-que nous devons éprouver de la gratitude pour vous...

Elle rougit, hésita et posa la question qui lui brûlait les lèvres :

— Je sais q-qu'il est vulgaire de parler d'argent, mais vous êtes très riche, n'est-ce pas ?

— Très riche, admit Lord Rule.

— C'est cela..., murmura Horatia. Donc, vous voyez ?

— Je vois. Et vous voulez vous sacrifier.

Elle parut soudain timide.

— Je sais q-que je ne suis pas une beauté, c-comme Lizzie, mais j'ai le nez Winwood, comme vous pouvez le constater.

Lord Rule jeta un coup d'œil sur le nez qu'elle proposait à son examen.

— Il est incontestable que vous avez le nez parfait.

— Et vous pourriez peut-être vous habituer à mes sourcils ?

— Je pense que je le pourrais, assez facilement.

— Ils refusent de s'arrondir, reconnut la jeune fille avec tristesse. Il faut q-que je vous avoue aussi q-que j'ai cessé d'espérer grandir encore un peu.

— A mon avis, il serait dommage que vous grandissiez.

— Vous le croyez, vraiment ? C'est une g-grande épreuve pour moi, je peux vous l'assurer...

Elle prit une longue inspiration et ajouta, non sans difficulté :

— Vous avez s-sans doute remarqué q-que je bégaie.

— J'avais remarqué.

— Je c-comprendrais q-que ce bégaiement vous p-parût insupportable.

— Non seulement il ne m'est pas insupportable, mais il m'est agréable.

La jeune fille s'émerveilla.

— C'est la première fois q-qu'on me dit q-quelque chose de ce genre. Mais peut-être dites-vous cela p-pour me faire p-plaisir ?

— Pas du tout ! Je le dis parce que c'est vrai. Voulez-vous me dire quel est votre âge ?

— Cela a-t-il d-de l'importance ?

— Je pense que oui.

— Je m'en doutais un p-peu... Je viens d'avoir d-dix-sept ans.

— Vous venez d'avoir dix-sept ans ? Ma chère enfant, voilà qui met un terme à notre discussion.

— Suis-je trop jeune p-pour vous ?

— Beaucoup trop jeune, mon enfant.

Horatia parut ébranlée, mais elle s'arma de courage pour plaider sa cause.

— Il n'est pas impossible q-que je grandisse encore un p-peu. Ensuite, je ne veux pas vous p-paraître p-présomptueuse, mais on s'accorde à me reconnaître très raisonnable.

— Savez-vous quel est mon âge ? demanda Lord Rule.

— Non, mais ma cousine, Mme Maulfrey, dit q-que vous n'avez p-pas p-plus de trente-cinq ans.

— Cela ne vous paraît-il pas un peu vieux ?

— Oui, c'est p-plutôt vieux, mais à vous voir on ne c-croirait pas q-que vous avez trente-cinq ans.

— Merci ! s'exclama-t-il en riant et en s'inclinant. Mais je persiste à penser qu'un homme de trente-cinq ans ne peut pas faire un bon mari pour une jeune fille de dix-sept.

— Il ne faut p-pas dire cela ! P-Pour ma p-part, je n'accorde aucune imp-portance à cette différence d'âge. Je p-peux même vous dire q-que j'aimerais beaucoup être votre épouse.

Lord Rule s'inclina derechef.

— C'est un grand honneur que vous me faites là, Miss Winwood.

Contournant son fauteuil, il s'avança vers elle, qui se leva. Il lui prit la main, la porta à ses lèvres et demanda :

— Que voulez-vous que je fasse ?

— C'est très simple. Vous d-désirez épouser une jeune fille de ma famille, n'est-ce p-pas ?

— Je commence à le penser sérieusement.

— Et c'est p-pour cette raison q-que vous avez demandé la main de Lizzie.

— En effet.

Sur les lèvres d'Horatia s'ébaucha un sourire satisfait.

— Et vous ne voulez p-pas, je suppose, d'une épouse qui s'immisce dans vos occupations. Eh bien ! je vous p-promets q-que je ne m'immiscerai pas du t-tout !

— Et en retour, qu'attendriez-vous de moi ?

— Ne p-pourriez-vous pas faire q-quelque chose p-pour Edward ? Il me semble q-qu'il a besoin d'un p-protecteur.

— Et vous voudriez que je fusse ce protecteur ?

— Cela vous semble-t-il un f-fardeau impossible à p-porter ?

Lord Rule connut un chatouillis dans les petits muscles aux commissures de ses lèvres, mais c'est avec juste un frémissement dans la voix qu'il répondit :

— Je serai heureux de vous rendre ce service, Miss Winwood.

— Du fond du c-cœur je vous remercie, s'écria la jeune fille. Si vous f-faites cela, Edward et Lizzie pourront se marier. Ensuite, vous n'aurez plus q-qu'à dire à Maman q-que c'est moi q-que vous voulez épouser.

— Je ne formulerais pas ma proposition exactement de cette façon, mais cela dit j'aperçois une difficulté : comment proposer cet échange à Madame votre Mère sans lui révéler que vous en avez eu l'idée et que vous êtes venue me le proposer ?

— Ne vous mettez pas en p-peine pour si peu ! s'exclama la jeune fille avec entrain. Je le lui dirai moi-même. Il me semble q-que je devrais partir, maintenant. P-Personne ne sait où je suis, et on p-pourrait s'inquiéter pour moi.

— Pas si vite ! objecta Lord Rule. Il faut d'abord que nous buvions à notre arrangement si promptement et si heureusement conclu.

Il s'en alla tirer sur un cordon. Au laquais presque aussitôt apparu il ordonna :

— Apportez-nous une bouteille de ratafia et deux verres. Et que ma voiture soit à la porte dans dix minutes.

— Si le carrosse est pour moi, dit Horatia, je dois vous dire q-que ma rue est à deux pas d'ici.

— Vous me permettrez cependant de vous faire raccompagner, Miss Winwood.

Le majordome apporta lui-même le ratafia. Il posa le lourd plateau d'argent sur une petite table et, congédié d'un regard, il s'en alla avec un regret évident. Il eût tant aimé voir Milord boire du ratafia !

Ce dernier emplit les deux verres, en tendit un à Horatia.

— A notre arrangement !

Il vida son verre d'un trait.

— Je pense q-que j'ai bien fait de venir, dit la jeune fille, ravie.

Elle trempa ses lèvres dans son verre.

Dix minutes plus tard, Milord retournait dans la bibliothèque.

— Arnold, j'ai une nouvelle tâche à vous confier.
— Oui, Sir ? fit M. Gisborne en se levant.
— Il faut que vous me trouviez un brevet de capitaine au Dixième régiment d'infanterie… Je ne suis pas certain que ce soit le Dixième, mais vous saurez vous en assurer.
— Un brevet de capitaine au Dixième régiment d'infanterie… Pourquoi, pour qui, Sir ?
— Oui, pour qui ? Pour M. Cigogne… Non ! M. Héron ! Edward Héron ! Vous ne le connaîtriez pas, par hasard ?
— Je crains que non, Sir.
— Moi non plus, déplora Lord Rule. Arnold, j'ai confiance en vous ! Vous allez entreprendre une petite enquête sur ce M. Héron et tout me rapporter. Est-ce entendu ?
— Je ferai de mon mieux, Sir.

Lord Rule se dirigea vers la sortie. Sur le seuil, il se retourna.

— A propos, j'allais oublier de vous mettre au courant… C'est la plus jeune des demoiselles Winwood qui me fait l'honneur d'accepter ma demande en mariage.

M. Gisborne écarquilla les yeux.

— Miss Charlotte Winwood, Sir ? Je crois savoir qu'elle est à peine sortie de pension.
— Certainement pas Miss Charlotte ! Je sais, de source sûre, qu'elle ne supporterait pas de m'épouser.
— Oh, non ! s'écria M. Gisborne, tout pâle. Tout de même pas…
— Merci, Arnold. Je savais que j'aurais votre approbation.

Et Milord sortit de la bibliothèque.

3.

La plus jeune des demoiselles Winwood rentra chez elle sous le regard de ses deux sœurs qui l'attendaient, inquiètes, postées à la fenêtre du salon. Il va sans dire que son absence avait été remarquée, mais, le portier ayant pu affirmer que Miss Winwood était sortie chaperonnée par la gouvernante, l'affaire ne semblait pas plus grave que d'habitude. Mais quelle mouche avait piqué la jeune Horatia ? Ce n'était pas dans ses habitudes de sortir ainsi, sans prévenir… Allons ! Sans doute avait-elle voulu acquérir ce ruban écarlate aperçu dans la boutique d'une modiste, et qu'elle convoitait depuis quelque temps. Telle était l'hypothèse que Lizzie avait énoncée de sa voix toujours si douce, et que Lady Winwood effondrée sur un sofa, un mouchoir dans une main et son flacon dans sels dans l'autre, avait acceptée pour vraie, avec empressement.

L'apparition, au bout de la rue, d'une splendide voiture tirée par deux chevaux parfaitement assortis et au harnachement luxueux n'avait suscité que curiosité distraite jusqu'au moment où il était devenu certain qu'elle allait s'arrêter au 20 South Street, la demeure des Winwood. Charlotte, le nez contre la vitre, s'exclama :

— Seigneur, qui cela peut-il bien être ? Maman, quelqu'un vient en visite ! Il y a des armoiries sur la portière, mais je ne vois pas bien… Lizzie ! Je n'y crois pas ! C'est Lord Rule !

— Oh, non ! gémit Elizabeth, les deux mains sur son cœur.

Mais le laquais accroché derrière le carrosse avait sauté sur le sol pour ouvrir la portière...

— Mais c'est Horry ! s'exclama Charlotte.

Le flacon de sels sous le nez, Lady Winwood gémit :

— Charlotte, aie un peu pitié de mes nerfs, je te prie.

— Maman, je vous jure que je dis la vérité !

Elizabeth, très pâle, se laissa tomber dans un fauteuil en disant :

— Oh ! Qu'a-t-elle encore manigancé ? Rien de monstrueux, j'espère...

Des pas rapides se firent entendre dans l'escalier, la porte s'ouvrit, Horatia parut. Les yeux brillants, le chapeau à la main, elle s'avança jusqu'au milieu du salon, devant sa mère qui tenait sa tête à deux mains et semblait sur le point de s'évanouir.

Elizabeth protesta pour elle.

— Je t'en prie, Horry, ferme la porte. Et cesse de t'agiter ainsi ! Tu vois bien que Maman a ses nerfs.

— Oh, pardon ! murmura la jeune fille avant d'aller doucement refermer la porte. J'oubliais... L-Lizzie, tout est arrangé ! Tu peux épouser ton Edward.

Lady Winwood se redressa tant bien que mal.

— Cette enfant me tuera. Horatia, qu'as-tu encore fait ?

Horatia jeta son manteau et son chapeau sur une chaise, puis se laissa tomber sur un tabouret bas près du sofa de sa mère pour expliquer :

— C'est simple, je suis allée voir Lord Rule.

— Je le savais ! s'écria Elizabeth.

Lady Winwood laissa partir en arrière sa tête, ferma les yeux et ne dit plus rien, ce dont Charlotte s'alarma. Elle apostropha Horatia.

— Tu n'as pas honte ? Regarde dans quel état tu mets notre chère maman ! Lizzie, des compresses !

Elizabeth apporta des mouchoirs sur lesquels on versa de l'eau de Cologne avant de les appliquer sur le front de Lady Winwood, afin de la ranimer. Elle ne tarda pas à ouvrir les yeux. Hagarde, elle regarda autour d'elle et les souvenirs lui revinrent lorsqu'elle vit Horatia. En se tordant les mains, elle gémit :

— Qu'a-t-elle fait ?

— Maman, je vous en prie, implora Charlotte. Je vous en prie, ne vous agitez pas ainsi.

— Il n'y a d'ailleurs p-pas de q-quoi s'agiter, ajouta Horatia, imperturbable. Oui, je suis allée voir Lord Rule, et alors ? Q-quel mal y a-t-il à cela ?

Levant les yeux au ciel, la mère poussa un long cri de désespoir.

— Alors, c'est la fin, nous n'avons plus qu'à nous préparer à la prison pour dettes ! Bien sûr, ce n'est pas pour moi que je m'alarme, car mes jours sont comptés, mais pour vous, mes chéries, ma belle Lizzie, et toi aussi, ma Charlotte…

— Maman, s-si vous vouliez m'écouter ! dit Horatia. J'ai t-tout expliqué à Lord Rule et il…

— Dieu du ciel ! s'exclama Elizabeth. Tu ne lui as pas parlé d'Edward, au moins ?

— Bien sûr q-que si ! Je lui ai t-tout dit à p-propos de ce cher Edward. Résultat : non seulement il renonce à t'épouser, Lizzie, mais il m'a p-promis de devenir le p-protecteur d'Edward.

Lady Winwood respira frénétiquement, les narines béantes au-dessus de son flacon de sels, puis, d'une voix faible, elle interpella le ciel : quel méfait avait-elle commis pour mériter cette disgrâce ?

— Je lui ai expliqué aussi q-que Charlotte refuserait absolument de l'épouser, ce q-qui n'a p-pas semblé le chagriner outre mesure.

— Je n'ai plus qu'à mourir de honte, soupira Charlotte.

— Horry ! s'écria Elizabeth, entre rire et larmes.

Triomphante, Horatia conclut :

— Et p-pour finir, je lui ai dit q-qu'il p-pouvait m'ép-pouser moi parce que je suis volontaire. Il est d'accord.

Alors sa mère et ses sœurs restèrent sans voix. Lady Winwood, renonçant à ses sels sans pouvoirs dans ce genre de situation, laissa échapper le flacon qui retomba à ses pieds, sur le tapis élimé. Sidérée, elle regardait sa fille cadette. Charlotte, la première, retrouva l'usage de la parole.

— Horatia, devons-nous comprendre que tu as eu l'audace, l'indécence, la... le culot de demander à Lord Rule de t'épouser ?

— Il fallait b-bien, dit Horatia sans se démonter.

— Et... et... (Charlotte cherchait ses mots)... il accepte de t'épouser à la place de Lizzie ?

Horatia hocha la tête.

— Il n'a pas dû remarquer que tu bégayais.

— Si, il a r-remarqué, dit Horatia, le menton haut. Il m'a même dit q-qu'il aimait ça.

Elizabeth se leva et prit sa jeune sœur dans ses bras.

— Pourquoi n'aimerait-il pas ça, en effet ? Mais, Horatia, je ne veux pas que tu te sacrifies pour moi.

D'entre les bras de l'aînée, la cadette répondit :

— P-Pour te dire la vérité, Lizzie, ce ne serait p-pas un réel sacrifice q-que de l'épouser. Tu es certaine q-que tu ne veux p-pas, toi ? Tu p-préfères Edward, vraiment ?

— Bien sûr, je l'aime, lui !

— Je ne c-comprends p-pas, murmura Horatia.

Charlotte intervint. Avec sérieux, elle exposa :

— Je ne pense pas que ce mariage soit possible, et à mon avis Lord Rule a pris cette démarche pour une plaisanterie. Pour lui, Horatia n'est qu'une enfant.

— Non, ce n'est p-pas une p-plaisanterie, s'écria Horatia. Lord Rule ne p-plaisantait pas ! Même q-qu'il viendra faire sa demande cet après-midi à 15 heures.

Lady Winwood déclara dignement :

— N'imaginez pas, mes enfants, que je recevrai Lord Rule ! Je m'apprête à m'enfuir au bout de la terre.

— D'ailleurs, viendra-t-il ? demanda Charlotte. Pourrait-il avoir le désir de s'allier avec une famille à laquelle Horatia vient de causer un si grand tort par sa démarche indécente ? Quant à Horatia, elle s'est déconsidérée à tout jamais.

— Il ne faut pas dire cela, corrigea Elizabeth d'un ton posé. Lord Rule pense peut-être que Horatia est une enfant impulsive, mais il ne doit pas la mépriser, ni nous non plus.

— Espérons-le ! soupira Charlotte. Mais si elle a révélé ton idylle avec Edward Héron, je crains que nous n'ayons plus rien à espérer de lui. Bien sûr que Horatia est gentille — parfois impulsive mais gentille —, mais quel gentleman accepterait de renoncer à la beauté de la famille pour l'épouser, elle ?

— C'est la q-question q-que je me suis p-posée, admit Horatia. Mais Lord Rule dit q-qu'il s'habituerait volontiers à mes sourcils trop droits, et je p-peux même vous révéler q-qu'il ne souhaite p-pas q-que je grandisse. Il p-pense q-que ce serait dommage.

— C'est révoltant ! clama Charlotte. Tu n'as pas compris qu'il se moquait de toi ?

Charlotte ne tarda pas à découvrir qu'elle se trompait. A 15 heures précises, en effet, Lord Rule se présenta à la porte du 20 South Street et demanda à voir Lady Winwood.

Celle-ci, en dépit de ce qu'elle avait proclamé le matin, avait pris ses dispositions pour recevoir le visiteur... si toutefois il venait réellement, ce dont elle doutait. Elle avait donc revêtu une nouvelle robe qui lui avait été livrée fort opportunément ce jour-là, et, installée sur le grand sofa du salon, son flacon de sels à la main, elle avait attendu, le cœur battant.

Son entrevue avec Lord Rule n'avait pas duré plus d'une demi-heure, au bout de laquelle un valet avait été dépêché auprès de

Miss Horatia pour l'informer que sa présence était souhaitée dans le salon.

— Ah ! s'était-elle exclamée, avec un sourire triomphant pour ses deux sœurs.

Elle se dirigeait déjà vers la porte qu'Elizabeth la prit par les mains pour l'arrêter.

— Horry ! Il n'est peut-être pas trop tard ! Si cet arrangement te répugne, tu n'as qu'à le dire et moi, je me jetterai aux pieds de Lord Rule pour implorer son pardon.

— P-Pourquoi me répugnerait-il ? fit Horatia en contournant l'obstacle pour filer vers la sortie.

— Laisse-moi au moins arranger ton châle, cria Charlotte.

— Trop tard, dit Elizabeth, les mains jointes sur sa poitrine. Mon Dieu ! Pourquoi Horry tient-elle à se sacrifier ?

En ouvrant la porte du salon, Horatia trouva sa mère debout et sans le flacon de sels, qu'elle avait abandonné sur une petite table près de la cheminée. Au milieu de la pièce se tenait Lord Rule, face à la porte, une main reposant sur le dossier d'une chaise et à cette main brillait un énorme saphir carré.

Il resplendissait dans son habit de velours bleu brodé d'or, et semblait si inaccessible, presque surnaturel, que la jeune fille le regarda avec crainte. Mais elle le vit lui sourire et elle en fut rassurée.

Lady Winwood, apparemment très calme, s'avança vers elle, bras ouverts, pour la prendre contre elle en soupirant :

— Ma toute petite !

Puis elle se tourna vers Lord Rule.

— Milord, permettez que ma très chère fille vous réponde elle-même. Horatia, mon enfant, Lord Rule te fait le très grand honneur de demander ta main.

— Je vous l'avais bien dit, répondit Horatia, incorrigible.

— Horatia ! implora la mère souffrante. Les manières ! Ta révérence, voyons !

Horatia obtempéra. Elle fit sa révérence. Le comte lui prit la main pour l'aider à se relever, tandis que lui-même s'inclinait profondément. Puis, se tournant vers la mère, il lui demanda en souriant :

— Madame, puis-je garder cette petite main dans la mienne ?

Incapable de répondre, Lady Winwood soupira en tamponnant une larme surgie au coin de son œil. La voyant empêchée, Horatia jugea nécessaire de faire les frais de la conversation.

— Milord, c'est très gentil à vous de d-demander ma main. Vous me donnez un grand p-plaisir ; vraiment...

Lady Winwood exhala un nouveau soupir et chercha, autour d'elle, son flacon de sels, mais, voyant que le comte riait de bon cœur à la saillie de sa fille, elle songea que l'affaire n'était peut-être pas aussi désespérée qu'elle le craignait. Elle murmura :

— Mon enfant... ma toute petite... Comme vous pouvez le constater, Milord, ma fille parle parfois sans trop réfléchir.

On échangea encore quelques paroles convenues, puis le visiteur mit assez vite un terme à cette première visite, ainsi que les convenances l'exigeaient. Il avait à peine quitté le salon que Lady Winwood, toutes manières oubliées, s'effondrait sur le sofa en balbutiant :

— Quel homme charmant ! Ma chère enfant, sais-tu que tu as de la chance, beaucoup de chance ?

La porte s'entrouvrit, Charlotte passa la tête et demanda :

— Alors, c'est bien vrai ? Il a réellement présenté sa demande ? C'est Horry qu'il veut épouser ?

Pâmée, Lady Winwood répondit à côté de la question.

— C'est un homme comme on n'en fait plus. Quel raffinement ! Quelle élégance !

Toujours pratique, Charlotte déclara :

— Il faut bien en parler, quoique ce soit si trivial, mais qu'a-t-il dit à propos de la dot ?

— Il est d'une telle générosité ! soupira Lady Winwood.

— Dans ce cas, Horry, tous mes vœux de bonheur ! Je dois avouer que je te trouve beaucoup trop jeune pour te marier, même à un gentleman accompli, mais puisque tel est ton désir… Tout ce que je souhaite, c'est que Thérésa Maulfrey sache tenir sa langue et n'aille pas bavarder à tort et à travers sur l'étrange façon dont s'est conclu ce mariage.

Mme Maulfrey tiendrait-elle sa langue ? Rien n'était moins sûr. Dès l'annonce officielle des fiançailles, elle accourut chez les Winwood pour se faire narrer toute l'histoire. Elle montra son déplaisir d'apprendre qu'Elizabeth n'était plus l'heureuse élue et exigea des explications sur ce changement, qu'elle trouvait curieux. Alors, Lady Horatia, pour une fois, prit l'affaire en mains et raconta que Lord Rule, venu en une visite protocolaire, avait eu le coup de foudre pour Horatia.

Mme Maulfrey présenta ses condoléances à Elizabeth qui perdait un lord et devrait se contenter d'un lieutenant, ainsi qu'à Charlotte laissée pour compte alors que la cadette, une enfant à peine sortie de pension, s'apprêtait à faire le mariage de l'année.

Dès qu'elle fut partie, et alors que flottait dans la pièce son fort parfum de violette, Charlotte énonça, l'air sombre, que rien de bon ne pourrait venir de ce mariage si scandaleusement manigancé par Horatia. Elle ne tarda pas à découvrir qu'elle était la seule à se montrer si pessimiste.

Radieux, M. Héron prit les deux mains d'Horatia pour la remercier du fond du cœur et lui souhaiter tout le bonheur possible. Il avait eu l'honneur de rencontrer Lord Rule au cours d'une soirée extrêmement chic, et celui-ci n'avait pas hésité à le prendre à part pour lui parler fort amicalement de son avenir. Il ne pouvait donc que chanter les louanges d'un homme aussi bienséant, et il ne faudrait pas compter sur lui pour colporter les méchancetés — des calomnies en vérité ! — qu'on pouvait entendre par-ci par-là en ville. Quant à son âge, il n'était pas si avancé que d'aucuns pouvaient le dire ; trente-cinq ans, c'était la pleine jeunesse !

Elizabeth dut se faire violence pour revoir, au cours d'une soirée, celui qui avait été son fiancé, mais elle découvrit que l'épreuve n'était pas aussi terrible qu'elle l'avait craint. Lord Rule lui baisa galamment la main avant de demander, de son ton inimitable, un peu traînant, si élégant :

— Puis-je espérer, Miss Winwood, que vous ne me considérerez plus comme un ogre ?

Elizabeth s'empourpra, baissa la tête et balbutia :

— Oh, Milord ! Je ne vous ai jamais considéré comme tel !

— Pourtant, il semble bien que je vous doive des excuses, car, si j'en crois votre jeune sœur, ma demande en mariage vous a rendue très malheureuse.

— Je vous en prie, ne parlons pas d'excuses... Vous êtes si... si gentil...

Levant les yeux vers son interlocuteur, elle voulut le remercier de ce qu'il faisait pour M. Héron, mais Lord Rule ne voulait pas entendre parler de remerciements. Il partit d'un petit rire indulgent en comprenant quels propos allaient lui être tenus, lança la conversation sur un sujet anodin, bavarda ainsi pendant quelques minutes et s'en alla. Quelques minutes plus tard, Elizabeth disait à M. Héron qu'à son avis Horry serait peut-être très heureuse avec Lord Rule.

— Horry *est déjà* heureuse, répondit-il.

— Oui, certainement, mais je ne vous cacherai pas que je m'inquiète pour elle. Horry n'est encore qu'une enfant, Lord Rule n'en est plus un. Il est très possible qu'elle le surprenne et l'agace par ses actions souvent si... imprévues. Pourvu qu'il soit gentil avec elle, et patient.

— Je ne pense pas que vous deviez vous inquiéter, répondit

M. Héron, avec un sourire rassurant. Lord Rule est la gentillesse même, et je ne doute pas qu'il ait des trésors de patience à donner.

— La gentillesse même..., murmura Elizabeth, pensive. Vous avez sans doute raison, et pourtant... Savez-vous, Edward, qu'il me fait peur, tout de même ? Il lui arrive parfois de pincer les lèvres d'une façon qui le fait paraître dur, inflexible... presque méconnaissable. Mais je ne doute pas qu'il donne beaucoup d'amour à Horry, cependant.

Personne d'autre qu'Elizabeth n'inclinait à s'interroger de la sorte, et surtout pas Lady Winwood, qui connaissait une sorte de triomphe permanent depuis qu'elle avait publié la nouvelle du prochain mariage de sa fille cadette. On se pressait à sa porte pour la féliciter, et même M. Horace Walpole, parrain de l'heureuse élue à qui il avait donné son prénom, vint lui rendre une rapide visite matinale pour glaner quelques détails inédits sur ces fiançailles si inattendues. Il arborait, en écoutant, un constant sourire qui traduisait son approbation, même s'il regrettait un peu — et il le dit — que sa filleule épousât un membre éminent du parti conservateur. Il s'empressa toutefois d'ajouter qu'il n'avait rien à imposer en ce domaine et qu'il comprenait même que Lady Winwood n'eût pas prêté attention aux opinions politiques de son futur gendre.

De son côté, Lady Winwood se tenait sur ses gardes et tournait sa langue sept fois dans sa bouche avant de répondre aux innombrables questions que lui posait M. Walpole. En effet, cet homme dont la gentillesse était universellement reconnue prêtait volontiers l'oreille aux rumeurs de scandale, et non seulement il les écoutait, mais il les publiait, par le moyen de lettres fort spirituelles, car il avait une bonne plume. Eût-il appris l'escapade d'Horry que Lady Ossory, Lady Aylesbury n'auraient pas tardé à recevoir du courrier.

Par chance, M. Walpole n'avait rien appris de la démarche

extraordinaire qui avait incité Lord Rule à demander la main d'Horatia. Il s'était seulement étonné de voir la cadette mariée avant l'aînée. Alors Lady Winwood lui avait révélé, sur le ton de la confidence, qu'Elizabeth aussi s'apprêtait à quitter le nid familial, mais que l'annonce n'en avait pas encore été faite. Très intéressé, M. Walpole voulut en savoir plus. Il esquissa une grimace en apprenant l'existence de M. Edward Héron et se permit de dire qu'une jeune fille de la qualité d'Elizabeth pouvait espérer un meilleur parti qu'un lieutenant d'infanterie.

Revenant à Horatia, le principal sujet du jour, M. Walpole fit encore observer qu'elle était bien jeune pour convoler, ce dont convint volontiers Lady Winwood. Elle ajouta, avec force soupirs, qu'elle perdrait sa chère petite avant d'avoir pu la présenter à la Cour.

Elle s'avisa, trop tard, qu'elle venait de donner au vieil homme l'occasion de rappeler — une fois de plus ! — comment son père l'avait présenté au roi George I*er*, anecdote qu'il racontait toujours avec un grand luxe de détails, et dont le morceau de bravoure était le moment où il était admis à baiser la main du souverain.

Au cours de la même soirée, les fiançailles de Lord Rule donnèrent lieu à commentaires chez Lady Caroline Massey qui, à son domicile sis Hertford Street, donnait sa partie de cartes hebdomadaire. Une quinzaine d'invités, absorbés par le jeu, se tenaient autour d'une grande table ronde, dans une atmosphère plutôt silencieuse, quand Lord Lethbridge murmura, assez fort pour être entendu de tous :

— Je ne crois pas que nous aurons la visite de Rule, ce soir. Forcément, il a préféré s'attarder South Street. D'une certaine façon, on le comprend.

Lady Massey, assise juste en face, lui jeta un bref regard par-dessus ses cartes, sans dire un mot, mais un dandy, remarquable par la perruque excessive qui lui mangeait la moitié du visage, s'écria :

— Que voulez-vous insinuer, Milord ?

Lord Lethbridge ne demandait qu'à satisfaire la curiosité de la société. Ayant ostensiblement lorgné du côté de Caroline Massey qui feignait de ranger ses cartes, il se tourna vers le dandy pour lui lancer :

— Ne me dites pas que vous ne connaissez pas la nouvelle, Crosby ! Moi, je pensais que tout le monde était au courant !

Il remit ses cartes en paquet et les posa sur la table, signifiant ainsi que l'heure n'était plus au jeu, mais à la conversation.

— Quelle nouvelle ? questionna le dandy, bouillant de curiosité. A propos de qui ?

— A propos de Rule. Vous le connaissez, n'est-ce pas ? C'est votre cousin.

Lady Amélia, à son tour, posa ses cartes. Empilant ses pièces d'or sur la table recouverte d'un tapis vert, elle demanda :

— Il s'agit donc de Rule. Mais que lui arrive-t-il ?

Il se passe, lui dit Lethbridge, un regard oblique en direction de Lady Massey, que notre ami Rule est sur le point de se marier.

S'ensuivit un instant de silence qui exprimait la surprise causée par cette nouvelle. Puis quelqu'un déclara :

— Rule ? J'aurais parié qu'il avait un destin de célibataire endurci. Peut-on savoir sur quelle heureuse personne il a jeté son dévolu, Lethbridge ?

— L'heureuse personne est la plus jeune des demoiselles Winwood. Vous le comprendrez aisément, il s'agit d'une véritable histoire d'amour. La demoiselle en question sort tout juste de pension.

Le dandy, qui s'appelait Crosby Drelincourt, arrangea, d'un geste mécanique, la gigantesque lavallière qui ornait son cou et s'exclama, un peu gêné :

— Pour une nouvelle, c'est une nouvelle ! Mais comment l'avez-vous apprise, Lethbridge ?

— Je la tiens de Mme Maulfrey, qui est apparentée aux Winwood, comme vous le savez. Mais vous pourrez lire tout cela dans la *Gazette* dès demain matin.

Un gentleman âgé et bedonnant, vêtu de velours bordeaux, prit la parole pour récriminer.

— Tout cela est sans doute intéressant, mais le jeu, Lethbridge ? Le jeu ! Je vous rappelle que nous sommes engagés dans une partie de bassette.

— Vous avez raison, le jeu..., dit Lethbridge sans conviction.

Lady Massey jeta alors une reine au milieu de la table en s'écriant d'une voix un peu enrouée :

— Paroli !

Cruel, Lethbridge reprit ses cartes, en tira deux qu'il jeta à son tour avec ce commentaire :

— Les as gagnent, la reine perd. Décidément, vous n'avez pas de chance, Milady.

Caroline Massey partit d'un rire forcé pour rétorquer :

— Cela n'a pas d'importance. Tel qui rit vendredi, dimanche pleurera... Le contraire est certainement vrai aussi.

Le jeu reprit et dura encore une heure, au bout de laquelle la société se leva de table pour se répartir en petits groupes afin de bavarder en profitant des rafraîchissements préparés par les soins de leur hôtesse. On reparla, naturellement, des fiançailles de Rule et on ne parla même que de cela. Lady Amélia, un verre de champagne dans une main et un biscuit dans l'autre, murmura à l'oreille de Lethbridge :

— Quelle mouche vous a piqué ? Aviez-vous besoin de divulguer cette nouvelle ici ?

— Pourquoi pas ? lui répondit-il froidement. Je pensais que tout le monde serait intéressé.

Lady Amélia trempa ses lèvres dans son verre en regardant vers leur hôtesse à l'autre bout du salon, et reprit :

— En tout cas, ce fut divertissant. Pensait-elle pouvoir accaparer Rule de façon officielle ?

Lethbridge haussa les épaules.

— Pourquoi me posez-vous cette question ? Je ne suis pas dans ses confidences.

— Allons, allons ! Vous savez toujours aller chercher les renseignements là où ils se trouvent, lorsqu'ils vous intéressent. En tout cas, si c'est ce qu'elle croyait, elle s'est bercée de douces illusions. Rule n'est pas fou, tout de même !

Du regard, Lady Amélia chercha M. Drelincourt, l'aperçut qui, dans un coin, solitaire, faisait grise mine, et elle ajouta :

— J'ai l'impression qu'il a mal pris la nouvelle. On peut le comprendre, d'ailleurs.

Lord Lethbridge suivit son regard et commenta :

— Il l'a mal prise, mais vous, non. Je vous ai bien amusée, n'est-ce pas ?

— Cher ami, vous êtes trop cynique…

Mais voilà que M. Paget s'avançait avec l'envie visible de participer à la conversation. Lady Amélia lui planta son éventail dans les côtes en demandant :

— Selon vous, quelles sont les chances de Crosby, maintenant ?

Elle s'éloigna sans attendre de réponse, ce qui permit à M. Paget de déclarer à Lord Lethbridge :

— Sur ma foi, Milord, j'ai vu notre chère amie pâlir quand vous avez lancé cette nouvelle. Vous avez été d'une cruauté !

— Le pensez-vous vraiment ? fit Lord Lethbridge avec une douceur dangereuse.

— Positivement, Sir, positivement ! Il ne fait pas de doute que Lady Caroline avait des vues sur Rule. Elle n'avait aucune chance, bien sûr. Rule est excessivement orgueilleux.

— Excessivement, dit Lethbridge, si sèchement que M. Paget eut l'impression très désagréable d'avoir prononcé des propos inopportuns.

Cette idée le mit si mal à l'aise qu'il éprouva le besoin de s'en ouvrir aussitôt après auprès de Sir Marmaduke Hoban qui, mis au courant, éclata de rire.

— Inopportuns vos propos, oui. C'est le mot qui convient !

M. Crosby Drelincourt, cousin et héritier présomptif de Lord Rule, avait découragé, par sa mine renfrognée, tous ceux qui auraient eu envie de commenter la nouvelle avec lui. Il prit congé fort tôt et s'en retourna chez lui. Il passa une nuit assez difficile, se réveilla bien plus tôt que d'ordinaire pour demander aussitôt la *London Gazette*. Son valet lui apporta donc le journal avec une tasse de chocolat chaud, la gourmandise qu'il avait l'habitude de déguster quotidiennement avant de se lever. S'emparant des feuilles fraîchement imprimées, il les tourna avec fébrilité et trouva l'article qui confirmait ce qu'il voulait tenir jusque-là pour une simple rumeur. Le bonnet de nuit posé de travers, il lut et relut, lut encore...

— Votre chocolat, Sir, dit le valet.

Tiré de sa stupeur, M. Drelincourt regarda la tasse fumante et ordonna :

— Emmenez-moi ça ! Je n'en veux pas.

Et, jetant le journal à terre, il proclama :

— Je me lève !

— Certainement, Sir, fit le valet. Quel costume du matin voulez-vous porter ? Le bleu ?

M. Drelincourt répondit par un juron. Accoutumé aux sautes d'humeur de son maître, le valet ne cilla même pas et baissa la tête, non par gêne mais pour chercher, dans le journal jeté à terre, l'article qui causait cet émoi. Il trouva, lut et sourit avec prudence. Puis il s'en alla chercher l'attirail au moyen duquel il raserait M. Crosby Drelincourt.

Une heure plus tard, celui-ci sortait de chez lui. Il portait une redingote à très longue queue et munie d'énormes boutons d'argent, un minuscule gilet, une culotte en satin, des bas de soie. Il avait noué autour de son cou une formidable lavallière. Sur sa tête, il avait posé une perruque peignée en hérisson sur le dessus, ornée d'ailes de pigeons sur les oreilles, et terminée par une longue queue de rat enveloppée dans un sachet de soie noire. Un petit chapeau rond et d'innombrables chaînes en or complétaient cet harnachement. M. Drelincourt avait mis ses pieds dans des souliers à talons si hauts qu'il était obligé de marcher à tout petits pas, en s'aidant d'une canne très longue, embellie de rubans et de glands dorés.

La matinée était belle, mais M. Drelincourt n'avait pas envie de marcher. Il héla une chaise à porteurs et donna l'adresse de son cousin, à Grosvenor Square. Arrivé à destination, il fut introduit par le portier, qui l'avait toutefois regardé comme s'il avait envie de lui claquer la porte au nez : M. Drelincourt n'était pas bienvenu auprès du personnel de cette maison, où il pouvait cependant pénétrer comme bon lui semblait, vu son degré de parenté avec le maître de céans. Le portier lui apprit que Milord prenait son petit déjeuner, et il lui indiqua l'entrée du salon, façon de dire que c'était là qu'il devait se rendre pour attendre, comme n'importe quel visiteur.

L'obligation d'entrer dans le salon ne pesait jamais à M. Drelincourt, qui aimait à admirer les élégantes proportions de la pièce en rêvant du jour qu'elle lui appartiendrait, comme tout le reste de la maison. Il était même si sûr de cette éventualité qu'il s'en considérait déjà plus ou moins comme le propriétaire. Aujourd'hui, cependant, son rêve ne pouvait s'épanouir autant que d'ordinaire, et c'est d'humeur plutôt sombre qu'il suivit le valet venu l'informer que Milord voulait bien le recevoir.

Vêtu d'une longue robe de soie à brocarts, Lord Rule se tenait à table, un pichet et une assiette devant lui. En face de lui, M. Gisborne, son secrétaire, jonglait avec une grande quantité d'invitations, et il déclara, juste au moment où M. Drelincourt entrait :

— Milord, vous vous rappelez sans doute que vous vous êtes promis à Lord Bedford, ce soir ?

— Mon cher Arnold, répondit Rule d'un ton plaintif, je voudrais que vous bannissiez le mot *promesse* de votre vocabulaire. Bonjour, Crosby...

Il posa son pichet pour regarder de plus près les cartons dans les mains de son secrétaire et tendit le doigt.

— Celui-ci, le rose, Arnold... J'aime beaucoup les invitations sur papier rose. De quoi s'agit-il ?

— Une partie de cartes chez Mme Wallchester, Sir.

— Voilà ! Mon instinct ne me trompe jamais ! J'accepterai donc l'invitation sur carton rose. Crosby, ne restez pas debout, voyons ! Venez-vous pour partager mon petit déjeuner ? Non, Arnold, ne partez pas, je vous en prie !

— Si cela ne vous ennuie pas, dit M. Drelincourt, j'aimerais avoir avec vous un entretien privé.

— Ne soyez pas timide, Crosby. S'il s'agit d'argent, Arnold est au courant de tout, vous savez !

— Il ne s'agit pas d'argent.

— Avez votre permission, Milord..., fit M. Gisborne en esquissant un mouvement de retraite.

Resté seul avec son cousin, M. Drelincourt posa son chapeau et sa canne sur une chaise, s'assit sur une autre. Lord Rule, qui l'observait, demanda d'un ton impatient :

— Alors, de quoi s'agit-il, Crosby ?

— Je suis venu vous parler de vos... de vos fiançailles.

— Mes fiançailles, oui, et alors ?

— Je suppose que la nouvelle est exacte ?

— On ne peut plus exacte. Je vous autorise à me féliciter, mon cher Crosby.

— Il m'avait semblé... Oui, bien sûr, je vous félicite et je vous souhaite tout le bonheur possible. Mais permettez-moi de vous dire ma surprise. Vous ne m'aviez parlé de rien, ce que je trouve singulier, compte tenu de la qualité particulière de nos relations.

— Nos relations ont une qualité particulière ?

— Allons, Rule, ne faites pas l'innocent ! Etant votre héritier présomptif, je pensais avoir droit à la primeur de cette information.

— Acceptez mes excuses, dit Lord Rule d'un ton dégagé. Vous êtes bien sûr que vous ne voulez pas prendre un petit déjeuner ? J'ai l'impression que vous n'avez pas bonne mine, et si vous me permettez de vous donner un conseil, vous devriez mettre autre chose dans vos perruques que cette poudre bleue que vous affectionnez. Comprenez-moi bien : ce n'est pas votre goût qui est en cause, mais il est vrai que cette poudre bleue accentue votre pâleur et que...

— Si je vous semble pâle, mon cher cousin, ce n'est pas à cause de ma poudre mais parce que j'ai lu une nouvelle extraordinaire dans la *Gazette* de ce matin. Cela m'a fait un choc, je dois vous l'avouer, et vous comprendrez aisément pourquoi.

— Crosby ! fit Lord Rule d'un ton plaintif. Espériez-vous, vraiment, me survivre ?

— Les lois de la nature m'autorisent cette espérance, répliqua M. Drelincourt assez sèchement. Dois-je vous rappeler que j'ai dix ans de moins que vous ?

— Ce n'est pas une raison suffisante. Vous savez que je suis issu d'une lignée extrêmement robuste.

— Je vous en prie, Marcus, ne vous méprenez pas ! Votre décès éventuel me causerait un immense chagrin, mais vous pouvez comprendre aussi que je pense à mon avenir.

— Un avenir lointain, sur ce point-là en tout cas.

— Evidemment ! Je souhaite que cet avenir-là soit lointain, mais vous n'avez pas manqué d'observer combien la vie humaine est fragile. Pensez seulement au jeune Frittenham, arraché à notre affection en pleine jeunesse parce que sa voiture s'est retournée. Tout ça à cause d'un pari stupide.

Lord Rule posa sa fourchette et son couteau et jeta un regard amusé sur son cousin.

— J'y pense, j'y penserai lors de ma prochaine course, Crosby. Donc, vous ambitionnez de chausser mes souliers… A propos — je vous sais bon juge en la matière —, que pensez-vous de ceux-ci ? Vous aimez ?

Il étendit une jambe pour offrir son pied à la contemplation de M. Drelincourt, qui prononça ce jugement :

— *A la d'Artois*, de chez Joubert… Ce n'est pas ce que je préfère, mais je concède qu'ils sont bien, très bien même.

— Quel dommage que vous ne les aimiez pas… Qu'en ferez-vous si vous en héritez ?

— Je ne pense pas à cela, protesta M. Drelincourt.

— Mais considérez combien la vie humaine est fragile ! Vous me le disiez à l'instant. Il est bien vrai que je peux avoir un accident de voiture…

— Je vous assure que je n'envisage pas…

— Ou mourir sous les coups des méchantes gens qui hantent les faubourgs de la capitale, continua Lord Rule, imperturbable.

— Ce que je n'espère pas.

— Et puis, nous avons encore les bandits de grands chemins. Je vous rappelle que le pauvre Layton a reçu une balle dans l'épaule, il y a quelques semaines. Ç'aurait pu être moi… ce peut être moi dans un jour prochain.

M. Drelincourt se leva. Très agacé, il déclara :

— Je vois que vous avez l'esprit caustique, aujourd'hui ! Mais, par Dieu, je ne souhaite pas votre mort ! Je puis même vous avouer que je serais horriblement navré d'apprendre que vous êtes passé de vie à trépas. Mais cette soudaine envie de vous marier, alors que plus personne n'y songeait pour vous, m'a bouleversé ; bouleversé, oui, vraiment ! En plus, la demoiselle est assez jeune, si j'ai bien compris.

— Crosby ! Pourquoi ne dites-vous pas : « une demoiselle *trop* jeune » ? Je suis certain que vous savez son âge.

M. Drelincourt grimaça.

— On me l'a dit, mais je n'ai pas voulu le croire. Elle sort tout juste de pension, alors que vous avez atteint les trente-cinq ans ! J'espère que vous n'aurez pas à le regretter.

— Vous êtes bien sûr que vous ne voulez pas de cet excellent rôt ?

Le visiteur tressaillit de théâtrale façon.

— Je ne consomme jamais — jamais ! — de viande si tôt le matin. Le cœur me lève rien qu'à l'envisager... Vous devez savoir qu'on va faire des gorges chaudes de ce mariage. Dix-sept et trente-cinq ans ! Sur mon honneur, j'hésiterais à me ridiculiser. Et puis, personne ne s'interrogera sur la dot de la demoiselle. On sait comment c'est, chez les Winwood ! Elle pourra se targuer d'avoir réussi un joli coup, un très joli coup !

Le comte s'adossa confortablement. Une main dans la poche de son gilet, son pichet de bière dans l'autre, il dit d'une voix fort douce :

— Crosby, si vous renouvelez ce genre de réflexion, il deviendra certain que vous me précéderez dans la tombe.

M. Drelincourt, ne sachant plus quelle contenance adopter, regarda son cousin par en dessous. Il s'aperçut qu'il ne souriait plus du tout et que ses yeux s'animaient d'une lueur de mauvais augure. Alors il s'éclaircit la gorge et répondit, en bégayant légèrement :

— Mon cher Marcus, je vous assure que je n'ai pas voulu me montrer désobligeant. Comment avez-vous pu croire...

— Alors il faut me pardonner, dit Lord Rule, glacial.
— C'est déjà oublié, mon cher cousin.

Le comte garda, un moment encore, son regard d'acier fixé sur son interlocuteur et, soudain, il éclata d'un rire sonore.

M. Drelincourt avait repris sa canne et son chapeau. Il s'apprêtait à prendre congé, mais la porte s'ouvrit et une dame entra. De taille moyenne, elle portait une robe vert pomme dans le style bergère, ainsi qu'un immense chapeau de paille orné de rubans. Armée d'une ombrelle à très long manche, elle tenait aussi un journal que M. Drelincourt reconnut au premier coup d'œil : la *London Gazette*.

Cette femme extrêmement belle, dont les yeux expressifs annonçaient l'intelligence et le caractère, marqua un temps d'arrêt sur le seuil, sans chercher à dissimuler son déplaisir à découvrir le visiteur, qu'elle salua d'un bref hochement de la tête.

Lord Rule s'était levé pour s'avancer vers elle, lui prendre la main et s'incliner.

— Louisa, ma chère sœur, êtes-vous venue, vous aussi, pour partager mon petit déjeuner ?

Lui ayant planté un baiser sur la joue, elle répondit avec entrain :

— Voilà bien deux heures déjà que j'ai déjeuné, mais je prendrais bien un peu de café. Je vois que vous vous apprêtiez à partir, Crosby ? Je ne vous retiens pas... Qu'est-ce que c'est encore que cette tenue ? Où avez-vous trouvé votre absurde perruque ? Elle n'est pas faite pour votre tête, franchement !

Incapable de trouver une réponse adéquate à ces sarcasmes, M. Drelincourt s'inclina et s'éloigna. La porte s'était à peine refermée derrière lui que Lady Louisa Quain jeta sa *London Gazette* sur la table en s'exclamant :

— Pas difficile de deviner ce que venait chercher ici le petit crapaud ! Mais, mon cher Marcus, c'est trop bête ! Avez-vous vu l'erreur commise par ce journal ? L'avez-vous vue ?

Lord Rule versa dans sa tasse son premier café du matin et répondit, d'un ton ennuyé :

— Ma chère Louisa, avez-vous noté qu'il est à peine 11 heures du matin et que je viens de supporter la présence de Crosby ? Comment voulez-vous que j'aie eu le temps de lire la *Gazette* ?

— Je vous le dis tout net : il faudra faire passer une seconde annonce. Je n'arrive pas à comprendre comment ils ont pu commettre une erreur aussi stupide. Ils ont tout simplement confondu les prénoms des sœurs ! Tenez, vérifiez vous-même ! « *L'honorable Horatia Winwood, fille cadette de…* ». Quel imbécile a eu l'idée de confondre Horatia et Elizabeth ?

— Voyez-vous, Arnold a rédigé le texte de cette annonce et l'a envoyé à la *Gazette*…

— Je n'aurais jamais imaginé que M. Gisborne fût si étourdi.

— Peut-être devrais-je vous expliquer, ma chère Louisa, qu'il a écrit sous ma dictée.

La jeune femme, qui continuait d'examiner l'annonce, abaissa brusquement le journal pour jeter sur son frère un regard effaré. Après un moment de réflexion intense, elle demanda, à mi-voix :

— Lord Rule, vous n'êtes pas en train de me dire que vous allez épouser Horatia Winwood !

— Mais si…

— Rule, êtes-vous devenu fou ? Vous m'avez raconté que vous aviez demandé la main d'Elizabeth !

— Je n'ai pas la mémoire des noms…

— Ne me racontez pas d'histoires ! Votre mémoire est aussi bonne que la mienne.

— Ma chère amie, voilà une affirmation qui ne me remplit pas d'aise, car votre mémoire est trop bonne, parfois.

— Oh ! s'écria la jeune femme. Cessez de vous jouer de moi et dites-moi, une bonne fois pour toutes, ce qu'il en est vraiment. Avez-vous l'intention d'épouser cette enfant ?

— Ce serait plutôt elle qui a l'intention de m'épouser.

— Pourriez-vous être un peu plus clair ?

Lord Rule étendit ses jambes et, les mains croisées sur son gilet, expliqua posément :

— Voyez-vous, ce devrait être Charlotte, mais elle refuse absolument de se sacrifier, même pour l'amour d'Elizabeth.

D'un air résigné, Lady Louisa soupira :

— Qui, de nous deux, est en train de perdre la raison ? vous ou moi ? Je ne comprends rien à ce que vous me dites. Pourquoi vouloir épouser Horatia, qui doit encore être en pension car je ne me rappelle pas l'avoir vue, et délaisser la sublime Elizabeth ?

— Ne vous inquiétez pas, je m'habituerai aux sourcils. En plus, Horatia a le nez Winwood. N'est-ce pas l'essentiel ?

— Rule, il suffit ! Ne me poussez pas à bout. Dites-moi où vous avez rencontré cette enfant ?

— Si je vous le disais, vous ne me croiriez pas.

— Et d'où vous vient cette idée de l'épouser ?

— Je n'ai pas eu cette idée, très chère. On me l'a soufflée.

— Qui ?

— Horatia. Il me semblait vous l'avoir dit.

Lady Louisa partit d'un petit rire incrédule.

— Vous n'allez pas me dire que cette fille vous a demandé de l'épouser ?

Lord Rule hocha longuement la tête.

— Si, en remplacement d'Elizabeth, qui doit s'unir à un certain M. Héron.

La jeune femme leva les bras au ciel.

— Qui est M. Héron ? J'atteste que jamais je n'ai entendu d'histoire aussi confuse ! Allons, Rule, cessez maintenant ! Vous vous payez ma tête, n'est-ce pas ?

— Certainement pas, Louisa. Mais j'ai l'impression que vous ne comprenez pas la situation. Il faut qu'une des filles Winwood se marie avec moi.

— Je veux bien le croire, mais quelle est cette folie à propos d'Horatia ? Ne voulez-vous pas me dire la vérité ?

— La vérité, c'est que Horatia est venue s'offrir pour remplacer sa sœur. Est-il besoin de vous le rappeler : ce que je viens de vous révéler doit rester strictement entre nous.

Lady Louisa n'avait pas l'habitude de parler pour ne rien dire. Elle demanda avec franchise :

— Marcus, cette fille serait-elle une petite rouée ?

— Pas du tout. Je vous l'assure, Louisa. Et je ne suis pas certain non plus qu'elle ne soit pas une héroïne.

— Elle se propose pourtant de vous épouser…

Les yeux brillants, Lord Rule répondit :

— Vous avez raison. Il faut reconnaître que je suis plutôt âgé, même si on ne le dirait pas en me voyant. Cela dit, Horatia m'a assuré qu'elle aimerait être mon épouse. Si ma mémoire est bonne, elle a même prophétisé que nous nous entendrions très bien.

— Mais alors, Rule, il s'agirait d'un mariage d'amour !

Il s'amusa ostensiblement de l'hypothèse.

— Pensez-vous ! A mon âge !

— Dans ce cas, épousez Elizabeth, qui comprendra sans doute mieux les obligations du mariage.

— Vous vous trompez sur le compte d'Horatia, très chère. Elle comprend parfaitement les obligations du mariage. Mieux, elle s'est engagée à ne pas s'immiscer dans mes occupations.

— A dix-sept ans ? C'est de la folie, Marcus ! Mais foin de cette discussion, il faut que je la voie.

— Faites donc. Je sais que vous la trouverez adorable.

— Si vous le dites, je la trouverai adorable, en effet, même si elle louche.

— Elle ne louche pas. En revanche, elle bégaie.

4.

Deux jours après l'annonce des fiançailles, Lady Massey reçut Lord Rule dans son boudoir rose et argent. A demi allongée sur un sofa de brocart, elle portait un négligé en satin orné de dentelles. Aucun valet n'avait annoncé le visiteur, qui était ici plus ou moins comme chez lui et qui, ayant refermé la porte derrière lui, déclara avec bonne humeur :

— Dites-moi, Caroline, vous n'avez pas encore demandé à votre portier de me fermer la porte au nez ?

— Non, lui répondit-elle en lui tendant sa main. Est-ce que je devrais ?

— Non… J'espère bien ne pas avoir à subir ce traitement indigne.

Il prit la main offerte, la porta à ses lèvres. Les doigts de Caroline Massey agrippèrent les siens et elle l'attira à elle.

— Peut-être devrions-nous être plus… cérémonieux, murmura-t-il en souriant.

— Peut-être, soupira-t-elle, ne devrions-nous plus nous voir.

— Tout de bon, demanderez-vous à votre portier de m'interdire votre porte ?

— Hélas, il le faudra bien… Vous êtes sur le point de vous marier, n'est-ce pas ?

— Certes, mais ce n'est pas pour tout de suite.

Lady Massey eut un sourire morose.

— Vous auriez dû m'avertir.

Avant de répondre, Lord Rule sortit sa tabatière, l'ouvrit, y plongea le pouce et l'index, déposa une pincée de poudre brune sur la main de la jeune femme.

— J'aurais dû, c'est vrai... C'est un nouveau mélange... Essayez-le, vous m'en direz des nouvelles.

Au lieu de porter la main à son nez, elle lui dit :

— Franchement, n'auriez-vous pas dû m'avertir ?

D'un geste sec, il ferma sa tabatière. Il souriait toujours, mais son regard fixe disait assez qu'il ne discourrait pas sur son mariage. Lady Massey reprit :

— Vous allez me dire que ce ne sont pas mes affaires, n'est-ce pas ?

— Je suis trop bien élevé pour parler de cette façon, Caroline.

Elle acquiesça volontiers.

— C'est vrai. On m'a même dit que vous étiez l'homme le plus urbain de toute l'Angleterre.

Elle baissa la tête, fit tourner ses bagues autour de ses doigts en ajoutant :

— Je ne savais pas que vous songiez au mariage.

Relevant la tête, elle lança avec une ironie amère :

— Je pensais que vous n'aimiez que moi.

Lord Rule joua l'étonnement.

— Quel rapport entre mes sentiments pour vous et mon prochain mariage ? Je suis à vos pieds, ma chère, et vous avez les plus jolis pieds qu'il m'ait été donné de contempler.

— Je crois savoir que vous en avez vu beaucoup.

— Des douzaines ! s'exclama-il, en riant.

Lady Massey reprit la parole, ou plutôt elle entendit sortir de sa bouche des mots qu'elle eût dû garder pour elle.

— Vous êtes peut-être à mes pieds, Marcus, mais vous épousez une autre femme.

63

Lord Rule avait mis ses bésicles sur son nez pour examiner un arlequin aperçu sur le manteau de la cheminée, et il fit connaître son jugement.

— Si on vous a vendu cet objet pour un Kändler, mon amour, on vous a abusée.

— On me l'a donné, répondit-elle d'un ton impatient.

— Cette horreur ? Je vais vous faire envoyer une paire de danseuses beaucoup plus belles que cela !

— Vous êtes très gentil, Marcus, mais vous détournez le cours de la conversation. Nous en étions à votre mariage.

— *Vous* en étiez à mon mariage, corrigea-t-il.

La jeune femme se leva. D'une voix sourde, elle lança :

— Je suppose que vous ne me trouvez pas assez bien pour recevoir de vous cette honorable demande ?

— Pour vous dire la vérité, très chère, ma modestie foncière m'interdisait d'imaginer que vous ambitionniez de vous marier avec moi.

— C'est possible, mais telle n'est pas la véritable raison qui a dicté votre conduite. J'en suis certaine.

— Vous savez, le mariage est si ennuyeux…

— Vraiment ? Même avec le noble comte de Rule ?

Le visiteur hocha la tête avec conviction.

— Même avec moi. Voyez-vous, ma chère, il vous faudrait — je reprends vos propres termes… —, il vous faudrait n'aimer plus que moi.

La jeune femme sursauta et la rougeur parut sous la poudre blanche qui couvrait son visage. Puis elle eut un rire forcé et se détourna pour arranger quelques roses dans un vase, avant de répondre :

— Ce serait certainement ennuyeux… Etes-vous donc jaloux, Milord ?

— Pas le moins du monde.

64

— Mais vous pensez que si j'étais votre épouse, vous pourriez le devenir ?

Lord Rule s'inclina galamment.

— Vous êtes si *charmante*, ma chère amie, que j'aurais sûrement de bonnes raisons de le devenir.

Lady Massey était trop fine pour continuer sur ce terrain, où elle s'était déjà aventurée beaucoup trop loin. Le mariage annoncé l'irritait grandement, mais elle ne voulait pas s'aliéner les bonnes grâces de cet homme. Il était bien vrai qu'elle avait rêvé de devenir comtesse de Rule, plus vrai encore qu'elle avait cru pouvoir mener son amant par le bout du nez. Elle venait de découvrir que son pouvoir sur lui n'était pas aussi grand qu'elle l'avait imaginé. Le doute la prenait. Elle devrait manœuvrer habilement si elle ne voulait pas être exécrée par Lord Rule, qui pouvait lui être utile encore, Lord Rule qui n'hésitait jamais à aider une dame se trouvant dans une passe difficile parce qu'elle avait trop joué aux cartes. En vrai gentilhomme, Lord Rule ne posait jamais de questions gênantes et sa bourse, toujours bien garnie, s'ouvrait toujours très facilement.

Or, il venait de faire une réflexion étonnante, à propos de jalousie : il soupçonnait donc qu'il avait un rival ? Non, il ne soupçonnait pas, il *savait*, et probablement depuis le début. Elle devrait donc faire preuve d'une grande prudence...

Caroline Massey n'ignorait rien du contentieux qui opposait Lord Rule et Robert Lethbridge. Si ce sujet n'était jamais évoqué par quiconque, il était de notoriété publique que Lord Lethbridge avait aspiré à la main de Lady Louisa Drelincourt, la sœur de Lord Rule. Celle-ci était maintenant l'épouse de Sir Humphrey Quain et il semblait impensable que le scandale pût l'atteindre, mais il avait été un temps, celui de sa folle jeunesse, où la ville bruissait d'une extravagante rumeur à son propos.

Personne ne connaissait l'histoire intégrale, mais tout le monde savait que Lethbridge avait été amoureux à en perdre la raison, qu'il avait demandé la main de la demoiselle et qu'il avait été éconduit, non par elle mais par son frère. Voilà qui n'avait pas manqué de surprendre, car s'il était vrai que Lethbridge avait une réputation sulfureuse (« le plus effronté coquin de toute la ville, ma chère ! »), nul n'avait imaginé que Rule s'immiscerait dans les affaires de sa sœur. Pourtant, il l'avait fait ! C'était certain.

Sur les conséquences de cette affaire, les avis divergeaient et les supputations allaient toujours bon train après tant d'années. On évoquait en particulier, et naturellement avec la plus grande prudence, une tentative d'enlèvement. D'aucuns penchaient plutôt pour une fuite de commun accord, vers Gretna Green en Ecosse, où il était possible de se marier sans aucune formalité. Si cela était vrai, les amoureux n'avaient jamais atteint leur but, car Lord Rule avait d'excellents chevaux, les plus rapides d'Angleterre, se plaisait-on à rappeler.

Il se trouvait des commentateurs passionnés pour affirmer qu'un duel avait eu lieu. D'autres affirmaient que Lord Rule avait tenu un fouet et non une épée, mais cette version passait généralement pour improbable car Lethbridge, si canaille qu'il fût, n'était tout de même pas un valet ! Quoi qu'il en soit, personne ne pouvait donc prétendre détenir toute la vérité, ce qui était très regrettable, tant ce scandale mondain paraissait intéressant.

Il va sans dire que nul des trois acteurs n'évoquait jamais ce scandale si rapidement terminé. Le lendemain de sa fuite supposée, Lady Louisa rendait visite à quelque vieille tante habitant à Grantham, et s'il est vrai que Lord Lethbridge disparut pendant plusieurs semaines, il réapparut sans porter les stigmates de l'amoureux repoussé et inconsolable. La bonne société, qui attendait avec impatience la première confrontation de celui-ci avec Lord Rule, connut à cette occasion une profonde déception.

Les deux hommes, en effet, ne se manifestèrent aucun signe d'inimitié. Ils eurent même une conversation assez longue, somme toute banale, et si M. Harry Crewe n'avait pas juré qu'il avait vu, de ses yeux vu, Lord Rule galoper vers le nord à une heure fort tardive, il eût été dès lors établi que l'histoire avait été fabriquée de toutes pièces.

Lady Massey avait, sur cette histoire, une opinion qu'elle croyait mieux fondée. Elle, qui connaissait fort bien Lord Lethbridge, eût volontiers parié que celui-ci, toujours fort aimable avec Lord Rule, le haïssait secrètement et qu'il attendait l'heure de la vengeance. Et, certes, Lord Rule ne laissait rien transparaître de ses sentiments, mais elle n'inclinait pas à risquer de le perdre en encourageant trop ouvertement les avances de Lethbridge. Ayant terminé d'arranger les roses dans le vase, elle se remit face à son interlocuteur et soupira :

— Marcus, mon cher ami, il m'arrive une aventure assez pénible. J'ai perdu cinq cents guinées au jeu, et je les dois à cette odieuse Célestine, qui ne cesse de me rappeler cette dette. Que dois-je faire, à votre avis ?

— Ne vous inquiétez donc pas pour si peu, ma chère. Je vous consentirai un petit prêt et l'affaire sera réglée.

Elle s'exclama :

— Que vous êtes bon ! Je voudrais… je voudrais que vous ne fussiez pas sur le point de vous marier, Marcus. N'est-il pas vrai que nous nous entendons comme larrons en foire ? J'ai peur que nos excellentes relations ne changent désormais. Hélas, j'aurai beaucoup à perdre !

Au regard que Lord Rule lui lança, elle vit qu'il avait très bien compris de quoi elle parlait : des sollicitations financières nouvelles, et importantes, qu'il aurait bientôt à supporter. Le vicomte Pelham Winwood, en effet, voguait vers l'Angleterre.

Celui-ci, ayant reçu à Rome la nouvelle des fiançailles de sa jeune sœur, ne voulut pas déplaire à sa mère en ne revenant pas, et il mit, au contraire, la plus grande hâte à prendre le chemin du retour. Il s'arrêta à peine quelques jours à Florence où il avait pourtant retrouvé deux amis, et il ne passa pas plus d'une semaine à Paris, où il ne fût pas retourné si, à Rouen, il n'avait pas rencontré Sir Jasper Middleton.

Sir Jasper dînait, solitaire, à l'hôtel Saint-Nicolas où il était descendu, lorsqu'il vit entrer le vicomte. Pour lui, cette arrivée était providentielle, d'une part parce qu'il s'ennuyait ferme, et surtout parce qu'il brûlait de prendre sa revanche sur certaine défaite au piquet survenue quelques mois plus tôt, à Londres. Le vicomte s'empressa de déclarer qu'il serait ravi d'obliger son ami, et ils s'assirent séance tenante pour une partie de cartes qui dura toute la nuit. Au petit matin, le vicomte, sans doute à cause du manque de sommeil, ne s'avisa pas qu'il prenait place dans le carrosse de Sir Jasper, et il accepta, sans y prendre garde, les cartes que celui-ci lui mettait en mains. La partie continua donc, et lorsqu'il leva les yeux, le vicomte découvrit qu'il était revenu à Paris, où Sir Jasper l'invita à passer quelque temps avec lui.

Quand, enfin, il arriva à Londres, le vicomte trouva sa famille affairée aux préparatifs du mariage. Ayant pu jeter un coup d'œil professionnel sur les arrangements matériels, il déclara que cette union le satisfaisait au plus haut point, et il congratula Horatia pour la chance qu'elle avait. Cela dit, il s'en alla présenter ses respects au comte de Rule.

Ils n'étaient naturellement pas inconnus l'un à l'autre, mais, l'un étant d'une dizaine d'années plus jeune que l'autre, ils évoluaient dans des cercles différents et se saluaient de loin, distraitement, ce qui ne gêna nullement le vicomte. Il usa avec Marcus de la familiarité qu'il réservait à ses meilleurs amis et, sans doute pour le mettre à l'aise, il lui demanda s'il consentirait à lui prêter quelque argent.

— Car je n'ai aucun scrupule à vous l'avouer, dit-il sans ambages, que si vous voulez me voir à votre mariage, il faudra que je rende visite à mon tailleur, et celui-ci refusera de travailler pour moi si je ne lui donne pas un acompte. Et vous ne voulez pas que j'apparaisse en guenilles, n'est-ce pas ?

Confortablement installé dans le fauteuil offert par son hôte, les mains dans les poches, il avait allongé loin les jambes, sans doute pour faire admirer son pantalon beige produit par un des meilleurs faiseurs, ainsi que ses bottes, qui n'avaient pas pu coûter moins que vingt-cinq guinées. Sa redingote ouvrait largement sur un magnifique gilet brodé de fleurs exotiques et d'oiseaux-mouches, par-dessus lequel moussait une lavallière de fine dentelle, piquée d'un saphir.

Le vicomte maintenait la réputation d'élégance des Winwood ! De bonne taille sans être très grand, il ressemblait étonnamment à sa sœur Elizabeth. Comme elle, il portait des cheveux blonds et bouclés. Il arborait le même nez délicat, les mêmes lèvres finement ourlées. Mais la ressemblance s'arrêtait là. Pelham n'avait pas la sérénité d'Elizabeth. Il s'agitait sans cesse. Ses yeux, très mobiles, semblaient ne pas pouvoir s'arrêter de rouler, et comme il avait le regard vif, il semblait jeter sur le monde un regard empreint de juvénile cynisme.

Rule reçut calmement l'annonce qu'il aurait à procurer la garde-robe de son futur beau-frère, et c'est du ton flegmatique dont il ne se départait guère qu'il répondit :

— Mais certainement, Pelham.

Enchanté, celui-ci s'exclama :

— J'ai l'impression que nous allons nous entendre fameusement, Marcus ! Ne croyez pas que j'aie l'habitude de taper mes amis, mais la famille, c'est autre chose, vous en conviendrez ! Je savais que je pouvais compter sur vous !

— J'ai l'ambition d'être digne d'entrer dans votre famille, reprit le comte, toujours aussi grave. Faites-moi donc une faveur : apportez-moi toutes vos reconnaissances de dettes.

Pris de court par cette proposition, Pelham balbutia :

— Comment ? Que dites-vous ? Toutes... mes reconnaissances de dettes ? C'est fort généreux de votre part, Rule, mais malheureusement, c'est impossible.

— Vous me faites peur. Leur montant excéderait-il mes ressources ?

— Je ne pense pas, mais le problème, c'est que je ne sais pas où elles se trouvent.

— Mes ressources, ou vos dettes ?

Le vicomte partit d'un rire juvénile.

— Mes dettes, Milord ! D'ailleurs, je serais incapable de vous dire tout ce que je dois, et à qui ! Non, n'essayez pas de me mettre dans les chiffres. J'ai déjà essayé, plusieurs fois, de calculer le montant de ce que je dois, mais vous savez ce que c'est, on ne peut pas penser à tout. On arrive à un total raisonnable, et voilà que surgit un billet oublié depuis des années. C'est sans fin ! Alors, moi je dis, le mieux c'est de ne pas y penser. « Payer quand on le doit vraiment », telle est ma devise.

— Intéressant, fit Rule. Je me demande pourquoi je n'y ai pas songé moi-même.

— Ce que je veux dire, reprit le vicomte, enchanté de trouver si bon public, c'est qu'il est assez temps de payer quand un débiteur vous envoie la police. Mais un à la fois, n'est-ce pas ? Quant à payer toutes mes dettes d'un coup, je n'y ai jamais songé. D'ailleurs, ce serait impossible.

— Quoi qu'il en soit, reprit Rule en se levant pour se diriger vers son bureau, je tiens à vous rendre ce petit service. Imaginez que vous soyez arrêté et mis en prison pour dettes, au cours de la cérémonie de mariage ! Je ne le supporterais pas.

— Vraiment ? fit le vicomte, tout sourire. Vous êtes trop bon. Mais j'aime mieux vous prévenir, le montant total est assez élevé.

Sans s'émouvoir, Rule trempa sa plume dans l'encrier.

— Que diriez-vous d'un billet à ordre de cinq mille... et pourquoi ne pas aller jusqu'à dix mille ?

Emu, le vicomte se leva précipitamment.

— Cinq mille ! dit-il avec aplomb. Je suis certain que je dois beaucoup plus que cela, mais distribuer d'un coup dix mille à des créanciers avides, je ne le pourrais pas. Au-dessus de mes forces.

Regardant la plume courir sur le papier, il reprit :

— Pour dire les choses autrement, je ne déteste pas dépenser, mais jeter l'argent par les fenêtres, non, vraiment, cela m'est impossible... Je crois que j'ai une meilleure idée pour employer cet argent que vous tenez à me donner.

L'encre à peine sèche, Rule lui tendit le billet.

— Je n'en doute pas, mais j'ai le sentiment que vous ne mettrez pas cette « bonne idée » à exécution, Pelham.

La tête penchée, le vicomte prit le papier et soupira :

— Vous avez raison, il ne faut pas. Je ne le ferai pas.

Quand il rapporta à ses sœurs la teneur de sa conversation, Charlotte s'écria :

— Il t'a donné cinq mille livres pour payer tes dettes ? Je n'y crois pas !

— Jusqu'au dernier moment je n'y ai pas cru non plus, avoua-t-il. J'ai pensé qu'il était fou, ou qu'il se moquait de moi, mais finalement, tout est bien réel.

— Pel, déclara Elizabeth, de sa voix toujours si douce, je pense que tu n'aurais pas dû accepter. C'est... indécent.

— Surtout que cet argent va s'éparpiller sur les tables de jeu, ajouta Charlotte.

— Je pourrais savoir comment tu peux en être si sûre ? demanda le jeune homme en riant.

— N'est-ce p-pas là q-que tu dépenses tout ton argent ? demanda Horatia.

Pelham haussa les épaules.

— Rule m'a donné cet argent, j'en fais l'usage que je veux.
— Et s'il demande à voir tes comptes ? demanda Charlotte.
— Charlotte, tu as du vice ! Si tu ne changes pas, tu ne trouveras jamais de mari.

Sentant qu'on s'aventurait sur un terrain dangereux, Elizabeth réorienta la conversation.

— Crois-tu que ces cinq mille te suffiront, Pelham ?
— Ils me permettront de tenir les rapaces à distance pendant quelque temps au moins. Ensuite, on verra bien.

Le jeune homme se tourna vers Horatia.

— C'est un excellent mari que tu t'es trouvé là et je te renouvelle mes félicitations. Mais je me demande quelle sera la nature exacte de vos relations.

— Tu n'as rien c-compris du tout, répondit la jeune fille. Nous n'aurons p-pas de relations du t-tout. C'est juste un mariage à la f-française, un mariage de c-convenance.

— En tout cas, reprit Pelham après un nouveau coup d'œil à son billet à ordre de cinq mille livres, ton mari me convient parfaitement. Cela dit, si tu veux mon avis, n'essaie pas de lui jouer de méchants tours, car il pourrait t'en cuire. Il ne doit pas toujours être facile, cet homme.

— C'est précisément ce que je me disais, avoua Elizabeth.
— Vous dites n'importe q-quoi ! s'exclama Horatia en haussant les épaules.

5.

Le mariage du comte de Rule et de Miss Horatia Winwood se déroula sans anicroche, c'est-à-dire qu'il ne fut pas troublé par l'arrestation du frère de la mariée perclus de dettes, ni non plus par une scène causée par la maîtresse en titre du marié (il ne manquait pas de mauvais esprits pour espérer secrètement la réalisation de cette dernière hypothèse). Le comte se présenta à l'heure pour la cérémonie, ce qui surprit tout le monde, y compris son secrétaire surmené. La mariée parut à tous de fort bonne humeur, de trop bonne humeur aux dires de certains, puisqu'on ne la vit pas verser une seule larme en ces si solennelles circonstances. Heureusement, Lady Winwood pleura pour deux, ce qui rassura sur la sensibilité de cette famille. Miss Winwood et Miss Charlotte, demoiselles d'honneur, étaient très en beauté et se comportèrent de manière parfaite. M. Horace Walpole, comme à son habitude, donna l'impression d'être là pour tout voir et juger de tout. Lady Louisa Quain, qui semblait vouloir assister à la cérémonie avec un hautain détachement, eut besoin de son mouchoir lorsque son frère prit la main d'Horatia afin d'échanger les consentements mutuels. M. Crosby Drelincourt, qui portait une nouvelle perruque, paraissait résigné. Quant au vicomte Winwood, il joua sa partie avec l'insouciance qu'on lui connaissait.

Après quelques jours passés à la campagne, les jeunes mariés devaient se rendre à Paris, destination étrange pour une lune de miel, selon Elizabeth. Ce à quoi Horatia répondit :

— C'est q-que nous ne sommes p-pas c-comme Edward et toi, nous n'avons pas l'intention de faire l'amour à longueur de journée ! Moi, je v-veux voir des choses intéressantes, aller à Versailles et acheter de p-plus jolies toilettes q-que celles de Thérésa Maulfrey.

La dernière partie de ce programme fut accomplie au mieux puisque, après six semaines de séjour parisien, la jeune mariée rentra avec tant de toilettes qu'on dut — selon la rumeur — louer une voiture rien que pour ses malles.

Ce mariage avait mis à rude épreuve la délicate constitution de Lady Winwood. Trop d'émotions en si peu de temps lui avaient donné un regain de vapeurs, et lorsqu'elle avait appris que son fils, le jour même de la cérémonie, s'était signalé par un pari de cinquante livres sur une course d'oies dans Hyde Park, elle avait jugé qu'elle ne pourrait rien supporter de plus. Elle s'était donc retirée dans sa campagne du Hampshire, à Winwood, avec ses deux filles dont l'une, hélas, la quitterait aussi dans peu de temps. Et là, elle soignait ses nerfs malades par un régime à base d'œufs et de crème, de bains alternativement chauds et froids, ainsi que par de longues séances de méditation devant le contrat de mariage.

Charlotte, tout en professant un incommensurable mépris pour les biens de ce monde, se disait elle aussi très satisfaite du contrat de mariage de sa sœur. Elizabeth, de son côté, bien qu'elle n'eût jamais osé aiguillonner « la pauvre Maman qui avait tant de peine », elle aurait préféré être à Londres pour assister au retour des jeunes mariés, même au détriment de ses propres amours, puisque M. Héron, peu accaparé par ses nouvelles fonctions, avait la possibilité de passer beaucoup de temps chez lui, dans une maison qui ne se trouvait pas à plus de deux miles de Winwood.

Horry vint rendre visite à sa famille dans le Hampshire, mais sans son mari, ce qui suscita maintes interrogations chez Elizabeth. La jeune mariée arriva dans une luxueuse voiture conduite par deux postillons et derrière laquelle galopaient deux cavaliers portant livrée. En la voyant descendre, magnifiquement parée de mousseline et de dentelles, ses deux sœurs, qui l'attendaient sur l'escalier, eurent du mal à en croire leurs yeux.

— Seigneur ! s'écria Charlotte. Est-ce bien notre Horry ? On nous l'a changée !

Il apparut très vite que le changement n'affectait que son apparence et qu'au-dedans d'elle-même elle était toujours aussi impétueuse. Elle ne put attendre que le carrosse s'arrêtât pour descendre, et elle se jeta dans les bras d'Elizabeth sans se soucier de la robe de soie et du gigantesque chapeau qu'elle mettait ainsi à rude épreuve. Puis elle donna le même traitement à Charlotte, et chercha cette fois à prononcer quelques mots qui ne purent franchir le barrage de ses lèvres. Non, Horry n'avait pas changé.

Elle séjourna une nuit à Winwood, ce qui, selon Charlotte, était grandement suffisant, vu l'état de leur mère, qui n'eût pas supporté plus longtemps le babillage effréné de la jeune mariée. Celle-ci avait tant à raconter ! Elle voulait tout dire à la fois. Etait-elle satisfaite de sa lune de miel ? Oh, oui ! Elle gardait un merveilleux souvenir de son séjour en France. Elle était allée à Versailles et avait pu parler à la reine, une créature ravissante et si élégante que tout le monde l'imitait, et Horry aussi, qui avait coiffé ses cheveux *à la reine*. Et qui encore avait-elle vu ? Beaucoup de monde, beaucoup de monde... Elle avait participé à tant de fêtes, tant de soirées, tant de bals qu'elle n'arrivait plus à se souvenir de tout. Elle avait même assisté à un grand feu d'artifice dans le jardin des Tuileries.

Elizabeth, qui désirait avoir un entretien en tête à tête avec sa jeune sœur, se glissa dans la chambre de celle-ci au moment du coucher. Accueillie à bras ouverts, elle fut invitée à prendre place sur le sofa.

— Je suis c-contente q-que tu sois venue, Lizzie ! déclara Horatia en se pelotonnant près d'elle. Charlotte me désapprouve, n'est-ce pas ?

— Je suis certaine que l'approbation de Charlotte t'importe aussi peu que possible, répondit Elizabeth en souriant.

— C'est certain. Mais j'espère q-que tu seras b-bientôt mariée à ton tour, Lizzie. C'est si agréable. Tu verras !

— Ce sera pour bientôt, en effet. Du moins, nous l'espérons. Vu comme Maman se porte, en ce moment, il vaut mieux ne pas y penser. Mais dis-moi, es-tu heureuse, vraiment ?

Horatia hocha la tête avec fougue.

— Oh, oui, vraiment ! Simplement, j'ai p-parfois un peu de honte de t'avoir volé Marcus, Lizzie. Mais tu c-continues bien de p-préférer Edward, n'est-ce pas ?

— Cela ne fait aucun doute, répondit Elizabeth en riant. Trouves-tu que j'ai mauvais goût ?

— Honnêtement, je ne c-comprends pas. Peut-être est-ce p-parce que tu n'es p-pas horriblement futile, c-comme moi. J'ai honte, mais je ne p-peux p-pas m'empêcher de p-penser que c'est très agréable d'avoir tout ce q-qu'on veut, et de ne faire q-que ce qu'on veut.

— Oui, je suppose, murmura Elizabeth, songeuse. Lord Rule ne pouvait-il pas t'accompagner pour venir ici ?

Candide, Horatia avoua :

— En fait, il aurait bien voulu venir, mais je p-préférais vous avoir p-pour moi toute seule. Je le lui ai dit, et il a c-compris.

— Je vois... Tu ne penses pas que vous auriez dû venir ensemble, tout de même ?

— Mais non ! Marcus l'a très bien p-pris, je t'assure. Moi, je trouve très p-plaisant q-que nous ne soyons p-pas obligés de tout faire ensemble.

— Ma chère Horry, reprit Elizabeth d'un ton solennel, loin de moi l'idée de te sermonner comme Charlotte, mais il me semble avoir entendu dire que certains messieurs savent se divertir quand leur épouse trouve plaisant de se promener seule.

— Oh, mais je le sais ! A ce propos, il faut q-que tu le saches : j'ai p-promis à Rule de ne pas l'accaparer.

Elizabeth trouva très étranges les bases sur lesquelles reposait l'union de sa sœur, mais elle n'en dit pas davantage.

Horatia retourna à Londres le lendemain et les Winwood eurent de ses nouvelles, quelque temps après, par le truchement de la *Gazette*. Il semblait qu'elle eût une vie sociale très intense. Elizabeth eut l'occasion d'en savoir plus encore grâce à M. Héron.

— Horry ? dit-il. Oui, je l'ai vue il y a quelque temps, ma chère. Elle m'avait envoyé un carton d'invitation à la soirée qu'elle donnait, voilà de cela deux semaines environ. Vous me connaissez, je ne sors pas volontiers dans le monde, mais j'ai fait une exception pour votre sœur. Elle m'a paru radieuse.

— Vous pensez donc qu'elle est heureuse ?

— Oui, car son mari est tout à fait prévenant avec elle.

— Sans doute, mais vous a-t-il semblé amoureux ?

— Eh bien, reprit le jeune homme après y avoir réfléchi, il ne faut pas s'attendre qu'il exprime son attachement en public, n'est-ce pas ? Il était… comme il est toujours, un peu ironique, jetant sur le monde un regard plein de détachement. Quant à Horry, on ne parle plus que d'elle à Londres.

— Seigneur ! murmura Elizabeth. Pourvu qu'elle ne commette pas d'impair !

Puis, avec un regard inquiet, elle posa la question qui la torturait :

— Edward, je vous en prie, dites-moi la vérité. Avez-vous connaissance d'une anecdote choquante ?

M. Héron s'empressa de la rassurer.

— Non, non, pas du tout, mon amour ! Simplement, il semble que Horry ait hérité du vice fatal qui affecte son frère : elle aime jouer. Il est vrai que, de nos jours, tout le monde joue, n'est-ce pas ?

Et ainsi ne rassura-t-il pas Miss Winwood dont les alarmes s'aggravèrent, une semaine plus tard, lors d'une visite inattendue de Mme Maulfrey.

Celle-ci, qui résidait à Basingstoke avec belle-maman, eut l'idée, certain matin, de rendre une visite impromptue à ses cousines. Questionnée, elle ne se montra pas beaucoup plus explicite que M. Héron. Confortablement installée dans une bergère du salon, face au sofa où se tenait Lady Winwood, elle ne consentit aucun effort, vraiment aucun, pour rassurer son hôtesse. Il parut même évident qu'elle n'était pas venue dans un but charitable. Charlotte, qui comprenait vite et trouvait les mots justes pour décrire, déclara par la suite :

— A mon avis, elle a essayé de s'imposer à Horry. Vous savez comme elle peut être crampon, n'est-ce pas ? Je ne vais pas blâmer Horry de la snober, mais je ne veux pas non plus excuser toutes les incartades de notre petite sœur.

Il semblait bien que la jeune épouse, ainsi que M. Héron l'avait déjà laissé entendre, était devenue le principal sujet des conversations à Londres. En apprenant cette nouvelle, Lady Winwood se rappela, avec émotion, qu'elle aussi avait eu son heure de gloire, et qu'elle avait été la coqueluche du Tout-Londres.

— Ma tante, s'écria Mme Maulfrey, si Horry est la coqueluche du Tout-Londres, ce n'est pas à cause de sa beauté, vous en conviendrez !

— Nous trouvons Horry fort jolie, répliqua Lady Winwood, sans agressivité aucune.

Elle eut droit à cette réponse :

— Sans doute, ma chère amie, mais c'est que vous êtes partiales. Moi aussi, d'ailleurs. Personne n'aime Horry plus que moi, et j'impute sa conduite à son jeune âge.

Très raide sur sa chaise, Charlotte se redressa davantage pour déclarer :

— Horry, nous en sommes conscientes, est à peine sortie de l'enfance, mais elle est une Winwood et nous avons du mal à croire qu'elle puisse avoir une conduite telle qu'il faille arguer de son jeune âge pour l'excuser.

Ebranlée par cette repartie, Mme Maulfrey joua un instant avec la fermeture de son réticule avant d'émettre un petit rire nerveux, puis cette réponse :

— Certainement, ma chère enfant, vous avez raison. Mais j'ai bien vu Horry à certaine partie de cartes chez Lady Dollabey. Elle a retiré un de ses bracelets — une fort jolie chose, entre parenthèses, en perles et en diamants — pour le jeter sur la table, parce qu'elle avait perdu tout son argent. Je vous laisse imaginer la scène : les messieurs, qui ne perdent pas une occasion de mal se conduire, ont aussitôt mis en jeu leurs bagues et leurs montres, parce qu'ils ne voulaient pas être en reste. Quelle folie !

— Ce n'était sans doute pas très intelligent de la part de Horry, admit Elizabeth. Cela dit, l'affaire n'a pas grande importance.

— Je tiens à affirmer, ajouta Charlotte, que je hais le jeu sous toutes ses formes.

C'est alors que Lady Winwood fit cette étonnante déclaration :

— Les Winwood ont toujours eu la passion du jeu, et votre père plus que quiconque. Moi-même, quand ma santé le permet, je ne déteste pas une partie de cartes. Je me rappelle certaines soirées fort plaisantes à Gunnersbury, passées à jouer au pharaon avec M. Walpole. C'est pourquoi je m'étonne, Charlotte, que tu puisses parler ainsi, car c'est attenter à la mémoire de ton père ; permets-moi de le dire. Le jeu est à la mode, et je ne le désapprouve pas. Et maintenant, dites-moi, Thérésa : Horry a-t-elle perdu son bracelet ?

Comme à regret, la cousine raconta :

— En fait, elle ne l'a pas mis en jeu, car Rule est entré, à ce moment, dans le salon.

Elizabeth tressaillit et demanda :

— A-t-il fait cesser la partie ?

— N... non, fit Mme Maulfrey, de plus en plus morose. C'est tout le contraire. Déclarant qu'il était difficile d'évaluer la valeur des bijoux, il a pris le bracelet, pour le remettre au poignet de sa femme, et de sa poche il a sorti, en remplacement, un rouleau de guinées. Je n'ai pas attendu pour voir la suite.

— Il a fort bien agi, s'écria Elizabeth, les joues roses de ravissement.

— Il faut avouer qu'il s'est conduit avec dignité, dit Charlotte. Et si c'est pour nous raconter cela que vous vous êtes déplacée, ma chère Thérésa, vous avez perdu votre temps.

Très mal à l'aise, Mme Maulfrey tenta de se justifier.

— Ne croyez pas que je sois venue pour semer la discorde, mais tout de même, je m'étonne de la conduite de Horry. N'at-elle pas commis la folie — il n'y a pas d'autre mot ! — de conduire à toute allure le cabriolet du jeune Dashwood, pour remonter l'avenue Saint-James ? C'était un pari, à ce que l'on m'a rapporté. Maintenant, ne vous méprenez pas sur mes intentions. L'opinion générale est — j'en suis certaine — que cette jeune fille n'est encore qu'une enfant et que ses exploits sont divertissants, mais, je vous le demande : cette façon de faire est-elle digne de la comtesse de Rule ?

Une fois encore, Charlotte répondit avec hauteur :

— Si sa conduite est digne d'une Winwood, elle sera digne d'une Rule !

Ainsi cloua-t-elle définitivement le bec de la médisante qui, ne sachant plus que dire, déclara piteusement qu'il était temps pour elle de prendre congé et s'en alla, laissant derrière elle un indéfinissable sentiment de malaise. Après un long moment de silence méditatif, Elizabeth se demanda, à haute voix, s'il ne serait pas temps de songer à retourner à Londres. Lady Winwood répondit, d'une voix mourante, que personne n'avait pitié de ses pauvres nerfs malades, puis elle ajouta que s'il était bon, pour une mère, de régenter le ménage de sa fille, cela se saurait.

Il n'empêche que la décision fut prise, et vite prise, à cause d'une lettre de M. Héron, reçue ce même jour. Il y rapportait qu'il avait obtenu ses galons de capitaine, et que, devant partir vers l'ouest afin d'accomplir les obligations attachées à sa nouvelle charge, il désirait prendre Elizabeth pour femme, sans tarder davantage.

Elizabeth avait rêvé d'un mariage modeste, à Winwood, mais sa mère, qui ne voulait pas se refuser le triomphe de marier fort honorablement deux de ses filles en moins de trois mois, oublia ses vapeurs et ses migraines. Se levant du sofa où elle languissait à longueur de journée, elle proclama qu'il ne serait pas dit qu'elle s'était soustraite à ses devoirs envers les siens.

Le mariage, sans être aussi brillant que celui d'Horatia, constitua tout de même un événement mondain de grande importance. L'assistance s'accorda à trouver la mariée fort pâle, mais d'une extrême beauté, et le marié splendide dans son uniforme de parade. Le comte et la comtesse de Rule rehaussèrent la cérémonie de leur présence, la jeune femme portant une robe qui fit blêmir d'envie toutes les dames présentes.

Prise dans le tourbillon des préparatifs, Elizabeth n'avait pu revoir Horatia et lorsque, enfin, un tête-à-tête put avoir lieu, elle s'aperçut, non sans chagrin, que sa jeune sœur était désormais sur ses gardes et ne consentirait plus à aucune confidence. Le cœur brisé, elle espéra que d'autres occasions se présenteraient, plus tard dans l'année : Horatia ne lui avait-elle pas promis de venir la visiter à Bath, la ville où le capitaine Héron devait prendre ses quartiers ?

6.

— Si vous désirez savoir ce que je pense, déclara Lady Louisa d'un ton vif — mais je me doute bien que vous vous en moquez ! —, je dirais que vous êtes fou, Rule !

Le comte son frère, occupé à compulser quelques documents que venait de lui apporter M. Gisborne juste avant l'arrivée de sa sœur, répondit d'un air absent :

— Je sais. Mais il ne faut pas que cela vous tourmente, ma chère sœur.

— Et d'abord, quels sont ces papiers ? Mais au fond, il n'est pas nécessaire que vous me le disiez, car je sais très bien reconnaître une citation à comparaître, croyez-moi !

Le comte s'empressa de fourrer les feuilles dans sa poche et soupira :

— Il est très regrettable que mes contemporains ignorent mon aversion pour les tracas de la justice.

— Cette petite dinde vous ruinera ! s'exclama sa sœur. Et vous, vous ne tentez rien pour empêcher cette calamité de vous arriver !

— N'en croyez rien. J'espère même avoir assez d'énergie pour éviter cette calamité particulière, Louisa.

— Je serai curieuse de voir cela ! Comprenez-moi : j'aime bien Horry. Oui, je l'aime bien, et depuis que je la connais. Mais si vous aviez une once de bon sens, Marcus, vous prendriez une de vos cannes et la battriez comme plâtre !

— Ce serait si fatigant…, soupira le comte.

Excédée, sa sœur leva les bras au ciel.

— Je m'étais dit que ce serait bon pour vous de danser avec elle, au moins une valse… Je pensais que ce serait bon pour vous deux. Jamais je n'avais imaginé qu'elle fournirait toute la ville en sujets de conversation, et que vous resteriez dans votre coin, à la regarder tourniocoter.

— Vous savez que je n'aime pas danser, dit Rule en guise d'excuse.

Lady Louisa ouvrit la bouche pour lui répondre avec rudesse, et elle l'eût fait si elle n'avait pas entendu un bruit de pas dans le vestibule. Elle tourna la tête vers la porte, qui s'ouvrit. Horatia parut.

Celle-ci était habillée pour aller en ville, mais elle tenait son chapeau dans ses mains, comme si elle venait juste de le retirer. Elle le jeta sur une chaise et s'avança vers sa belle-sœur, qu'elle gratifia d'un baiser sur chaque joue, en disant :

— Je suis désolée d'avoir dû sortir sans vous, L-Louisa, mais il m'a fallu rendre visite à Maman. Elle ne se sent p-pas très bien, depuis le départ de Lizzie. Et puis, elle espérait beaucoup que Sir P-Peter Mason demanderait la main de Charlotte, parce qu'il est réputé pour ne p-pas aimer les écervelées, mais on dit qu'il est p-promis à Miss Lupton… Marcus, pensez-vous q-qu'Arnold serait un bon mari pour Charlotte ?

— Pour l'amour du ciel ! s'écria Lady Louisa, horrifiée. N'allez surtout pas lui poser cette question !

Les sourcils trop droits d'Horry se rapprochèrent.

— Non, bien sûr q-que non, je ne vais pas aller lui faire cette p-proposition de but en blanc, mais je c-crois q-que je vais m'arranger p-pour les faire se rencontrer.

— Mais pas dans cette maison, je vous en supplie ! implora Lord Rule.

Le regard gris d'Horry se posa, interrogateur, sur le visage de son mari, puis elle dit d'un ton conciliant :

— C-Comme vous voulez. Voyez-vous, je n'ai p-pas encore arrêté la c-conduite à tenir.

— J'en suis très heureux, répondit Lord Rule. Imaginez la blessure infligée à mon amour-propre si Charlotte en venait à accepter de se marier à Arnold, sous mon propre toit !

Les yeux d'Horatia se mirent à briller.

— A mon avis, vous n'avez pas à vous en faire, c-car Charlotte a décidé q-qu'elle c-consacrerait sa vie à Maman. Mais... partez-vous déjà, Louisa ?

Lady Louisa, en effet, s'était levée et elle arrangeait son châle sur ses épaules.

— Ma chère enfant, déclara-t-elle, je me suis déjà trop attardée. Je passais simplement pour avoir une petite conversation avec Marcus.

Horatia tressaillit légèrement.

— Oh..., murmura-t-elle, p-peut-être vous ai-je dérangés ?

— Horry, répondit Lady Louisa en lui tapotant la joue, voilà que vous dites des sottises ! Vous mériteriez une punition. J'ai dit à Rule, plusieurs fois, qu'il devrait vous battre, mais je crains qu'il ne soit trop paresseux pour cela.

Horatia fit sa révérence, mais elle ne pipa plus mot. Le comte escorta sa sœur vers la porte, et, de là, ils traversèrent le vestibule.

— Vous n'êtes pas toujours très habile, lui dit-il quand ils furent seuls.

— Je ne l'ai jamais été, concéda-t-elle en souriant.

L'ayant mise dans son carrosse, le comte, pensif, s'en retourna vers la bibliothèque. Il croisa Horatia, qui, le chapeau sur la tête, se dirigeait vers la sortie. Elle s'arrêta, mais elle semblait de mauvaise humeur. Il lui demanda :

— Accepteriez-vous de m'accorder un peu de votre temps, Horatia ?

Il obtint, en retour, un regard énergique et cette réponse non moins énergique :

— Je suis invitée à d-déjeuner avec Lady Mallory.
— Il n'est pas encore temps de déjeuner.
— Oui, mais il faut q-que je change de robe.
— Cela va sans dire.
— Je le p-pense aussi.

Offrant son bras à sa jeune épouse, le comte la reconduisit vers la bibliothèque. Mais, au moment où il s'effaçait pour la laisser entrer, elle s'arrêta pour déclarer, les bras croisés :

— Il faut q-que je vous dise, Milord, q-que je suis fâchée et, q-quand je suis fâchée, je ne p-parle à p-personne.

Le comte la regarda dans les yeux, un petit moment, avant de répondre d'un ton plaisant :

— Horry, vous savez à quel point je déteste les disputes. Ne m'obligez pas à perdre mes bonnes manières.

La jeune fille se montra plutôt intéressée par cette perspective. Oubliant de se montrer revêche, elle demanda :

— Vous voulez dire q-que vous p-pourriez m'obliger à entrer dans la b-bibliothèque ?

— Ma foi... oui.

— Je serais c-curieuse de voir si vous en seriez c-capable !

Amusé, le comte rétorqua :

— Et moi, je me demande si vous en doutez vraiment.

A ce moment s'ouvrit une porte à l'autre extrémité du vestibule, et un valet parut, qui s'avança. Horatia jeta un regard de défi à son mari et esquissa un mouvement de retraite en direction de l'escalier, mais elle se ravisa aussitôt et, sagement, entra dans la bibliothèque.

Le comte la suivit et ferma la porte derrière eux. Il dit :

— Je vous remercie, Horry, de n'avoir pas causé de scandale domestique.

— C'est n-normal, répondit Horatia en s'asseyant sur le dossier d'un fauteuil où elle venait de déposer son chapeau, une fois encore. Il faut maintenant q-que je vous le dise : cela me rend toujours furieuse d'apprendre q-que vous bavardez à mon sujet avec votre sœur.

— Vous ne croyez pas que vous exagérez un peu ? Je ne parle pas…

— Ne vient-elle pas d'avouer q-qu'elle vous avait recommandé de me battre ? rétorqua la jeune fille, dont le pied se balançait et cognait contre le pied du fauteuil.

— Elle plaisantait, naturellement… Et il ne vous a pas échappé que je ne suis pas son conseil, n'est-ce pas ?

Comme si elle venait de prendre conscience de ce fait, Horatia s'adoucit un peu, et c'est en esquissant un sourire qu'elle reprit :

— C'est certain, mais il me semble q-que, lorsqu'elle vous fait ce genre de remarque, vous d-devriez p-prendre ma défense, Sir.

Marcus soupira et dit, non sans hésiter un peu :

— Voyez-vous, Horry, cela m'est difficile.

Il y eut alors un moment de gêne. Horatia avait rougi jusqu'à la racine de ses cheveux, et c'est en bégayant plus que de coutume qu'elle reprit :

— Je s-suis d-désolée, mais je ne p-pensais p-pas me c-conduire de façon si d-déplaisante p-pour vous. Q-qu'avez-vous à me reprocher ?

— Oh, rien de vraiment très grave, ma très chère enfant, s'empressa de répondre Marcus. Mais, franchement, ne pensez-vous pas que vous auriez pu vous dispenser de paraître en société avec un animal sauvage ?

Horatia éclata alors de rire et elle s'exclama :

— Je savais q-que cette histoire finirait par vous venir aux oreilles ! Mais vous savez, Sir, ce n'était q-qu'un incident mineur, sans gravité, fort d-divertissant, de surcroît.

— Je n'en doute pas le moins du monde.

— Ce q-que nous avons ri q-quand cette petite bête a sauté sur l'épaule de C-Crosby pour lui arracher sa perruque ! Tout le monde a ri… sauf C-Crosby, bien sûr ! En fait, il faut bien le reconnaître, ce singe n'est pas aussi bien dressé q-qu'on me l'avait dit.

— C'est tout à fait mon avis. Tenez ! Je me faisais encore cette remarque, l'autre matin, lorsque je me suis aperçu qu'il s'était servi à la table de mon petit déjeuner, avant mon arrivée.

— Oh, non…, murmura Horatia, sur l'air de la contrition. J'en suis d-désolée. A p-part moi, il n'y a que Sophie Colehampton à avoir un p-petit singe, et je vous assure q-qu'elle l'emmène p-ppartout avec elle. C'est p-pourquoi j'ai p-pensé que je p-pourrais, moi aussi. Cela dit, il ne m'amuse déjà plus autant, et je p-pense que je m'en déferai sans difficulté. Voilà… Est-ce tout ce q-que vous avez à me reprocher, Sir ?

— Hélas, dit Marcus en souriant, nous n'en sommes qu'au début d'une longue liste de griefs. Je pense… oui, je pense sincèrement que vous me devez quelques explications à propos de ceci.

Disant cela, il tira de sa poche une liasse de papiers qu'il tendit à sa jeune épouse, des factures au-dessus desquelles apparaissait une feuille que M. Gisborne avait couverte de chiffres joliment formés. Horatia se pencha sur cette feuille, reconnut une addition et grimaça en s'avisant que le total en était fort alarmant.

— Tout cela à c-cause de moi ? demanda-t-elle d'une toute petite voix, et les mains un peu tremblantes.

— Tout cela à cause de vous, répondit Marcus sans se départir de la plus parfaite urbanité.

Horatia déglutit avec difficulté avant de plaider sa cause.

— Jamais je n'aurais imaginé q-que je dépensais autant. Je

peux même vous dire q-que j'ai du mal à c-comprendre comment il est p-possible d'arriver à un total si monstrueux.

Son mari lui reprit la liasse de factures et les plia tranquillement en disant :

— C'est une question que je me suis souvent posée. Cela dit, il faut bien s'habiller, n'est-ce pas ?

Horatia s'empressa d'acquiescer.

— Certainement ! Donc, vous c-comprenez, Marcus ?

— A la perfection ! Mais — pardonnez ma curiosité, Horry… — êtes-vous réellement obligée de payer cent vingt guinées pour une paire de souliers ?

— Cent vingt g-guinées ? s'écria Horatia, d'une voix suraiguë.

Le comte lui montra la facture, qu'elle examina avec consternation. Puis elle murmura :

— Oui, je me rappelle, maintenant… Voyez-vous, Marcus, c'est q-que, dans cette boutique, ils avaient des talons hauts ornés d'émeraudes.

— Je comprends mieux…

— Je les ai p-portés au bal chez Almack. C'est la mode *Venez-y voir*, m'a-t-on dit.

— Alors, je comprends, mieux encore, la présence de ces trois jeunes gens que je vis, ce soir-là, auprès de vous. Ils — euh… — assistaient à vos préparatifs, n'est-ce pas ?

Horatia ne se fit pas prier pour confirmer cette interprétation.

— Tout à fait ! Vous savez q-qu'il est admis, de nos jours, q-que les messieurs soient introduits chez une dame dès lors q-qu'elle porte au moins sa robe de dessous. Je le sais, parce q-que Lady Stokes m'a dit q-qu'elle le faisait.

— Mais quelle utilité peuvent avoir ces messieurs lorsque vous vaquez à votre toilette ?

— Il faut q-qu'ils soient de bon conseil ! L'un peut indiquer le meilleur endroit p-pour placer une m-mouche, un autre dira q-quel parfum est le plus recommandable.

Si le comte de Rule trouva amusant que son épouse lui indiquât, innocemment, de quelle façon il convenait de faire sa cour à une dame, il ne le montra pas autrement que par un léger tressaillement de la lèvre supérieure.

— Ah…, fit-il d'un ton pensif. Je vois…

Puis, se retenant mal de sourire, il ajouta :

— Savez-vous que je pourrais moi-même vous donner d'excellents conseils en ce domaine ?

Fort étonnée, Horatia écarquilla les yeux et objecta :

— Mais… vous êtes m-mon mari !

— A l'évidence, c'est un handicap, concéda-t-il en reportant son attention sur les factures.

Horatia le regarda pendant un petit moment, puis elle demanda avec inquiétude :

— Avez-vous trouvé, dans ces p-papiers, un nouveau motif de c-contrariété ?

Il secoua la tête.

— Ma chère amie, ne viens-je pas de vous accorder que chacun doit pouvoir se vêtir ? Non, non, je ne conteste pas vos dépenses, même si le prix de vos souliers a éveillé en moi une certaine — disons… — curiosité. Cela dit, il faut bien que je vous l'avoue, je me demande pourquoi…

Horatia l'interrompit. Le regard fixé sur le bout de ses pieds, elle déclara :

— Je sais ! Vous vous demandez p-pourquoi je n'ai pas p-payé ces factures moi-même !

— C'est exactement cela.

La réponse fusa :

— Parce que je ne p-pouvais pas, tout simplement ! Voilà p-pourquoi !

— C'est une excellente raison, en effet. Il me semblait pourtant vous avoir alloué une somme raisonnable pour ce genre de dépenses. A moins, bien sûr, que ma mémoire défaille. Je sais qu'elle me joue des tours, parfois.

Horatia implora :

— Je vous en p-prie, Sir. Je sais que je mérite votre ironie, mais ne soyez p-pas méchant avec moi. Vous savez fort bien q-que vous m'avez donné cet argent.

Marcus fronça les sourcils.

— Le pharaon, encore, Horatia ?

Le visage de la jeune fille s'éclaira.

— Oh, non ! P-pas du tout !

— Alors, quoi ?

De nouveau, elle baissa la tête.

— La b-bassette, Sir.

— Je vois.

Le comte n'avait plus son ton léger. Cette fois, il ne semblait plus se divertir. Alarmée, Horatia releva la tête et découvrit le visage renfrogné de son mari.

— Etes-vous en colère c-contre moi ? demanda-t-elle avec angoisse.

Un mince sourire revint aux lèvres du comte.

— La colère est un sentiment trop fatigant, ma chère. Non, je me demandais seulement comment vous aider à guérir.

— Vous v-voulez me guérir ? Mais c'est impossible ! J'ai le jeu dans le sang ! Songez q-que même Maman ne p-peut se résoudre à t-totalement désapprouver le jeu.

— C'est très possible. Il n'empêche, madame mon épouse : je me vois dans l'obligation de vous dire que je ne puis consentir que vous jouiez de façon excessive. C'est un de mes privilèges d'époux. Je pourrais même vous interdire tout à fait le jeu.

— Oh, non, non ! implora Horatia. Ne faites p-pas cela, je vous en p-prie ! Si vous voulez, je vous p-promets de m'en tenir au pharaon et au whist. Ne p-plus jouer du tout, je ne p-pourrais le supporter. Je serai plus p-prudente à l'avenir... Seigneur ! Vous avez vu l'heure ? Il faut q-que je m'en aille ! Vraiment, je ne p-puis m'attarder une minute de plus !

— Ne vous affolez donc pas ainsi ! Il est toujours de très bon ton d'arriver la dernière dans une réunion mondaine, et un peu en retard, c'est encore mieux.

Lord Rule parlait dans le vide. Horatia avait disparu.

Les excentricités de son épouse, qui inquiétaient tant Lady Louisa, suscitaient l'intérêt d'autres personnes, et aussi des sentiments tout différents.

M. Crosby Drelincourt, qui, pour tout le monde depuis les fiançailles de son cousin, n'avait plus d'autre perspective qu'un destin fort terne, croyait apercevoir un rai de lumière dans la grisaille de sa vie. Quant à Lady Massey, qui rongeait son frein en prenant note de chaque exploit, de chaque extravagance de la jeune comtesse, elle attendait patiemment son heure. Les visites de Rule se faisaient de plus en plus rares, mais elle se gardait bien de lui adresser le moindre reproche à ce sujet. Au contraire, elle déployait tous ses charmes quand il venait frapper à sa porte. Elle avait pu faire la connaissance d'Horatia grâce à M. Drelincourt qui s'était fait un devoir de la lui présenter, mais elles n'avaient, en cette première occasion, échangé que des révérences et des banalités. Lorsqu'elle l'avait de nouveau rencontrée par la suite, elle n'avait pas cherché à se lier d'amitié avec elle ; par prudence. Elle savait, en effet, que Rule en savait beaucoup plus qu'il ne donnait à le penser et qu'il ne laisserait pas se développer des relations trop étroites entre sa maîtresse et son épouse.

Il semblait que M. Drelincourt eût reçu la mission de conduire dans le monde sa cousine par alliance. Il l'avait même présentée à Robert Lethbridge, lors d'une partie de campagne chez le duc de Richmond. Celui-ci ne se trouvait pas dans la capitale lorsque les jeunes époux y étaient revenus après leur lune de miel, et lorsqu'il eut l'occasion de poser les yeux sur elle pour la première fois, elle avait déjà « pris la ville d'assaut », pour reprendre les termes employés par le jeune M. Dashwood.

Donc, lorsque Lord Lethbridge vit la jeune comtesse pour la première fois, à cette partie de campagne à Richmond, elle portait une robe en satin bleu, dite *Soupir étouffé*. Ses cheveux étaient coiffés *en diadème*. Une mouche appelée *Galante* avait été collée au beau milieu de sa joue gauche. Elle portait, partout sur elle, des rubans légers qui flottaient au moindre de ses mouvements. Bref, elle attirait l'attention, et c'est pourquoi Lord Lethbridge s'était tout de suite intéressé à elle.

Adossé à un mur du salon tout en longueur, il avait dirigé sur la jeune fille un regard si fixe et si dur, et son visage avait pris une expression si étrange que M. Drelincourt, le voyant ainsi, n'avait pu s'empêcher d'approcher pour lui dire :

— Je vois que vous admirez ma cousine, Milord.

— Mon admiration est profonde, répondit Lord Lethbridge.

D'un petit haussement d'épaules, M. Drelincourt signifia qu'il ne partageait pas ce sentiment.

— Pour ma part, je trouve qu'elle a des sourcils grotesques. Ce n'est pas ce que j'appellerais une beauté ; vraiment pas !

Lethbridge, esquissant un sourire sardonique, observa :

— Voilà qui devrait vous remplir d'aise, non ?

— Vous désirez peut-être que je vous présente ? Mais il faut que je vous prévienne : elle bégaie horriblement.

— En plus elle joue gros et elle donne le tournis à tout Saint-James ! Franchement, je n'aurais pu espérer mieux.

— Et pourquoi donc ? s'étonna M. Drelincourt.

— Vous êtes un sot, Crosby, répondit Lethbridge. Allons, présentez-moi !

— En vérité, Milord, il faut que je sache ! Que signifient ces paroles énigmatiques ?

— Croyez-moi, je n'avais pas du tout l'intention de vous proposer une énigme, rétorqua Lethbridge d'un ton acide. Voulez-vous procéder à ces présentations, maintenant ?

M. Drelincourt protesta sur un ton plaintif.

— Votre humour est fort déconcertant, Milord.

Mais, conscient qu'il n'obtiendrait pas d'explications, il se dirigea, l'esprit chagrin, vers le groupe où se trouvait Horatia et, de derrière, il l'interpella.

— Ma chère cousine, me permettez-vous de vous présenter quelqu'un qui brûle de vous connaître ?

Horatia, qui ne brûlait nullement de nouer des liens avec les connaissances de M. Drelincourt, parce qu'elle détestait cordialement celui-ci, se tourna vers lui avec une réticence affectée, pour découvrir un homme qui ne ressemblait aucunement aux habituels compagnons de Crosby. Il était d'une élégance somptueuse mais stricte, non affectée par les absurdités vestimentaires tant prisées par les jeunes gens trop soucieux de leur toilette. Il fallait reconnaître aussi qu'il était plus âgé que M. Drelincourt.

— Lord Lethbridge, déclara celui-ci d'un ton cérémonieux, j'ai le grand plaisir de vous présenter Lady Rule. Voici que vous avez enfin l'occasion de rencontrer celle dont toute la ville fait des gorges chaudes.

Horatia, qui venait de plonger en une profonde révérence, rougit un peu et s'émut, car elle trouvait fort piquants à son égard les mots de M. Drelincourt. Elle se releva en vacillant un peu et tendit sa main, sur laquelle Lord Lethbridge se pencha avec une grâce incomparable. L'intérêt fit alors briller les yeux de la jeune fille : cet homme n'était pas comme les autres.

— Ce pauvre Crosby ne sait pas tourner un compliment, murmura-t-il. Madame, permettez-moi de vous accompagner jusqu'à ce sofa.

Horatia posa sa main sur le bras qu'il lui offrait et ainsi traversèrent-ils le salon.

— C-Crosby me d-déteste, murmura-t-elle.
— Rien de plus normal.
Etonnée, elle demanda :
— Ce n'est p-pas très gentil de sa p-part, Sir. P-pourquoi se c-comporte-t-il de cette façon à mon égard ?

Lord Lethbridge l'examina alors d'un regard qu'elle jugea fort critique, puis il éclata de rire en disant :
— C'est parce qu'il a un goût exécrable, Milady !

Horatia eut l'intuition qu'il n'exprimait pas l'idée qu'il avait en tête, et elle s'apprêta à le questionner sur ce point, mais il changea de sujet. Désignant, d'un geste discret de la main, la société rassemblée dans le salon, il murmura :
— Oserais-je vous demander, madame, si vous n'êtes pas lassée de tous ces ennuyeux personnages ?
— P-pas du tout ! répondit-elle. Au c-contraire, j'adore ce genre de soirées. N'est-ce pas m-merveilleux ?
— Merveilleux, en effet, reprit-il en souriant. Voilà que j'y retrouve de l'intérêt. Votre enthousiasme est contagieux, Milady, il agit sur mon esprit blasé.
— Les esprits b-blasés, en général, se divertissent dans la p-pièce où on joue aux c-cartes, Sir.
— Très intéressant... Mais les esprits enthousiastes ne se divertissent-ils pas, eux aussi, aux jeux de cartes, pour entretenir leur enthousiasme ?
— P-parfois, admit Horatia en souriant. A ce q-que vous me dites là, Sir, je c-comprends q-que vous savez déjà tout sur moi.

La main sur le cœur, Lethbridge protesta.
— Tout ? Non, madame ! Pas encore... Lorsque je rencontre une dame qui ne refuse jamais de tenter sa chance au jeu, je désire en savoir plus sur elle, beaucoup plus.
— Il est exact q-que je suis très attirée par les jeux en t-tous genres, admit Horatia ; surtout les c-cartes.

— Alors, il faudra que nous fassions un jour une partie, si vous le voulez bien.

Une voix de femme se fit alors entendre derrière Horatia.

— Milady, si vous avez un peu de bon sens, vous ne jouerez pas contre Lord Lethbridge.

Horatia se retourna et découvrit Lady Massey qu'elle n'avait pas entendue approcher, et qui se tenait derrière elle, les deux mains appuyées sur le dossier du sofa.

— Est-ce un c-conseil q-que vous me donnez ? demanda-t-elle en jetant un coup d'œil en coin vers Lethbridge. Suggérez-vous q-que Lord Lethbridge pourrait me p-plumer ?

Lady Massey partit d'un grand rire avant de répondre :

— Milady, je vous dis simplement que vous venez de faire connaissance avec le joueur le plus enragé de notre temps. Si vous m'en croyez, méfiez-vous de lui.

— Est-ce exact ? fit Horatia à l'adresse de son interlocuteur qui venait de se lever pour accueillir la nouvelle venue et qui la regardait avec un indéfinissable sourire. Si tel est le c-cas, il faut absolument q-que je joue avec vous !

Lady Massey eut un nouveau rire, un peu plus puissant, un peu plus aigu.

— Je vous préviens, Milady, qu'il vous faudra des nerfs d'acier. Et si Lord Lethbridge n'était pas ici, je pourrais vous raconter quelques histoires fort édifiantes à son sujet.

A ce moment, le vicomte Winwood, frère d'Horatia, qui se dirigeait vers la sortie, aperçut le petit groupe et, changeant de direction, il s'approcha pour saluer Lady Massey d'une courbette, Lord Lethbridge d'un simple hochement de tête.

— Madame, mes hommages... Lethbridge, votre serviteur... Horry ! Je te cherche depuis le début de la soirée ! J'ai promis à un ami de te le présenter.

Horatia se leva.

— Dans ce c-cas...

Son frère lui prit la main, qu'il glissa sous son bras, et ce faisant il la pinça avec discrétion, pour signifier qu'il avait quelque chose d'important à lui dire. Elle s'empressa donc de prendre congé, mais tout en faisant sa révérence à Lord Lethbridge, elle ne put s'empêcher de lui dire, avec le plus grand sérieux :

— Il faudra q-que nous nous revoyions autour d'une t-table de jeu, Milord.

— Pourquoi pas ? fit-il en s'inclinant devant elle.

Elle suivit son frère qui l'entraînait avec impatience et qui, dès qu'ils furent hors de portée d'oreille, lui tint des propos peu amènes.

— Bon Dieu, Horry ! Qu'est-ce que tu fais avec ce type ? Tu es folle ou quoi ? Ne t'approche plus de lui, car il est dangereux. Tu as vraiment le chic pour t'acoquiner avec les gens qu'il ne faut pas, toi ! Oublie-le !

— Je ne c-crois pas q-que ce soit possible, répondit Horry d'un ton sec. Je n'ai p-pas envie ! Lady Massey m'a dit q-qu'il était un excellent joueur.

— C'est tout à fait exact, et toi, tu es le prochain pigeon qu'il a envie de plumer. Horatia, je te mets sérieusement en garde contre lui. Je ne plaisante pas.

D'un geste sec, Horatia lui retira sa main, et, les yeux lançant des éclairs de colère, elle proclama :

— Laisse-moi te dire, P-Pel, q-que je suis une femme mariée, maintenant ! Tu n'as plus à me donner d'ordres !

Son frère ricana.

— Mariée ! Tu ferais bien de te le rappeler et d'agir en conséquence ! Car si Rule apprend qui tu fréquentes, tu n'auras plus qu'à demander au diable s'il veut bien te prendre pour mari ! Te rends-tu compte que tu babillais avec Lady Massey, en plus ? Franchement, il n'y en pas deux comme toi !

— P-puis-je savoir ce q-que tu as c-contre Lady Massey ? demanda Horatia, hautaine.

— Ce que j'ai contre... Oh, Seigneur !

Jouant nerveusement avec sa bague ornée d'un gros diamant, le vicomte perdit soudain de sa hargne, et c'est d'un ton fort contraint qu'il reprit :

— Je suppose que tu ne sais pas... Non, tu ne peux pas savoir. Bon ! Maintenant, tu es gentille, tu arrêtes de me poser des questions idiotes. Allez, viens boire un verre de punch et n'en parlons plus.

Lord Lethbridge, qui avait observé le départ précipité du frère et de la sœur, puis les avait vus engagés dans une conversation fort animée, se tourna vers Lady Massey pour lui dire d'un ton doucereux :

— Ma chère Caroline, je vous remercie. Vous avez été vraiment très coopérative. Le saviez-vous ?

— Me prenez-vous pour une sotte ? lui rétorqua-t-elle. Quand cette petite poire tombera entre vos mains, n'oubliez pas de me remercier.

Il se servit une pincée de tabac à priser avant de déclarer :

— Vous désirez vraiment, chère amie, que la petite poire me passe entre les mains ?

Ils échangèrent un regard chargé de sous-entendus avant que Lady Massey reprît :

— Nous n'avons nul besoin de nous affronter. Vous avez des projets et peut-être suis-je à même de les deviner. Quant à mes projets, vous les connaissez parfaitement.

— Cela ne fait aucun doute, répondit Lethbridge avec un sourire sardonique. Pardonnez ma franchise, mais il faut bien que je vous le dise : si j'ai le raisonnable espoir de réaliser mes projets, je suis prêt à parier tout ce que vous voudrez que vous ne parviendrez pas à vos fins. Voilà, c'est dit et c'est très bien ainsi !

Ne venez-vous pas de dire que nous n'avions nul besoin de nous affronter ? C'est inutile, en effet.

Lady Massey s'était raidie. D'une voix sèche, elle demanda :

— Puis-je savoir ce que signifient ces propos ?

— Simplement ceci, répondit Lethbridge après avoir claqué le couvercle de sa tabatière. Je n'ai pas besoin de votre aide, ma chère amie. Je joue pour mon plaisir, non pour le vôtre et encore moins pour celui de Crosby.

— Je m'en doute. Ne désirons-nous pas tous la même chose ?

— Sans doute, mais mes motifs sont, de loin, les plus sérieux.

7.

Lady Massey, qui avait reçu avec dignité l'affront infligé par Lord Lethbridge, n'eut aucune difficulté pour interpréter la dernière affirmation de celui-ci, si énigmatiquement énoncée. Elle connut un moment de colère qui céda très vite devant une sorte d'amusement cynique. En effet, si elle n'inclinait pas à briser un ménage pour le seul plaisir de la vengeance, elle pouvait très bien apprécier, chez un autre, l'art présidant à l'élaboration d'un tel stratagème. Le cynisme qu'il fallait pour l'accomplir, qu'elle trouvait choquant, la remplissait de ravissement, aussi.

Quoi qu'il en soit, si Horatia avait été l'épouse d'un autre homme que Rule, elle eût éprouvé quelque honte à prêter la main, même de façon passive, à de tels agissements. Mais Lady Massey, qui, avant de porter les yeux sur la jeune épouse, s'était résignée à l'inévitable, avait changé d'avis. Elle se flattait de connaître Rule et jugeait qu'une union aussi mal assortie ne pourrait conduire qu'au désastre. Son amant s'était marié pour avoir une gracieuse châtelaine qui lui donnerait un héritier, certainement pas pour craindre un scandale chaque fois que Horatia sortait de sa maison.

Il avait, un jour, fait une déclaration que Lady Massey avait conservée à la mémoire : il avait dit que son épouse devrait le craindre et que c'était lui seulement qu'elle devait craindre. A saisir l'éclat métallique de son regard, alors, elle avait très bien compris qu'il ne plaisantait pas.

Rule, si accommodant qu'il fût, refuserait de se montrer un mari complaisant, et quand ce mariage se dissoudrait... eh bien ! le divorce n'était plus une rareté comme autrefois ! Si cette épreuve pouvait être imposée à une duchesse, pourquoi pas à une comtesse ? Une fois qu'il serait libéré de sa trop primesautière, trop babillarde et trop joueuse épouse, Rule serait très content de retrouver les faveurs assidues d'une vraie femme qui ne lui ferait pas monter le rouge au front et qui saurait bien, si bien lui plaire, et le divertir, et le garder, et le fixer, enfin !

Dans ces conditions, il convenait parfaitement à Lady Massey que Lord Lethbridge se fût mis en tête de détruire ce ménage. Toutefois, elle ne voulait pas prêter la main à ces manigances au final assez déshonorantes, et c'était sur un coup de tête plutôt que par dessein qu'elle s'était adressée à Horatia de façon aussi provocante. Il ne lui revenait pas de pousser la jeune fille dans les bras de Lethbridge. Elle n'en avait aucune envie. De cette affaire elle ne voulait absolument pas se mêler.

Pourtant, se trouvant au côté d'Horatia, une semaine plus tard, dans les jardins de Vauxhall, et voyant Lethbridge dédaigner le geste aguicheur d'une jolie blonde qui voulait l'attirer à elle, elle s'exclama :

— Hélas, pauvre Maria ! Ne sait-elle pas qu'on ne peut pas enchaîner Robert Lethbridge ? Comme si nous n'avions pas toutes essayé, et échoué !

Horatia ne répondit pas, mais son regard, aussitôt rendu plus brillant par l'intérêt, s'était porté sur Lethbridge.

En vérité, Lady Massey n'avait pas besoin de parler pour susciter tant d'intérêt. Lethbridge, avec son regard de rapace et ses grands airs, avait déjà capté l'attention de la jeune personne qui s'ennuyait à recevoir les hommages appuyés et si banals des jeunes gens. Lethbridge était un homme du monde dans toute l'acceptation de ce terme, et il exerçait sur les femmes une fascination d'autant plus grande qu'on le disait dangereux.

Lors de sa première rencontre avec Horatia, il avait paru subjugué par son charme, et s'il s'était montré tout aussi empressé auprès d'elle, la deuxième fois, il eût perdu beaucoup de son pouvoir. Au lieu de commettre cette erreur, il laissa passer plus de la moitié de la soirée avant de s'approcher d'elle pour lui tenir quelques propos convenus et s'éloigner, très vite. Ils se retrouvèrent en présence l'un de l'autre autour d'une table de jeu chez Mme Delaney. On jouait au pharaon. Lethbridge tenait la banque. Horatia gagna contre la banque. Il ne manqua pas de la complimenter, mais avec détachement et même une pointe d'ironie, comme s'il ne prenait pas cette victoire au sérieux.

Deux jours plus tard, ils se revirent encore, dans Hyde Park, où Horatia se promenait au bras de Mme Maulfrey. Lethbridge, qui passait à cheval dans l'allée, s'arrêta et sauta sur le sol pour venir la saluer, à pas lents, en tirant sa monture, l'air extatique, comme s'il éprouvait un immense bonheur à la rencontrer.

— Mon enfant ! s'écria Mme Maulfrey après qu'il eut pris congé. Vous venez de rencontrer un fieffé coquin. Méfiez-vous de lui comme de la peste. Je vous en conjure, ne tombez surtout pas amoureuse de lui !

— T-Tomber amoureuse ? fit Horatia avec mépris. Il n'en est p-pas q-question. Je veux seulement jouer aux c-cartes avec lui.

Au bal de la duchesse de Queensberry, il ne chercha pas à la rencontrer. Elle en conçut un vif dépit et ne s'avisa pas que la présence de Rule expliquait ce dédain.

Lethbridge arriva fort tard à la soirée donnée par Lady Amélia Pridham et, cette fois, se montra si empressé auprès d'Horatia qu'elle exulta à l'idée qu'ils devenaient vraiment intimes. Hélas, un jeune gentleman approcha pour lui parler et Lethbridge lui rendit sa liberté avec une hâte qu'elle jugea insultante. Quand elle en eut fini avec l'importun, Lethbridge s'était retiré dans la salle de jeu. C'était plus qu'il n'en fallait pour lui gâcher sa soirée, soirée d'autant plus gâchée que Lady Amélia ne voulut pas jouer aux cartes avec elle et que M. Laxby, jeune homme fort maladroit, se prit les pieds dans sa robe au cours d'une valse, une robe magnifique tout droit arrivée de Paris et qu'il serait impossible de réparer ! Ce n'était pas tout. A son grand regret, Horatia dut encore décliner une invitation à un pique-nique prévu le lendemain, parce qu'elle avait fort malencontreusement promis à Miss Lane, son ancienne gouvernante, d'aller la visiter à Kensington où elle s'était retirée avec une sœur devenue veuve ; Kensington, un des lieux les plus ennuyeux d'Angleterre ! Ayant cru comprendre que Lord Lethbridge serait de la partie, elle connut la tentation d'oublier la chère Laney, mais à l'idée de l'immense déception qu'elle lui infligerait, le repentir la saisit, et c'est avec détermination, mais la mort dans l'âme, qu'elle renonça à la perspective de ce si agréable pique-nique.

L'après-midi passé à Kensington se révéla aussi ennuyeux et aussi long qu'elle l'avait prévu. Laney, en l'accablant de questions sur sa nouvelle vie, la retint indéfiniment. Il était donc plus de 16 h 30 quand elle put enfin remonter dans son carrosse pour rentrer chez elle. Par chance, elle devait dîner ce soir-là avec Rule avant d'aller avec lui à l'opéra, si bien que son retard serait de peu de conséquence. Il n'en restait pas moins qu'elle avait l'impression d'avoir passé une journée odieuse, et se consolait — fort égoïstement, elle en avait conscience — en se disant que le temps, qui promettait d'être si beau le matin, était devenu fort menaçant et interdisait toute idée de pique-nique. Quelques roulements de tonnerre se firent entendre au moment des adieux. Miss Lane s'en alarma et voulut retenir Horatia jusqu'à la fin de l'orage qui s'annonçait. Heureusement pour celle-ci, son cocher déclara avec assurance que l'orage n'était pas pour tout de suite et qu'on pouvait prendre la route sans crainte.

Le carrosse était à peine engagé sur la route de Londres qu'un éclair zébra le ciel tout noir et effraya les chevaux, qui firent un écart et faillirent se jeter au fossé. Le cocher les remit sur le droit chemin, en tirant sur les rênes de toutes ses forces, tandis que son auxiliaire, un jeune homme assis à côté de lui, poussait un cri strident. Entendant les roues craquer dangereusement, il jeta un coup d'œil en arrière pour s'assurer qu'elles tenaient bon, puis se dit qu'il avait peut-être eu tort de fournir un argument à sa maîtresse pour ne pas céder aux instances de Miss Laney.

Il ne pleuvait toujours pas, mais les éclairs devenaient de plus en plus fréquents. Le tonnerre, assourdissant, roulait de façon presque continue maintenant. Le ciel, noir de nuages, donnait à penser que la nuit était prématurément tombée. Le cocher aiguillonnait donc ses chevaux, avec le désir d'entrer dans Knightsbridge aussi tôt que possible.

Alors que le carrosse circulait dans les parages de l'auberge se trouvant juste au milieu du trajet entre Kensington et Knightsbridge, le cocher et son auxiliaire aperçurent, d'assez loin, un groupe de cavaliers qui semblaient se dissimuler dans un bosquet. Fallait-il s'inquiéter ? Après tout, ces gens ne voulaient peut-être que s'abriter en prévision de la pluie qui n'allait plus tarder à s'abattre sur la campagne ; les premières grosses gouttes s'écrasaient déjà sur la route. Et puis, il était trop tôt, malgré l'obscurité prématurée, pour voir des bandits de grand chemin déjà à l'œuvre. Pourtant, ne voulant courir aucun risque inutile, le cocher joua encore de son fouet pour exciter ses chevaux : il s'agissait de forcer le passage si nécessaire. En outre, il demanda à son auxiliaire de préparer le tromblon qui devait se trouver sous leur siège.

Hélas, il n'y avait pas d'arme sous le siège, et il revint au cocher qu'il ne lui avait pas semblé nécessaire de s'en munir pour ce voyage de tout repos. Tout en grommelant son désappointement, il gardait son regard fixé sur le groupe de cavaliers toujours immobiles dans le bosquet, et tâchait de se persuader que des brigands n'oseraient jamais opérer avant la tombée de la nuit.

— Ces gars-là s'abritent de la pluie, voilà tout.

Il ajouta, comme si cela avait valeur de preuve :

— J'ai vu pendre deux hommes, il n'y a pas si longtemps. Ils avaient attaqué une diligence. Des pauvres types, dans le fond.

Le véhicule lancé à toute allure n'était plus qu'à quelques foulées du bosquet que les cavaliers sortirent de sous les frondaisons et se placèrent de façon à barrer le passage, dispositif qui ne permettait plus aucun doute sur leurs intentions. Ils étaient en tout au nombre de trois.

Le cocher jura dans sa barbe, et, n'étant pas homme à se rendre trop facilement, il donna encore du fouet sur la croupe de ses chevaux, dans l'espoir d'effrayer les trois brigands qui prétendaient l'arrêter. Mais un coup de feu retentit, une balle siffla dangereusement à ses oreilles et, d'instinct, il se pencha pour éviter le projectile mortel. A ce moment son auxiliaire, qui hurlait de peur, lui prit les rênes pour tirer dessus, de toutes ses forces. Un deuxième coup de feu claqua. Les chevaux s'affolèrent, tirèrent à hue et à dia. Le carrosse se mit à tanguer. Le cocher, qui avait repris possession des rênes, s'avisa qu'il ne pouvait plus contrôler la situation, et sans doute tout l'équipage eût-il versé dans le fossé si deux des brigands, lancés eux-mêmes au galop, n'avaient pas saisi les chevaux par la bride pour les arrêter.

Le troisième homme, très grand, portait un masque de velours noir qui lui cachait tout le visage. Il s'approcha du carrosse pour proférer le traditionnel avertissement :

— La bourse ou la vie !

Il se pencha, ouvrit la portière.

Plus étonnée qu'effrayée, Horatia trouva pointé sur son nez un gros pistolet que l'homme tenait d'une main ferme. Son regard suivit le bras qui tenait ce pistolet, remonta jusqu'au visage masqué, et elle s'écria :

— S-Seigneur ! D-Des brigands !

Un éclat de rire tonitruant la salua en retour, puis l'homme au masque de velours noir lui dit d'une voix rocailleuse :

— Pas de gros mots, ma petite dame. Nous sommes des hommes du monde, mais un peu à court de monnaie. Alors on nous donne la quincaillerie, et vite !

Horatia ne l'entendait pas de cette oreille. Crispant ses doigts sur son réticule, portant son autre main sur son collier, elle répondit avec hauteur :

— Il n'en est pas q-question !

Cette vive réaction étonna si fort le bandit qu'il ne sut que répondre ni que faire, et il semblait même sur le point de renoncer quand un autre cavalier, lui aussi masqué, le bouscula pour prendre sa place et arracher le réticule d'entre les mains d'Horatia. Il le palpa avec une sorte de concupiscence et s'écria :

— Oh ! Il y en a, là-dedans !

Bien sûr, il n'allait pas s'arrêter en si bon chemin. Reportant son regard sur le gros diamant qui brillait au doigt d'Horatia, il ajouta d'un ton rude, en lui saisissant la main :

— Et maintenant, je veux ça ; vite, vite !

Horatia voulut se soustraire à la rude poigne qui l'emprisonnait, mais elle n'y réussit pas et, de rage, elle souffleta son agresseur en lui jetant :

— C-comment osez-vous p-porter la main sur moi, odieux p-personnage !

Cette vive réaction suscita un nouvel accès d'hilarité chez les cavaliers spectateurs, mais l'homme souffleté leva le poing d'une façon qui annonçait une réaction extrêmement violente. Alors Horatia prit peur et s'attendit au pire quand un cri d'alarme retentit :

— Décampons, et vite ! Un cavalier arrive sur la route !

Pour confirmer les craintes du bandit qui venait d'alerter ses comparses, un coup de feu retentit, tandis le bruit de la cavalcade remplissait l'air. Il ne fallut pas longtemps aux bandits pour comprendre que leur intérêt résidait dans la fuite. Ils s'égaillèrent dans toutes les directions et bientôt on ne les vit plus.

Le cavalier tira encore un coup de pistolet en direction des arbres et s'arrêta près du carrosse. Il se découvrit et s'inclina en disant, d'un ton cérémonieux :

— Madame…

Puis il s'exclama :

— Lady Rule ! Grand Dieu ! Avez-vous souffert de cette malencontreuse aventure ?

— C-comment ? s'écria Horatia. C'est b-bien vous ? Je n'en crois p-pas mes yeux. Non, je ne suis p-pas blessée.

Lord Lethbridge sauta prestement à terre et mit le pied sur le marchepied du carrosse pour prendre la main d'Horatia. Il s'émerveilla :

— Quelle chance que je sois arrivé à temps ! Vous n'avez plus rien à craindre, Milady. Ces bandits ne reviendront pas de si tôt.

Horatia répondit, non sans un peu de forfanterie :

— Vous savez, M-Milord, je n'ai pas eu p-peur du tout ! Je dois même dire q-que cette aventure est ce q-qui m'est arrivé de p-plus amusant depuis bien longtemps. Mais vous savez, il faut q-que je vous l'avoue, je suis un p-peu déçue d'avoir vu ces b-brigands disparaître si vite. Vous les avez vus ? Ils ont détalé c-comme des lapins lorsque vous êtes arrivé !

Lord Lethbridge partit d'un petit rire sec.

— Sans doute ont-ils eu peur de mes pistolets. Je suis vraiment très heureux qu'ils n'aient pas eu le temps de vous molester.

— Non, certainement p-pas. Mais c-comment se fait-il que vous p-passiez par là, Milord ?

— J'étais en visite chez des amis, à Brentford, pas très loin d'ici comme vous le savez sans doute.

— Mais je vous c-croyais au pique-nique à Ewell.

107

— J'y fus, Milady, mais vous n'y étiez pas. Alors je n'ai pas eu envie de m'y attarder.

Cette affirmation eut un effet bizarre sur Horatia, qui écarquilla les yeux et ouvrit la bouche de façon un peu sotte. Puis elle s'aperçut que sa main reposait toujours dans celle de son sauveur. Elle la lui retira avec délicatesse, et dit :

— Je ne p-pensais pas q-que ma présence vous était indispensable à ce p-point.

— C'est pourtant la vérité, Milady.

Interloquée, Horatia ne sut que répondre à un aveu aussi direct, et c'est avec timidité qu'elle demanda :

— Auriez-vous la b-bonté de me ramener chez moi ?

Lord Lethbridge parut hésiter. Elle insista :

— P-pourquoi pas ?

Il se décida.

— Aucune raison ne saurait justifier mon refus, Milady. Si vous le voulez, je vous ramènerai chez vous.

Redescendant du carrosse, il ordonna à l'auxiliaire du cocher d'enfourcher sa monture, et au cocher de remonter sur son siège. Il referma la portière. Le cocher agita son fouet. Le véhicule reprit la route pour Londres.

Après un court moment de silence, Horatia, avec la franchise qui désolait si souvent sa famille, déclara :

— Vous savez, Milord, il me semblait q-que vous ne m'aimiez p-pas beaucoup.

Lord Lethbridge se récria.

— Comment pouvez-vous dire cela ? Il faut être le dernier des goujats pour ne pas vous aimer !

— Ah oui ? P-Pourtant, j'ai bien remarqué q-que vous m'évitiez, ces derniers temps. Et ne p-prétendez pas le c-contraire, je vous prie, c-car ce serait mentir.

— Ah… vous avez remarqué… Mais ce n'est pas parce que je ne vous aime pas, Milady.

— P-Pourquoi donc, alors ?

De plus en plus gêné, il tourna la tête et, sans regarder la jeune fille, il répondit :

— Ne vous a-t-on pas avertie que Robert Lethbridge est un homme dangereux et qu'il vaut mieux ne pas le fréquenter ?

Les yeux brillants de malice, Horatia s'exclama :

— B-Beaucoup de gens m-me l'ont dit, c'est vrai ! Vous le saviez donc ?

— Bien sûr que je le sais ! Je n'ignore pas que toutes les mères préviennent leurs filles contre moi et mes mauvaises manières. Sans vouloir me vanter, je dois être l'homme le plus redouté de tout Londres.

Elle éclata de rire.

— Mais je m-me moque de tout ce q-qu'on peut dire de vous ! Alors, p-pourquoi vous mettre en peine ?

Lord Lethbridge expliqua, du ton patient d'un homme qui a souvent déjà récapitulé les mêmes arguments :

— C'est que vous êtes très jeune, n'est-ce pas ?

— Voulez-vous dire par là q-que je suis trop jeune p-pour avoir c-commerce avec vous ?

— Non, ce n'est pas exactement ce que je voulais dire. C'est plutôt que, aux yeux du monde, vous êtes trop jeune pour avoir le droit de commettre certaines folies.

— Ce serait c-commettre une folie q-que de vous fréquenter ? C'est ce q-que pense le monde ?

— Sans aucun doute.

— Je me soucie c-comme d'une guigne de ce q-que p-pense le monde ! s'écria Horatia.

Emu, Lord Lethbridge lui prit les deux mains, qu'il couvrit de baisers.

— Vous êtes charmante, déclara-t-il. Mais s'il était de notoriété publique que nous sommes amis, le monde jaserait. Or, il ne faut pas que le monde parle en mal de Lady Rule. Je ne le veux pas.

— P-Pourquoi le monde s'entête-t-il à c-colporter de méchantes paroles à votre p-propos ? demanda Horatia, incrédule et impatiente.

Un long soupir échappa à Lord Lethbridge.

— Il faut avouer, Milady, que tout est ma faute. Je me suis bâti, tout seul, une déplorable réputation dont je ne puis plus me défaire maintenant. Tout le monde me craint, tout le monde me hait. Tenez ! Je suis certain que votre frère vous a enjoint de ne plus me voir. N'ai-je pas raison ?

Horatia rosit, mais avoua de manière indirecte.

— Vous savez, p-personne ne p-prête la moindre attention à ce q-que dit P-Pel ! Et si vous voulez bien q-que je sois votre amie, je ne laisserai personne gloser à ce sujet !

Une fois encore, Lord Lethbridge parut hésiter. Horatia l'implora :

— Je vous en p-prie ! Ne dites p-pas non !

Il pressa les deux mains qu'il n'avait pas cessé d'emprisonner, et c'est d'un ton douloureux qu'il demanda :

— Mais pourquoi ? Est-ce parce que vous voulez jouer aux cartes avec moi ? Est-ce pour cette seule raison que vous m'offrez votre amitié ?

Horatia se montra d'une franchise désarmante.

— Non, non... Encore q-que ce soit bien ce q-que je voulais, au c-commencement. Mais maintenant q-que vous m'avez fait ces c-confidences si touchantes, je me sens dans des d-dispositions très différentes. Je m'en voudrais d'être de ces gens q-qui ont de si horribles pensées à votre égard, et de ne vous voir que c-comme un joueur.

Toujours réticent, Lethbridge présenta une objection :

— Je crains que Rule ne voie la situation d'un autre œil que vous, ma chère. Il vaut mieux que je vous en avertisse, il n'est pas de ceux qui me veulent du bien. Il élèvera des objections, et on doit obéir à son mari, comme vous ne l'ignorez point.

Horatia eut grande envie de répondre que tout ce que disait Lord Rule lui importait peu, mais il lui parut que ce n'était pas une déclaration que pouvait faire une épouse décente, même très détachée de son mari. Elle déclara donc :

— Je vous assure, Sir, q-que R-Rule ne se mêle pas de mes amitiés.

Le carrosse roulait alors dans les parages de Hyde Park et il ne restait qu'une courte distance à couvrir jusqu'à Grosvenor Park. Il pleuvait maintenant à seaux et il faisait nuit pour de bon. Dans la pénombre de l'habitacle, Horatia ne parvenait plus à discerner le visage de Lord Lethbridge. Elle lui effleura la main pour demander :

— Alors, c'est dit, n'est-ce p-pas ?

— C'est décidé, répondit-il sans hésiter.

Enthousiasmée, elle reprit :

— Je veux être p-pour vous la meilleure des amies, et p-pour c-commencer je vais vous reconduire chez vous, car il p-pleut si fort q-que je n'aurais pas le c-cœur de vous obliger à vous remettre en selle. Il vous suffit de donner votre adresse à mon c-cocher.

Dix minutes plus tard, le carrosse s'arrêtait dans Half-Moon Street. Horatia déclara :

— Je ne vous remercierai jamais assez, M-Milord, de m'avoir sauvé la vie. Je suis v-votre obligée, désormais.

Lord Lethbridge répondit, en se penchant sur sa main pour la baiser :

— C'est moi qui suis votre obligé, Milady, pour m'avoir donné l'occasion de vous venir en aide... J'ai hâte de vous revoir.

Il sortit de l'habitacle et resta un moment sur le trottoir, malgré la pluie battante, pour observer le carrosse qui s'éloignait en direction de Curzon Street. Quand il eut disparu, il esquissa un haussement d'épaules et rentra chez lui en courant.

Le valet, qui lui tenait la porte ouverte, murmura :

— Il pleut, Milord !

— C'est très bien observé, répondit-il avec une froide ironie.

— Il faut que j'apprenne à Milord qu'un étrange visiteur s'est présenté pour Milord. Il est arrivé voici peu de temps, et je l'ai prié d'attendre dans un petit salon, sans manquer de garder discrètement l'œil sur lui. Cela m'a paru nécessaire.

— Faites-le monter, ordonna Lord Lethbridge, en prenant l'escalier en direction de son cabinet de travail.

Son visiteur l'y rejoignit quelques minutes plus tard, annoncé par le valet à la mine désapprobatrice. C'était un individu à la forte carrure, vêtu d'un grossier manteau, qui tenait à la main un chapeau gras de crasse. Il sourit à Lord Lethbridge, qu'il salua en touchant son front d'un index fort sale.

— Votre serviteur, fit-il d'une voix éraillée.

Lord Lethbridge ne daigna pas répondre. Tirant une clé de sa poche, il ouvrit un tiroir de son bureau, en sortit une bourse qu'il jeta à l'homme en disant :

— Prenez ceci et que je ne vous revoie plus. Et n'oubliez pas, mon ami, qu'il faut garder bouche cousue, toujours.

D'un ton indigné, l'homme répondit :

— Non mais, pour qui me prenez-vous ? Je sais ce que c'est que de la fermer, croyez-moi !

Puis il versa le contenu de la bourse sur le coin d'une table et commença à compter les pièces, à haute voix.

— Vous pouvez vous épargner cette peine, lui dit Lord Lethbridge d'un ton pincé. Je sais, moi, ce que c'est que de payer ses dettes.

Avec un rictus qui pouvait passer pour un sourire, le visiteur rétorqua :

— Et moi, je dis qu'on n'est jamais assez méfiant en affaires, surtout lorsqu'on fait des affaires avec un type de la haute.

Il termina posément de compter l'argent.

— Le compte est bon, conclut-il avec satisfaction.

Il empocha son salaire et reprit en riant :

— Voilà ce que j'appelle de l'argent honnêtement gagné ! Bon ! Et maintenant, ce n'est pas que je m'ennuie, mais plus rien ne me retient ici, n'est-ce pas ? Ne me raccompagnez pas, je connais le chemin.

— Permettez ! fit Lord Lethbridge. Je vais me donner le plaisir de vous montrer la sortie.

Il suivit son visiteur qui se retourna et, de nouveau renfrogné, lui demanda :

— Vous avez peur de quoi ? que j'emporte l'argenterie ?

Sans attendre de réponse, il dévala l'escalier, traversa le vestibule, ouvrit la porte et sortit dans la nuit. Il pleuvait toujours.

Lord Lethbridge claqua la porte derrière lui et, pensif, s'attarda dans le vestibule. Son valet, qui remontait de la cave, le tira de ses méditations en lui faisant remarquer qu'il n'avait pas retiré son manteau mouillé par la pluie et qu'il risquait de prendre mal.

— Vous avez raison, répondit-il. Mais qui ne risque rien n'a rien, n'est-ce pas ? Et je peux dire que je n'ai pas perdu ma journée.

8.

Il était plus de 17 heures quand Horatia arriva à Grosvenor Square et, l'apprenant du valet qui lui ouvrait la porte, elle poussa un cri d'effroi avant de courir vers l'escalier. Dans le vestibule de l'étage, elle faillit renverser Rule qui était déjà habillé pour l'opéra.

— Milord, si vous saviez q-quelle aventure m'est arrivée ! s'exclama-t-elle en guise d'excuses. Je vous raconterais bien, mais je suis trop en retard. P-pardonnez-moi. Je suis de retour dans un instant.

Rule la suivit du regard jusqu'à sa chambre, puis il se dirigea vers l'escalier pour redescendre. N'ayant qu'une confiance limitée dans l'appréhension que sa femme pouvait se faire du temps, il envoya dire aux cuisines que le dîner devrait être retardé d'une demi-heure au moins. Puis il s'en alla s'installer dans un des salons pour attendre la réapparition d'Horatia. La représentation de l'opéra commençait à 19 heures, ce qui ne l'inquiétait pas le moins du monde, et quand le cartel, sur le manteau de la cheminée, sonna le quart avant 18 heures, il ne trahit aucun signe d'impatience. Le cuisinier n'était pas dans les mêmes dispositions, qui couvait anxieusement une paire de dindonneaux à la broche en vouant aux gémonies les femmes qui n'étaient jamais capables d'être à l'heure pour se mettre à table.

A 17 h 50, la comtesse arriva, dans un grand arroi de mousselines, de dentelles et de plumes. Elle prit place en face de son mari à la table du dîner et claironna qu'elle n'était pas aussi en retard qu'on eût pu le craindre. Elle ajouta, avec un grand sourire :

— Et si c'est un opéra de M. Gluck q-que nous allons voir, je ne serai p-pas chagrinée d'arriver un p-peu en retard. Mais il faut q-que je vous raconte mon aventure, n'est-ce pas ? Figurez-vous, Marcus, q-que j'ai failli être détroussée p-par des bandits de grand chemin.

— Des bandits ? répéta le comte, la fourchette en l'air.

Horatia, qui avait la bouche pleine, hocha la tête avec énergie.

— Ma pauvre petite ! Où et quand ?

— A mi-chemin entre K-Kensington et Londres, juste avant Knightsbridge. Je rentrais de chez Laney. Il faisait encore jour, mais ces hommes n'ont p-pas hésité à arrêter mon carrosse. Ils ont p-pris ma bourse ! Remarquez, il n'y avait pas grand-chose dedans !

— On peut considérer cela comme une chance, dit le comte. Cela dit, je ne comprends pas bien. Cette attaque a-t-elle pu se dérouler sans aucune résistance de mes héroïques serviteurs ?

— Non... Il faut dire q-que Jeffries avait oublié de p-prendre des armes. C'est ce q-que le cocher m'a expliqué ensuite.

— Fort bien, dit le comte avec une grande froideur. Mon cocher aura le plaisir de m'expliquer tout cela de vive voix.

Horatia, qui se servait d'artichauts, leva vivement la tête.

— Je vous en p-prie, murmura-t-elle, ne soyez pas trop sévère avec lui. Tout est ma faute, car je me suis trop attardée chez Laney. Et puis, qu'aurait p-pu faire Jeffries avec son tromblon, en face de ces hommes armés de p-pistolets ?

— Combien étaient-ils ?

— Trois.

Lord Rule fronça les sourcils.

— Votre histoire commence à m'intéresser énormément, Horry. Donc, vous avez été retenue par ces trois hommes…

— Je dois p-préciser encore q-qu'ils étaient masqués.

— Je m'en doutais ! Si j'ai bien compris, ils n'ont pris que votre bourse ?

— Ils ne voulaient p-pas s'en contenter. L'un a essayé d'arracher ma bague, et je c-crois bien q-qu'ils m'auraient entièrement dépouillée si un voyageur ne m'avait p-pas secourue. N'est-ce p-pas romantique ?

— Chanceux, en tout cas. Puis-je savoir qui est le galant homme qui n'a pas hésité à mettre sa vie en danger pour vous venir en aide ?

— Lord Lethbridge !

Horatia avait jeté ce nom avec force, comme un défi.

Le comte ne répondit pas immédiatement. Pensif, il prit la carafe de bordeaux pour remplir son verre. Cela fait, il observa encore un moment de silence avant de reprendre :

— Lord Lethbridge se trouvait à Knightsbridge, lui aussi ? Quelle heureuse coïncidence !

— C'est b-bien mon avis, approuva Horatia, heureuse de constater que son aventure ne provoquait pas, chez son mari, l'ire qu'elle avait tant redoutée.

— Je serais même tenté de voir dans cette affaire une intervention divine. Et Lethbridge a eu raison des bandits sans trop de mal ?

— Oui ! Il est arrivé au g-grand g-galop, et les bandits se sont enfuis.

Souriant, le comte hocha la tête.

— Et ensuite ?

— La suite est moins intéressante, Sir. J'ai d-demandé à Lord Lethbridge s'il voulait bien me raccompagner jusqu'ici, et je dois reconnaître q-qu'il s'est fait un peu tirer l'oreille. Mais j'ai insisté et il a fini p-par accepter de me rendre ce service.

Là, Horatia prit une longue inspiration et c'est en regardant son mari droit dans les yeux qu'elle ajouta :

— P-peut-être est-ce le moment de vous dire, Sir, q-que nous avons décidé de devenir amis.

Le comte ne cilla pas. D'un ton uni, il questionna :

— Je suis honoré que vous me fassiez cette confidence, ma chère amie. Puis-je vous faire part de mes sentiments à ce sujet ?

Horatia se rembrunit aussitôt, et d'un ton vif elle jeta :

— Lord Lethbridge m'avait p-prévenue q-que vous n'approuveriez p-pas !

— Il a dit cela ? A-t-il exposé les raisons qui, selon lui, me rendraient peu favorable à cette amitié naissante ?

— Non… Simplement, il m'a avoué q-qu'un parfum de scandale s'attachait à son nom et q-que, p-pour cette raison, je ne devais p-pas p-proclamer mon amitié p-pour lui. J'ai été très peinée d'apprendre cela, mais je lui ai dit que je me moquais de ce q-que p-pouvait raconter le monde, et q-que rien n'entraverait notre amitié.

Le comte effleura ses lèvres de sa serviette.

— Je vois… Et si — une supposition, n'est-ce pas ? — je devais prendre ombrage de cette amitié ?

Horatia s'attendait à cette question. Elle était prête à batailler.

— P-pourquoi devriez-vous vous y opposer, Sir ?

— Je serais prêt à parier que Lethbridge s'est fait un plaisir de vous exposer lui-même ces raisons.

— En effet ! Et p-permettez-moi de vous dire, Sir, q-que je les trouve mesquines.

— C'est ce que je craignais.

Horatia s'enflammait.

— Et puis il ne faut pas me dire q-que je dois éviter Lord Lethbridge, car je le verrai de toute façon !

— Mais votre attitude changerait-elle si je vous ordonnais

— oh ! de la façon la plus courtoise, cela va sans dire — de ne pas voir Lethbridge ?

— Non ! proclama Horatia. J'aime b-bien Lord Lethbridge et je refuse d-de me laisser intimider par d'odieux p-préjugés.

D'un calme olympien, Lord Rule proposa :

— Dans ce cas, si vous avez terminé votre dîner, ma chère amie, nous pourrions partir pour l'opéra.

Horatia se leva de table avec le sentiment qu'elle n'avait pas obtenu l'écrasante victoire dont elle avait rêvé.

A l'Opéra-Italien, dont Lord Rule était l'un des mécènes, on donnait ce soir-là *Iphigénie en Aulide*, une pièce qui avait connu un extraordinaire succès à Paris. Le comte et sa jeune épouse arrivèrent au milieu du premier acte et prirent place dans leur loge tendue de velours vert, dominant une salle comble. Ces spectateurs si nombreux n'étaient pas forcément mélomanes. Beaucoup venaient simplement pour voir le monde et montrer leurs dispendieuses toilettes. De notoriété publique, certains hommes, comme le comte de March, assis au bord de la scène, un verre à la main, ne s'intéressaient qu'aux danseuses et aux actrices, dans l'espoir d'en trouver une dont les charmes leur feraient oublier toutes celles qu'ils avaient déjà connues. March n'était pas le seul dans ce cas, puisque tout un groupe de jeunes gens, rassemblés au parterre, passaient tout leur temps à ostensiblement lorgner les dames dans les loges.

Plusieurs personnages de considérable importance honoraient de leur présence le théâtre ce soir-là ; M. Horace Walpole, confortablement installé dans la loge de Lady Hervey, était le plus célèbre et le plus reconnu. Beaucoup d'autres se contentaient d'attirer l'attention par leurs tenues extrêmement recherchées. Le plus excentrique en ce domaine était sans doute M. Fox, aux yeux tellement maquillés qu'il semblait n'avoir pas dormi depuis trois ou quatre jours. On regardait beaucoup Lord Carlisle, qui arborait une énorme mouche en forme d'étoile. M. Crosby Drelincourt avait du mal à le surpasser en originalité, avec son nœud de cravate monstrueux qui lui mangeait la moitié du visage ; il brandissait — innovation extraordinaire — une canne au sommet de laquelle étaient fixées ses jumelles de théâtre.

Ces jeunes gens qui se dandinaient, zézayaient et gardaient leur flacon de parfum ouvert à portée de narines offraient un contraste saisissant avec d'autres qui se proclamaient fièrement les *vrais hommes* ou les *sanguinaires* et qui, en réaction contre ces mœurs qu'ils jugeaient décadentes et par trop efféminées, donnaient dans mode toute contraire. Chez ceux-ci on ne décelait aucune extravagance dans le costume, à moins qu'on ne voulût considérer comme extravagant leur laisser-aller vestimentaire très étudié. Ils étaient réputés affectionner les distractions violentes. On pouvait les voir, spectateurs passionnés, à tous les combats opposant des hommes ou des animaux. Quand ils trouvaient encore trop bénins ces amusements, ils se répandaient en bandes par les rues de la ville et semaient la terreur parmi les honnêtes gens.

Le vicomte Winwood, qui se flattait d'appartenir à la société des *Sanguinaires*, assistait à la représentation ce soir-là mais ne s'y intéressait pas du tout car il menait une conversation très animée avec M. Farnaby sur les chances respectives de leurs dogues, qui devaient s'affronter le lendemain soir. Il avait participé à un combat de boxe la veille, ce qui lui valait un intéressant œil au beurre noir.

Lorsque le rideau retomba, à la fin du premier acte, les *affaires sérieuses* pouvaient enfin commencer. De leurs loges, les dames se mirent à lancer des œillades aux messieurs par qui elles ambitionnaient de se faire courtiser, et les heureux élus ne se firent pas prier pour pousser leurs avantages et monter les rejoindre.

La loge d'Horatia se trouva très vite encombrée par ses nombreux amis. Son mari, poussé sans trop de ménagement par

M. Dashwood qui voulait se placer auprès de la jeune femme, ne jugea pas utile de résister, ni même de protester pour la forme. Il sortit afin de se mettre à la recherche d'une plus agréable compagnie et se rendit d'abord au parterre, où on le vit s'esclaffer à quelque plaisanterie que M. Selwyn lui glissait à l'oreille. Puis il se disposa à rejoindre un groupe de messieurs qui le hélaient avec entrain, mais, levant les yeux en direction des loges, il vit un visage qui l'incita à changer ses projets.

Trois minutes plus tard, il entrait chez Lady Massey. Depuis son mariage, il ne s'était plus montré une seule fois en public avec elle. Sans dissimuler sa joie, elle lui tendit sa main à baiser.

— Milord ! Quelle bonne surprise ! Je crois que vous connaissez Sir Willoughby, n'est-ce pas ? Et Miss Cloke, cela va sans dire. Comment trouvez-vous cette *Iphigénie* ? Lord Lethbridge et moi sommes tombés d'accord pour dire que cette pauvre Marinozza n'est pas en voix ce soir. Quel est votre avis ?

— Pour vous dire la vérité, je suis arrivé juste au moment où elle sortait de scène.

Lord Rule se tourna alors vers Lord Lethbridge.

— Ah, Lethbridge ! lui dit-il de sa voix un peu traînante. Je suis bien heureux de vous rencontrer, car il me semble que j'ai une dette envers vous.

Lord Lethbridge s'inclina et répondit, sur un ton d'exquise politesse :

— Il me serait agréable de le penser, Milord, mais...

— Et moi, j'en suis certain ! J'ai entendu avec une fascination indicible le récit de — comment dire ? — de vos exploits. Ils ne furent pas, cet après-midi, inférieurs à ceux des preux chevaliers d'autrefois.

Lord Lethbridge eut un sourire évasif.

— Ah, c'est donc à cette affaire que vous faites allusion ? En vérité, ce n'est rien, croyez-moi.

— Vous êtes trop modeste, mon cher ; et je suis en admiration devant vous ! Comment ? A vous tout seul, vous dispersez trois malandrins — ils étaient bien au nombre de trois, n'est-ce pas ? — et vous prétendez que ce n'est rien ? Pour accomplir une action aussi éclatante, il faut du courage… je dirais même de la témérité. Il est vrai que l'on vous a toujours reconnu comme téméraire, mon cher Lethbridge, et je ne l'ignorais point, mais quand j'ai appris votre nouvelle action d'éclat, j'ai eu le souffle coupé.

— Avoir réussi à vous couper le souffle, répondit Lord Lethbridge toujours souriant, est un petit triomphe en soi.

— Certes, soupira Lord Rule. Vous m'avez rendu jaloux aussi, et m'avez donné grande envie de vous couper le souffle à mon tour. Encore une action d'éclat comme celle de cet après-midi, et cela pourrait vous arriver.

A ces mots, Lord Lethbridge porta la main à son côté comme pour y chercher la poignée de son épée, mais il n'en portait pas. Lord Rule, à qui ce mouvement n'avait pas échappé, lui dit d'un ton doucereux :

— C'est exactement ce que je voulais dire. Comme nous nous comprenons bien !

Fielleux, Lord Lethbridge repartit :

— Permettez-moi tout de même de vous dire que vous pourriez trouver la tâche un peu difficile.

— Qui sait ? reprit Lord Rule. Je n'ai pas l'impression que je présume de mes forces.

Dans la loge d'en face, l'attroupement allait en diminuant. Il n'y restait plus que Lady Amélia Pridham, le vicomte Winwood et M. Dashwood. Celui-ci avait accompagné celui-là dans son périple nocturne si agité. Tous deux se glorifiaient de leurs exploits. Lady Amélia s'employait à les gronder quand M. Drelincourt entra dans la loge. Il souhaitait s'entretenir avec son cousin Rule et il ne cacha pas sa déception de ne pas le trouver. Il se montra même de fort méchante humeur, et Lady Rule, qui jouait les cantatrices, l'agaça davantage. Elle chantait :

*— La muse qui courait par monts et par vaux
Avait déniché un homme très joli
Avec un tout petit, tout petit chapeau
Et des cheveux frisottés aux bigoudis.*

M. Drelincourt se reconnut dans ce portrait ; le rouge monté à son visage se vit sous son épais maquillage. Oubliant les règles du savoir-vivre, il interpella Horatia.

— Je suis venu pour voir mon cousin, Milady !

— Il n'est p-pas ici ! répliqua-t-elle sur le même ton.

Puis elle écarquilla les yeux et se mit à rire, la main devant la bouche, et elle expliqua :

— C-Crosby, votre p-perruque est c-comme celle de ma chanson ! Vous savez : *« Il arborait un très gros paquet de crins, Toutes les dames voulaient y mettre la main. »* N'est-ce pas amusant ?

— Très amusant ! fit M. Drelincourt, en grinçant des dents. Mais je veux voir Rule. Je pensais le trouver dans cette loge.

— Il y est, mais il est p-parti faire un tour... Oh, vous avez un éventail ! Lady Amélia, regardez donc ! M. Drelincourt a un éventail beaucoup p-plus joli que le mien.

D'un geste sec, M. Drelincourt referma son éventail.

— Ah, il est parti, dites-vous... Mais pour aller où ? Voir qui ? Je me demande bien...

Elevant sa canne pour porter les jumelles à ses yeux, il parcourut du regard les loges d'en face et s'écria :

— Bon sang, mais c'est bien sûr ! La Massey ! Elle le tient toujours, celle-là !

Puis il porta la main sur sa bouche et, les yeux écarquillés par la confusion, il reprit :

— Je vous demande pardon, ma cousine... Je n'aurais pas dû

dire cela... En fait, j'ai voulu plaisanter, simplement plaisanter. Loin de moi l'intention de... Oh, mais voyez donc la créature en robe de soie puce... Etonnante, n'est-ce pas ?

Le vicomte Winwood, qui avait saisi l'échange entre sa sœur et M. Drelincourt, s'était vivement rembruni et avait voulu se lever de son fauteuil avec l'intention de chercher une querelle, mais il en avait été empêché par Lady Amélia, qui, sans cérémonie, l'avait agrippé par son habit afin de l'obliger à se rasseoir. Puis elle s'adressa à M. Drelincourt en ces termes :

— Cher ami, il est temps que je regagne ma loge. Voulez-vous m'y raccompagner ? A condition que votre bras soit assez fort, bien entendu.

— Avec grand plaisir, Milady.

M. Drelincourt lui offrit son bras et sortit avec elle, d'une démarche titubante très étudiée.

Horatia ne disait plus rien. Le visage fermé, elle se mordillait la lèvre inférieure, et il ne faisait aucun doute qu'elle réfléchissait intensément. La voyant ainsi plongée dans ses pensées, M. Dashwood échangea un regard entendu avec le vicomte, puis il se hâta de prendre congé.

Le front plissé, Horatia se tourna alors vers son frère.

— Q-qu'a-t-il voulu dire, P-Pel ?

— De quoi parles-tu ?

— Tu sais bien ! C-Crosby ! Tu ne l'as p-pas entendu p-peut-être ?

— Ah, le petit foutriquet ! Quelle importance, franchement ! D'ailleurs, il ne sait pas lui-même ce qu'il dit.

Horatia jeta un coup d'œil sur la loge d'en face, où se trouvait son mari, avant de reprendre :

— Il a eu l'air t-très gêné d'avoir fait cette allusion à Lady Massey... Et toi-même, ne m'as-tu p-pas p-parlé d'elle, l'autre jour ?

— Je n'ai rien dit du tout ! protesta le vicomte. Et maintenant, si tu arrêtais de poser des questions sans queue ni tête, Horry ?

Le feu aux joues, la jeune fille insista.

— Dis-moi, P-Pelham ! Je veux c-comprendre.

— Je n'ai rien à te dire, répliqua son frère ; rien, sinon que tu n'as pas à t'occuper des affaires de Lady Massey. Ce qu'elle fait ne te regarde pas.

— Fort b-bien ! dit alors Horatia avec une moue boudeuse. Je demanderai à Rule.

Alarmé, le vicomte s'exclama :

— Ne fais surtout pas cela ! Puisque je te dis qu'il n'y a rien à savoir !

— P-peut-être C-Crosby p-pourrait-il m'expliquer, lui ? Je lui demanderai !

— Je t'interdis de demander quoi que ce soit à cette langue de vipère ! Il aurait trop plaisir à te rapporter un fatras de ragots immondes ; des mensonges, en vérité. Et plus loin tu te tiendras de lui, mieux ce sera.

Horatia lui demanda alors :

— R-Rule est-il amoureux de Lady Massey ?

— Quelle idée ! Il mène avec elle une petite affaire qui n'a rien à voir avec l'amour. Oublie, Horry, oublie ! Mais n'oublie pas que Rule est un homme du monde et que, à ce titre, c'est presque une obligation pour lui... Encore une fois, cela n'a aucune importance.

Horatia jeta un nouveau coup d'œil en direction de la loge de Lady Massey, mais son mari avait disparu. Avec une pointe d'agacement, elle dit à son frère :

— Je sais, P-Pel. Je sais tout cela. Et ne c-crois pas q-que cette histoire me chagrine, p-parce que ce n'est pas le c-cas. Simplement, je pense que R-Rule aurait pu m'en avertir.

Le vicomte hésita, puis répondit :
— Après tout, pourquoi pas ? Tu n'as pas épousé Rule par amour, n'est-ce pas ?
— Bien sûr, murmura Horatia, non sans réticence.

9.

Lord Lethbridge et Horatia n'éprouvèrent aucune difficulté à nouer les liens de leur amitié nouvellement déclarée. Appartenant tous deux à la bonne société, ils fréquentaient les mêmes lieux, et se retrouvaient sans cesse, par hasard à Vauxhall, à Marylebone. Ils se virent même à Astley où se produisait un cirque, et où Horatia avait réussi à entraîner sa sœur, la très réticente Charlotte.

— Tu comprends, lui avait expliqué celle-ci, ce genre de spectacle n'a aucun intérêt, selon moi. On ne s'élève pas l'esprit en regardant des chevaux qui dansent le menuet. Et puis, je trouve répugnant qu'on oblige d'innocents animaux à reproduire les actions de l'homme.

M. Gisborne, qu'elles avaient choisi pour les accompagner, approuva cette thèse, et il félicita chaudement Miss Winwood pour son bon sens.

A ce moment apparut Lord Lethbridge, qui avait décidé, sur un coup de tête, d'aller au cirque ce soir-là. Il entra dans la loge et, après un échange de civilités avec Miss Winwood et M. Gisborne, il prit le fauteuil vacant près d'Horatia, afin de lui faire la conversation.

Sous la couverture des trompettes qui annonçaient l'entrée en piste d'un saltimbanque capable, d'après le programme, de faire un double saut périlleux arrière tout en tirant avec deux pistolets sans rater sa cible, Horatia déclara sur le ton du reproche :

— Je vous ai envoyé un c-carton d'invitation, mais vous n'avez pas daigné venir à ma soirée, Sir. Ce n'est p-pas très gentil de votre p-part.

Lord Lethbridge sourit et dit avec indulgence :

— Je ne pense pas que Lord Rule aurait été très content de me voir dans sa maison, Milady.

Horatia grimaça mais répondit d'un ton léger :

— Il ne faut p-pas avoir p-peur de lui, Sir. Mon mari ne s'occupe absolument p-pas de mes affaires, ni moi des siennes, d'ailleurs. Irez-vous danser chez Almack, vendredi p-prochain ? J'ai p-promis à Maman q-que j'y emmènerais Charlotte.

— Heureuse Charlotte ! Quelle chance elle a ! dit Lord Lethbridge.

Une jeune mondaine eût approuvé et renchéri, mais il ne fallait pas en attendre autant de Miss Winwood, qui, au contraire, était en train de raconter à M. Gisborne qu'elle ne raffolait pas de la danse et des futilités de ce genre.

M. Gisborne tâcha de tempérer ce jugement par trop sévère selon lui :

— Je pense que, de nos jours, on observe une rage excessive pour la danse. Cela dit, il faut reconnaître qu'Almack est un club très convenable, même si les bals qu'on y donne ne sont pas exceptionnels comme ceux du Ranelagh ou de Vauxhall.

— Cependant, j'ai entendu dire, reprit Charlotte en rougissant, qu'on y donnait des mascarades assez… Mais je ne puis en dire plus, vous me comprendrez.

Heureusement pour Miss Winwood, aucun bal donné chez Almack ne bravait l'honnêteté. Ce club, situé dans King Street, n'ouvrait ses portes qu'à la meilleure société. Qui évoluait aux marges de l'aristocratie sans en faire vraiment partie ne pouvait espérer y paraître un jour. Il avait été fondé, quelques années plus tôt, par un groupe de dames emmenées par Mme Fitzroy et Lady Pembroke. Pour une cotisation annuelle de dix guinées, on avait le droit d'assister au bal et au dîner qui étaient donnés un soir par semaine, durant trois mois. Tant de jeunes gens s'y rencontraient que des idylles s'y nouaient, que des mariages s'y ébauchaient. Voilà pourquoi Lady Winwood tenait tant à ce que sa fille Charlotte y parût. Elle-même se sentait de santé trop fragile pour chaperonner sa fille dans les lieux où devait se faire voir toute jeune demoiselle faisant son entrée dans le monde ; elle était donc très contente de pouvoir confier cette mission à Horatia.

Horatia choisit, comme escortes pour aller au bal, son frère et l'ami de celui-ci, Sir Roland Pommeroy, un très jeune *sanguinaire* qui exprima hautement la joie qu'il ressentait à accomplir cette mission. Le vicomte se montra beaucoup moins enthousiaste.

— Avec la foule de soupirants qui se pressent autour de toi dans l'espoir de te sortir ? fit-il à sa sœur. Pourquoi est-ce que tu me casses les pieds avec ça ? Horry ! Tu sais bien que je n'aime pas danser ! Trouve quelqu'un d'autre.

Il semblait cependant qu'Horatia, pour quelque raison qu'elle ne voulait pas dévoiler, tînt à la compagnie de son frère ce soir-là. Il la prévint qu'il n'avait pas l'intention d'évoluer sur la piste pendant toute la soirée et que, probablement, il finirait par échouer dans la salle de jeu, mais elle lui répondit benoîtement qu'elle ne voyait aucun inconvénient à ce qu'il jouât aux cartes car elle trouverait, de son côté, assez de partenaires pour danser tout son soûl. A cette condition, il accepta le marché.

Le vicomte était loin d'imaginer à quel partenaire sa sœur songeait en particulier.

Il accompagna donc ses deux sœurs à King Street et accomplit ses obligations en dansant avec Horatia le menuet d'ouverture, puis un quadrille avec Charlotte. Cela fait, il déserta sans remords — ses sœurs se trouvaient parmi la cour des admirateurs d'Horatia — et s'en alla à la recherche de rafraîchissements et de distractions plus amusantes. Ce n'était pas qu'il s'attendît à un jeu d'enfer autour des tapis verts, car on venait au club pour danser, non pour jouer aux cartes. En outre, il ne trouverait probablement que des adversaires peu rompus aux subtilités du pharaon. Pourtant, il aperçut son ami Geoffrey Kingston et se dit alors qu'une bonne partie de piquet pourrait s'inscrire au programme de la soirée.

Lord Lethbridge se fit longtemps désirer mais enfin il parut dans la salle de bal, très élégant dans un costume de satin bleu. Miss Winwood, qui le vit la première, reconnut aussitôt le gentleman qu'elle avait rencontré pour la première fois à Astley. Elle nota aussi, quand il s'approcha d'Horatia pour la saluer, la façon très amicale, pour ne pas dire plus, qu'ils avaient tous deux de se parler, de se regarder. La frayeur s'empara alors de la jeune fille, qui se demanda si sa sœur ne manifestait pas ailleurs que dans le vêtement ses tendances à la frivolité. Elle craignit de n'avoir pas à déplorer que des abus de rubans et de dentelles. Aussi se plaça-t-elle de façon à capter le regard d'Horatia, afin de lui faire comprendre, d'un regard sévère, à quel point elle réprouvait la petite scène qui lui était jouée. En vain, puisque Horatia, tout sourire au bras de Lord Lethbridge, s'en allait vers la piste de danse pour un deuxième quadrille.

Le regard de Charlotte n'avait pas échappé à Lord Lethbridge, qui demanda en haussant les sourcils :

— Aurais-je offensé votre jeune sœur ? Elle avait pour moi une bien vilaine lueur dans le regard.

— Je p-pense, répondit Horatia, q-qu'elle vous en veut de ne p-pas l'avoir invitée p-pour cette danse.

— Je ne danse jamais, répondit Lord Lethbridge.

Ils se plaçaient alors au milieu de la piste de danse. Horatia s'esclaffa.

— Q... que dites-vous ? N'êtes-vous p-pas en train de danser ?

— Avec vous. C'est différent.

Le mouvement du quadrille les sépara, mais pas avant que

Lord Lethbridge eût pu noter, avec une intense satisfaction, la rougeur qui montait aux joues de sa partenaire.

Le compliment qu'il venait de lui adresser avait eu l'effet escompté. Il était exact que Lord Lethbridge ne dansait presque pas, et Lady Rule le savait. Elle avait saisi quelques regards envieux posés sur elle alors qu'elle se laissait conduire vers la piste de danse, et elle ressentait l'intense satisfaction du triomphe. Rule pouvait bien préférer les charmes plus mûrs de Caroline Massey, elle saurait lui montrer qu'elle aussi avait la capacité de séduire. Et quel homme n'avait-elle pas à ses pieds ! Il était véritablement celui qu'il lui fallait pour faire ses preuves. La conquête, trop facile, de jeunes gens tels que M. Dashwood ou le jeune Pommeroy ne la satisferait jamais à ce point. Lord Lethbridge, avec sa réputation équivoque, ses airs hautains et le cœur de marbre qu'on lui supposait, était une proie qui vaudrait d'être montrée au monde. Et si cette affaire déplaisait à Rule, ce serait encore mieux !

Lord Lethbridge, parfaitement au courant des conjectures dont il était l'objet, jouait ses propres cartes avec une intelligence aiguë de la situation. Bien trop malin pour montrer une ardeur qui eût effarouché Horatia, il la traitait avec une déférence teintée d'ironie, comportement qu'elle trouvait éminemment troublant. Par son attitude, il lui marquait qu'il était de plusieurs années son aîné. Il la taquinait, il persistait à ne pas vouloir jouer aux cartes avec elle. Il s'amusait à l'ignorer pendant la moitié d'une soirée, en se consacrant ostensiblement à une autre lady.

Alors que le quadrille les réunissait de nouveau, il dit, du ton brusque qu'il aimait employer avec elle :

— Milady, pas cette mouche !

Elle porta la main à son visage et, du bout d'un doigt, captura le petit carré de taffetas collé au coin de son œil. Et comme elle avait pour lui un regard interrogateur, il expliqua :

— Pas la *Meurtrière*. C'est trop puissant pour moi !

Elle comprit la plaisanterie, et ses yeux se mirent à briller de joie. Elle demanda :

— Laquelle p-pouvez-vous supporter ?

Il désigna le milieu de la joue.

— La *Coquine*, ce serait bien.

A la fin de la danse, refusant de la laisser rejoindre Charlotte et Sir Roland, il lui prit la main qu'il glissa sous son bras, pour la conduire vers le salon où l'on servait les rafraîchissements, et il demanda :

— Pommeroy vous amuse-t-il ? Moi, il ne m'amuse pas.

— Moi non, mais c'est p-pour Charlotte. P-peut-être…

— Pardonnez-moi, mais Charlotte ne m'amuse pas non plus… Je vais vous chercher un verre de ratafia.

Il s'éloigna et revint presque aussitôt, avec un petit verre qu'il tendit à Horatia assise sur un fauteuil, et il but, lui aussi, mais sans plus la regarder, comme si elle fût absente. Il pratiquait souvent ce jeu avec elle. Etonnée, presque meurtrie, elle se demandait pourquoi elle ne l'intéressait plus. Pour ranimer la conversation, elle demanda :

— P-pourquoi la *C-Coquine*, Milord ?

— La *Coquine* ? fit-il, en ramenant son regard sur elle.

— Vous m'avez dit q-que je devrais porter une *C-Coquine*.

— C'est exact. Excusez-moi, mais je pensais à autre chose.

— Oh…, murmura Horatia, vexée.

Il reprit, avec un grand sourire :

— Je me demandais quand vous cesseriez de me donner du *Milord*. C'est d'un guindé !

— Oh ! s'exclama Horatia qui se sentait revivre. Franchement, Sir…

— *Franchement, Sir…*

— C-comment désirez-vous q-que je vous appelle ?

— J'ai un nom, ma chère amie. Et vous aussi, vous avez un petit nom, que j'utiliserais désormais, avec votre permission.

131

— Je doute q-que vous ayez besoin de ma p-permission, Sir, p-pour faire ce q-qu'il vous p-plaît.

— C'est assez vrai, admit Lord Lethbridge d'un ton bonhomme. Allons, Horry, serrons-nous la main pour conclure cet accord.

Horatia hésita. Lord Lethbridge éclata de rire. Avec un large sourire, elle tendit alors la main en disant :

— C-comme vous voulez, R-Robert.

Il se pencha pour baiser la main qu'il avait gardée prisonnière et soupira :

— Je n'ai jamais trouvé mon prénom aussi charmant qu'à l'instant, quand vous l'avez prononcé.

— P-pfou ! minauda Horatia. Je me demande c-combien de dames, avant moi, l'ont prononcé.

— Aucune ne m'a jamais appelé *R-Robert*, fit Lord Lethbridge.

A cet instant, le vicomte qui sortait de la salle de jeu se vit obligé de répondre à un signe de Miss Winwood. Il traversa la piste de danse pour lui demander :

— Alors, Charlotte, que se passe-t-il ?

Sa sœur prit son bras et l'entraîna dans l'embrasure d'une fenêtre pour murmurer :

— Pelham, je ne veux pas que tu t'en retournes jouer aux cartes. Le comportement d'Horry m'inquiète.

— Allons, bon ! Qu'est-ce qu'elle nous prépare encore ? fit le vicomte d'un ton léger.

Très sérieuse, Charlotte expliqua :

— Tu sais comme moi qu'elle agit souvent sans réfléchir à la portée de ses actes... Ce n'est peut-être rien... Toujours est-il qu'elle a dansé deux fois de suite avec le même gentleman, puis qu'elle est sortie avec lui, bras dessus, bras dessous. Je ne crois pas que Maman approuverait, et je ne parle pas de Lord Rule.

— Oh, tu sais, Rule a les idées larges... Avec qui est-elle sortie ?

— Le gentleman que nous avons vu l'autre soir, à Astley. Il s'appelle Lord Lethbridge.

— Comment ? s'exclama le vicomte. Il est ici, celui-là ? Ah, le forban !

Charlotte lui saisit le bras à deux mains pour demander :

— Alors, mes craintes ne seraient pas sans fondement ? Je ne voudrais pas médire de quelqu'un que je connais à peine, mais à peine avais-je jeté les yeux sur ce gentleman que j'eus mauvaise impression de lui. Et sa conduite de ce soir n'est pas pour me donner meilleure opinion.

Le visage sombre, le vicomte répondit :

— Dans le fond, rien de cela ne nous regarde, mais je vais te dire une bonne chose : j'ai mis Horry en garde. Et maintenant, si Rule ne veut pas mettre de l'ordre dans son ménage, il n'est pas l'homme que je crois. Tu peux aller le dire à Horry.

Incrédule, Charlotte s'écria :

— Comment ? C'est tout ce que tu as à dire, Pelham ? Tu ne vas rien faire ?

— Que veux-tu que je fasse ? Dois-je aller chercher Horry, l'épée à la main, et l'arracher aux bras de Lethbridge ?

— Mais...

— Non, non, ne compte pas sur moi pour un duel avec cet homme. Il est trop fine lame.

Sur ce, le vicomte tourna les talons et s'en alla. Il quitta la soirée, laissant sa sœur troublée, et indignée plus encore.

Un peu plus tard dans la soirée, il entrait dans un cercle de jeu. Heurtant Lord Rule, il s'écria :

— Quelle chance ! Voici l'homme que je cherchais !

— Combien, Pelham ? demanda Rule d'un ton las.

— Il est exact que j'espérais un prêt, mais comment se fait-il que vous ayez deviné ?

— L'intuition, Pelham, l'intuition !

— Dans ce cas, prêtez-moi cinquante livres et je vous les rends demain. Je sens que la chance me revient.

— Qu'est-ce qui vous fait penser cela ? demanda Rule en tendant un billet.

Le vicomte empocha et répondit :

— Mille mercis, et franchement, vous êtes un homme bien. Pour répondre à votre question, je n'arrête pas de perdre depuis au moins une heure, et un homme ne peut pas perdre indéfiniment, n'est-ce pas ? Et voilà qui me rappelle, Rule, que j'ai quelque chose à vous dire. Je ne sais pas si je vais vous surprendre. Vous connaissez les femmes, n'est-ce pas ?

— Personne ne les connaît mieux que moi, dit Rule avec simplicité. Alors, dites-moi, de quoi s'agit-il, mon cher Pelham ?

Le vicomte se renfrogna et geignit :

— J'ai l'impression que vous savez déjà ce que je m'apprête à vous apprendre ! Enfin… en un mot comme en cent, j'ai dit à Horry que Lord Lethbridge était un homme dangereux. Je l'ai prévenue ! Mais les femmes sont folles. Elles ne veulent rien écouter.

— Pas que les femmes, murmura Rule. Voulez-vous me faire une faveur, Pelham ?

— Tout ce que vous voudrez ! Avec plaisir !

— C'est très peu de chose. Mais je vous serais très reconnaissant si, à l'avenir, vous cessiez — euh… — de prévenir Horry.

Bouche bée, le vicomte éprouva quelque difficulté à surmonter son étonnement. Puis il déclara d'un ton mordant :

— Comme bon vous semble, bien entendu. Cela dit, si vous voulez tout savoir, je me moque de savoir avec qui danse ma sœur. Elle peut bien faire ce qu'elle veut.

Il s'inclina sèchement et se disposa à entrer dans le cercle de jeu, mais Rule le héla pour lui dire :

— C'est également mon avis.

Nouveau moment d'étonnement pour le vicomte, qui prit ensuite un air inspiré.

— Oh, je vois. Vous ne voulez pas interférer, n'est-ce pas ?

Rule eut un sourire en forme de rictus.

— Voyez-vous, mon garçon, je ne suis pas vraiment aussi fou que vous le pensez.

Le vicomte sourit à son tour et promit que lui non plus n'interférerait plus, avant d'entrer dans le cercle de jeu d'un pas rapide car il pensait avoir perdu assez de temps.

Le lendemain matin, il se présentait à Grosvenor Square. Mis en présence de Rule, il déposa sur une table cinquante livres en billets de banque. Il semblait donc bien que la chance lui fût revenue.

N'étant pas homme à négliger les bonnes occasions, il passa toute la semaine suivante à exploiter l'exceptionnelle bienveillance du destin à son égard. Chez White, il ne paria pas moins de cinq fois, avec des sommes importantes à la clé. La nuit de mardi, il gagna quatre mille livres au pharaon. Il en perdit six mille la nuit de mercredi. Il se refit une santé financière la nuit de jeudi, si bien que le vendredi, il pouvait entrer dans la salle de jeu chez Almack et s'asseoir à la table où l'on ne pariait pas moins de cinquante guinées. Sir Roland Pommeroy, qui avait assisté à la déconfiture du mercredi, s'écria en le voyant prendre place :

— Pel ! Te revoilà ? Je pensais que tu étais épuisé !

— Epuisé, moi ? répondit le vicomte qui attachait ses manchettes de dentelles pour ne pas les abîmer en les frottant sur le tapis vert. Tu plaisantes, mon ami. Je suis dans une exceptionnelle période de chance. Figure-toi que mardi, j'ai parié chez Finch que Sally Danvers donnerait naissance à un garçon avant le lundi suivant.

— Tu es fou ! commenta M. Fox. Sally Danvers ne met au monde que des filles. Elle en a déjà eu quatre !

— Fou peut-être, mais gagnant, rétorqua le vicomte en riant. J'ai eu la nouvelle en venant ici, et j'ai gagné.

— Tu dis vrai ? fit M. Boulby. Elle a fini par donner un héritier à Danvers ?

— Un héritier ? dit le vicomte avec mépris. Deux héritiers ! Elle a eu des jumeaux.

Après cette stupéfiante révélation, plus personne ne pouvait douter qu'il ne fût dans une période de chance extraordinaire. On vit un gentleman quitter prudemment la salle pour aller risquer sa fortune ailleurs, tandis que d'autres joueurs, les vrais, venaient s'asseoir à la table du vicomte, et, le visage crispé pour cacher leur émotion, aligner devant eux leurs rouleaux de guinées.

Il apparut que la chance se comportait de très capricieuse façon avec le vicomte. Celui-ci, en effet, commença par perdre, trois fois d'affilée, des sommes fort rondelettes. M. Fox annonça à la cantonade que les prêteurs sur gages, qui siégeaient dans l'antichambre, n'allaient pas tarder à recevoir la visite de M. le vicomte. Mais M. le vicomte n'avait pas dit son dernier mot. Il avait plus d'un tour dans son sac. Il se leva, retira sa redingote, la retourna et la renfila, la doublure à l'extérieur. Le procédé se révéla souverain, car à peine s'était-il remis à jouer dans cette tenue insolite qu'il remporta toutes les parties. A minuit, ses gains sous forme de rouleaux, de billets et de reconnaissances de dette composaient un joli tas devant lui. A l'inverse, M. Fox, qui n'avait cessé de perdre, dut commander une troisième bouteille pour se consoler.

Dans cette salle de jeu se trouvaient deux tables rondes, assez grandes pour accueillir chacune jusqu'à vingt personnes, qui disposaient de petites dessertes pour garder à portée de main un verre ou une tasse de thé, ainsi que leur réserve d'argent. A l'une des tables, chaque joueur ne pouvait pas disposer de moins de cinquante guinées, tandis qu'à l'autre le montant des enjeux était fixé, de façon plus raisonnable, à vingt guinées. Dans cette salle éclairée par deux grands lustres portant chacun plusieurs centaines de chandelles, de nombreux joueurs, et le vicomte parmi eux, arboraient des visières en cuir pour protéger leurs yeux de la lumière trop vive. D'autres, comme le fébrile M. Drelincourt assis à la table des vingt guinées, s'étaient affublés de chapeaux de paille à large bord, qui gardaient leurs yeux dans l'ombre et protégeaient leur perruque. Abondamment orné de rubans et de fleurs en gaze, le chapeau de M. Drelincourt suscitait une vive admiration et une certaine jalousie chez les autres élégants bien moins décorés. Mais M. Drelincourt ne prêtait pas attention aux chuchotements et encore moins aux regards. Très concentré, il sirotait du thé et jetait les dés. Il ne pensait qu'au jeu.

Le silence n'était rompu que par le roulement des dés sur le tapis vert et par l'annonce des enjeux, toujours faite d'une voix basse et monotone par le croupier ; parfois aussi par des bribes d'une conversation qui enflait subitement, ou par des rires tout juste étouffés qui éclataient de façon sporadique. Mais, peu de temps après 1 heure du matin, le ton monta autour de la table des vingt guinées, quand un des joueurs exigea de nouveaux dés, dans l'espoir se ramener la chance sur lui. Le temps que le croupier allât les chercher, le jeu se trouva suspendu et l'on trompa l'ennui en récapitulant les scandales en cours. C'est ainsi que, de façon très nette, l'on put entendre M. Drelincourt s'exclamer :

— Je parierais bien quelques guinées sur les chances de succès de Lord Lethbridge avec ma bégayeuse cousine, mais y a-t-il encore matière à pari ?

Cette perfidie parvint aux oreilles du vicomte Winwood, déjà passablement échauffé tant par le jeu que par le vin. Dans ses yeux bleus passa une lueur annonciatrice de meurtre, et il marmonna :

— Enfer et damnation !

Puis, avant que quiconque eût pu intervenir, il bondit de sa chaise. Sir Roland Pommeroy tenta un effort désespéré pour le retenir par la manche, n'y réussit pas et donna de la voix :

— Pel ! Reste ici ! Je te dis de revenir ici immédiatement !

— Il est complètement soûl, gémit M. Boulby. Nous allons droit à l'esclandre. Pelham, pour l'amour de Dieu, réfléchis avant de faire n'importe quoi !

Mais le vicomte, ignorant les appels à la raison qu'il n'entendait peut-être même pas, marchait d'un pas décidé vers l'autre table. Il parut à tous qu'il n'avait pas le moindre doute sur ce qu'il devait faire. Quand M. Drelincourt, conscient qu'un incident se produisait, leva les yeux pour regarder autour de lui, il sursauta en voyant qui fonçait sur lui. Il n'eut pas le temps d'autre réaction que d'ouvrir toute grande la bouche et il reçut en pleine face le contenu du verre du vicomte, lequel hurla en outre :

— Prenez ça, rat immonde !

Dans un silence pesant, M. Drelincourt, hébété, regardait son agresseur. Il ne songeait pas à essuyer le vin qui s'écoulait sur son visage et gouttait au bout de son nez. Il semblait ne pas comprendre ce qu'il lui arrivait. M. Fox accourut de l'autre table. Il s'adressa à M. Drelincourt avec sévérité.

— Vous feriez mieux de présenter des excuses, Crosby !

Puis, prenant le vicomte par le coude, il tâcha de l'apaiser.

— Pelham, reprends-toi ! Tu sais bien que ce ne sont pas des façons !

— Tu veux que je me reprenne ? s'exclama le vicomte. Mais tu as entendu ce qu'il a dit, n'est-ce pas, Charles ? Crois-tu que je puisse rester sans réaction quand ce grossier personnage...

M. Drelincourt se leva. Il chancela, se retint à la table, et déclara d'une voix blanche :

— Milord, je... je crois comprendre la cause de votre irritation, mais je vous assure que vous avez mal interprété mes propos. En tout cas, si j'ai dit quoi que ce soit qui ait pu vous sembler...

M. Fox murmura à l'oreille du vicomte :

— Laissons cela, Pel. Tu ne peux engager un duel à cause de ta sœur sans provoquer un terrible scandale.

Il reçut cette réponse :

— Charles, va au diable et laisse-moi traiter l'affaire à ma convenance. Je n'aime pas le chapeau de cet individu.

M. Drelincourt recula d'un pas. Quelqu'un ricana. Sir Roland Pommeroy déclara avec gravité :

— C'est une excellente raison que tu donnes là. Donc, tu n'aimes pas ce chapeau. Après tout, pourquoi pas ? Et maintenant que tu le dis, je m'aperçois que, moi non plus, je ne l'aime pas, ce chapeau.

— Je ne l'aime vraiment pas, reprit le vicomte, qui donnait l'impression de vouloir brûler l'objet au moyen de son seul regard. Des fleurs et des rubans sur la tête de cet individu… C'est d'un ridicule achevé ! Ce n'est pas seulement que je ne l'aime pas, il offense ma vue !

M. Drelincourt, qui tremblotait, tenta de haranguer les spectateurs.

— Messieurs, vous noterez que Lord Winwood est ivre !

Le vicomte lui jeta au visage :

— Pourquoi reculez-vous ? Cela ne sert à rien, il faut consentir au sacrifice. Et je vous le dis, moi, vous ne porterez plus jamais ce chapeau ridicule.

D'un geste vif, il s'empara du couvre-chef enrubanné et fleuri. Il le jeta au sol pour l'écraser de son talon. M. Drelincourt, qui n'avait pas réagi après avoir été éclaboussé avec le vin, poussa cette fois un cri de rage et, les mains sur la tête, il se mit à hurler :

— Ma perruque ! Mon chapeau !

En effet, la perruque avait été emportée avec le chapeau. M. Drelincourt piaillait :

— Cette fois, vous dépassez les bornes ! Vous me rendrez

raison de cette insulte, Milord ! Oui, vous m'en rendrez raison, c'est moi qui vous le dis !

— J'espère bien, répondit le vicomte, flegmatique, qui, les mains dans les poches, écrasait consciencieusement le chapeau. Où vous voulez, quand vous voulez. Epée ou pistolet ?

Pâle et tremblant de fureur, M. Drelincourt exigea de connaître les témoins de son adversaire. Le sourcil interrogateur, celui-ci regarda autour de lui.

— Pom ? Cheston ?

Les deux gentlemen lui indiquèrent avec empressement qu'ils acceptaient l'honneur de le servir. M. Drelincourt leur déclara alors que ses propres témoins les attendraient au petit matin, puis, sur un tressaillement qui pouvait passer pour un salut, il sortit de la pièce, à grands pas saccadés. Et le vicomte, sa rage quelque peu apaisée, s'en retourna à sa table et il mena un jeu d'enfer jusqu'à 8 heures du matin.

Aux alentours de midi, il se trouvait toujours dans son lit et profondément endormi quand Sir Roland Pommeroy vint lui rendre visite. Celui-ci, faisant fi des protestations du valet scandalisé, pénétra de force dans l'appartement de Pall Mall et, faisant irruption dans la chambre, secoua rudement le dormeur. Le vicomte ouvrit péniblement un œil, puis deux, s'assit dans son lit et demanda en quoi il avait mérité pareil traitement.

— Rien de grave, répondit Sir Roland en s'asseyant sur le bord du lit. Nous avons tout arrangé.

Le vicomte repoussa son bonnet de nuit sur l'arrière de son crâne et se gratta vigoureusement le cuir chevelu pour essayer de recouvrer ses esprits. N'y parvenant pas, il demanda :

— Arrangé quoi ?

— Eh bien, ta sortie, fit Sir Roland, agacé.

— Une sortie ? Tu veux dire une audience, peut-être ? Mais

qui pourrais-je bien avoir sollicité ? Je ne vois pas… C'est extraordinaire.

Sir Roland, en soupirant, se leva et alla vers la table de toilette. Dans la cuvette d'eau froide, il trempa une serviette, la rapporta au vicomte qui la reçut avec gratitude et se la mit sur le front. Il éprouva aussitôt l'efficacité, quoique relative, du procédé, car il marmonna :

— Il semble que je me sois querellé avec quelqu'un, mais qui ? Diable, j'ai l'impression d'avoir la cervelle fendue en deux. Le bourgogne a des effets redoutables.

— Ne s'agirait-il pas plutôt du cognac ? demanda Sir Roland, lugubre. Tu en as ingurgité des quantités remarquables.

— Vraiment ? Attends, les souvenirs me reviennent. C'était à propos d'un chapeau… un chapeau avec des fleurs et des rubans. Oui, oui… je commence à y voir plus clair.

La tête dans les mains, il se livra à un intense exercice de méditation, sous le regard patient de Sir Roland qui s'était rassis sur le lit. Soudain, il s'écria :

— Je sais ! J'ai demandé à Crosby de sortir avec moi !

— Ce n'est pas exactement cela, corrigea Sir Roland. C'est lui qui t'a demandé de sortir. Tu as piétiné son chapeau, Pel.

— J'ai fait cela ? demanda le vicomte, l'air peiné.

— Mais bien sûr !

— Quelle mouche m'a piqué ? J'étais possédé du diable, ma parole ! Et d'abord, pourquoi ne m'en as-tu pas empêché ?

— T'empêcher ? s'écria Sir Roland. Tu as jeté ton verre de vin au visage de Crosby avant que quiconque eût pu deviner ce que tu avais en tête !

Le vicomte hocha longuement la tête, mais soudain son visage s'éclaira.

— Oui, je l'ai fait, et je suis bien content ! Tu as entendu ce qu'il a dit, Pom ?

— Il était probablement aussi ivre que toi.

— Il n'y a pas un mot de vrai dans ce qu'il a dit ; pas un mot ! Tu me crois, n'est-ce pas, Pom ?

— Seigneur ! Personne n'a jamais pensé qu'il y eût du vrai dans les paroles d'un ivrogne ! Seulement, tu t'es emporté, et maintenant tu as un duel en perspective. Tu peux être content de toi !

Le vicomte eut le sourire penaud de qui prend conscience de ses erreurs. S'adossant au bois de lit, il demanda :

— Epée ou pistolet ?

— Epée. Nous n'avons pas envie d'avoir un mort sur le terrain. La rencontre aura lieu aux Trois Ormes, lundi prochain, à 6 heures.

L'air absent, le vicomte hocha la tête, qui était toujours couverte de la serviette. Au bout d'un moment, il déclara :

— J'étais ivre, Pom. Voilà la vérité.

Sir Roland leva les yeux au ciel avant de suggérer :

— Tu peux renoncer, Pel.

— Renoncer ? s'exclama le vicomte indigné. Refuser un duel ? Jamais ! Je passerais pour un lâche ! Pour qui me prends-tu, Pom ? Fais-moi des excuses immédiatement !

Sir Roland obtempéra. Calmé, son ami reprit :

— J'étais ivre, et le chapeau de Crosby m'a donné un dégoût irrépressible. C'est la faute de son chapeau... mais aussi, on n'a pas idée de mettre des fleurs sur son chapeau ! Tu comprends cela, toi ?

Sir Roland approuva.

— On peut porter un chapeau chez Almack. C'est admis. Il m'arrive moi-même d'en mettre un, mais avec des fleurs, franchement, non !

— Quoi qu'il en soit, le mal est fait, conclut le vicomte. Il faut le reconnaître, j'étais ivre. Pas besoin de chercher midi à 14 heures.

Sir Roland en convint, avant de reprendre sa canne et son chapeau. Le vicomte se laissa retomber sur son oreiller afin de retrouver le sommeil, mais, alors que la porte s'ouvrait, il rouvrit un œil et adjura son ami de ne surtout pas oublier de commander un solide petit déjeuner, le lundi suivant, aux Trois Ormes.

Le lundi commença fort joliment, dans une petite brume qui se leva très rapidement, promesse d'une journée ensoleillée. M. Drelincourt arriva aux Trois Ormes bien avant 6 heures, dans un carrosse où avaient pris place aussi ses deux témoins, M. Francis Puckleton et le capitaine Forde. Cette ponctualité excessive devait être imputée à la montre du capitaine, qui avait une fâcheuse tendance à avancer, mais, comme le dit celui-ci :

— Cela n'a pas d'importance ! Buvez un bon coup de cognac, et puis vous aurez le temps de jeter un coup d'œil sur le terrain, n'est-ce pas, Crosby ?

Le visage blême, M. Drelincourt opina, en tâchant de sourire.

Il s'apprêtait à livrer le premier duel de sa vie, car s'il avait la langue bien pendue, il n'avait jamais éprouvé, jusqu'à ce fatal vendredi chez Almack, le désir de croiser le fer avec quiconque. Lorsqu'il avait vu le vicomte foncer sur lui, l'horreur l'avait saisi et il eût volontiers ravalé les piquantes paroles qu'il venait de proférer. Il fût resté dans les mêmes modestes dispositions si son adversaire n'avait pas profané sa perruque et son chapeau. M. Drelincourt, en effet, mettait son apparence physique au-dessus de tout, et le sacrilège dont il avait été l'objet l'avait mis dans une rage héroïque. A ce moment il s'était senti la force et le courage d'embrocher le vicomte, et il ne faisait aucun doute pour lui que, si le duel avait eu lieu à ce moment, il eût remporté une victoire facile. Par malheur, l'usage ne permettait pas des procédés aussi expéditifs, M. Drelincourt devrait donc se résigner à se ronger les sangs pendant deux journées qu'il prévoyait interminables.

Rentré chez lui et sa rage s'étant quelque peu calmée, il avait commencé à appréhender le rendez-vous du lundi. Il passa alors beaucoup de temps à consulter l'*Ecole d'armes*, un ouvrage qui lui glaça les sangs. Il va de soi qu'il avait appris l'escrime, mais il se rendait bien compte qu'un exercice à fleurets mouchetés n'a rien à voir avec un véritable duel. Le capitaine Forde l'avait félicité d'avoir trouvé un adversaire de valeur en la personne du vicomte, un peu brouillon selon lui, mais qui n'en restait pas moins un excellent escrimeur et l'avait prouvé dans deux duels précédents, dont un au pistolet, arme avec laquelle il était considéré comme particulièrement redoutable. M. Drelincourt avait blêmi et éprouvé une vive gratitude pour Sir Roland qui avait opté pour un duel à l'épée.

Le capitaine Forde, qui semblait prendre un horrible plaisir à cette affaire, recommanda au duelliste de se mettre très tôt au lit le dimanche soir, et surtout de ne pas trop boire. M. Drelincourt se conforma à ces prescriptions, mais il ne ferma pas l'œil de la nuit. Alors qu'il se tournait et se retournait sans relâche sur ses oreillers, il échafaudait d'impossibles stratagèmes, comme celui qui eût consisté à envoyer ses témoins se battre à sa place. Il se demandait comment le vicomte passait le temps et espérait qu'il fût en train de boire à rouler sous la table. Ah ! si seulement quelque accident pouvait arriver à celui-là ; quelque maladie le frapper impromptu ! Quand la lumière blafarde de l'aube blanchit ses fenêtres, M. Drelincourt se leva. Il n'avait pas de courage, mais ne manquait pas d'honneur. Il ne refuserait pas le duel.

M. Puckleton arriva le premier, alors que M. Drelincourt s'habillait. Il prit une chaise sur laquelle il s'installa de guingois et, suçant le pommeau de sa longue canne, il observa son ami, avec mélancolie et non sans admiration.

— Forde apportera les armes, déclara-t-il. Comment vous sentez-vous, Crosby ?

M. Drelincourt ressentait une piqûre insistante au niveau de l'estomac, mais il répondit :

— Je ne me suis jamais senti mieux ! Jamais mieux, je vous assure.

— Pour ma part, reprit M. Puckleton, je m'en remets pour tout au capitaine Forde et pour vous dire la vérité, Crosby, c'est la première fois que je sers de témoin dans un duel. Et c'est bien parce que c'est vous ! Je ne supporte pas la vue du sang, comme vous le savez sans doute. D'ailleurs, j'ai pensé à prendre un flacon de sels avec moi.

Sur ces entrefaites arriva le capitaine Forde, qui portait sous le bras une longue mallette. Il annonça que Lord Cheston s'était engagé à amener un médecin, puis il engagea chacun à se hâter car on était déjà en retard.

La froidure du matin glaça M. Drelincourt jusqu'aux moelles. Il s'enveloppa plus étroitement dans son ample manteau gris et, rencogné dans le carrosse, il écouta, en silence, la macabre conversation de ses témoins. Ceux-ci n'évoquaient pas le duel, mais s'entretenaient des questions les plus insignifiantes, telles que la beauté de ce jour, la tranquillité des rues, la dernière soirée, fort réussie, donnée par la duchesse de Devonshire. M. Drelincourt se mit à les haïr pour tant d'inhumanité à son égard, et quand le capitaine, revenant au sujet du jour, rappela que le vicomte était un redoutable bretteur qu'il fallait affronter avec prudence et fermeté, M. Drelincourt se sentit pâlir. La nausée le prit et il préféra ne pas répondre.

Arrivés aux Trois Ormes, ils entrèrent dans l'auberge, et c'est là que le capitaine découvrit que sa montre avançait énormément. Jetant un regard entendu au duelliste blanc comme un linge, il suggéra un verre de cognac, car, souffla-t-il ensuite à l'oreille de M. Puckleton :

— Vu son état actuel, nous ne parviendrons pas à l'emmener jusque sur le pré.

L'alcool se révéla impuissant à redonner du cœur à M. Drelincourt, mais il but néanmoins, avec application. Cela fait, il sortit de l'auberge derrière ses témoins qui voulaient reconnaître le lieu de l'affrontement. Ils découvrirent une jolie clairière entourée de bosquets touffus. Enthousiaste, le capitaine Forde s'exclama qu'il ne pouvait imaginer meilleur endroit pour s'affronter à l'arme blanche et il ajouta, avec des trémolos dans la voix :

— Franchement, je vous envie, Crosby !

Ils retournèrent à l'auberge devant laquelle venait de s'arrêter un deuxième carrosse, d'où descendirent Lord Cheston et un petit homme, vêtu de noir, qui serrait contre lui une mallette chirurgicale. Celui-ci s'inclina très profondément devant chacun. Il avait d'abord pris le capitaine Forde pour M. Drelincourt, et, vite remis au courant, il s'inclina de nouveau en présentant ses excuses. Il ajouta :

— Permettez-moi de vous assurer, Sir, que si le destin veut que vous deveniez mon patient, il ne faudra pas vous alarmer inutilement. Une blessure par épée, voyez-vous, est quelque chose de très net. Rien à voir avec le gouffre que fait dans les chairs une balle de pistolet. C'est très, très différent.

Lord Cheston ouvrit sa tabatière et la présenta à M. Puckleton, avant de demander au praticien :

— Je suppose que vous avez l'habitude de ce genre d'affaires, n'est-ce pas, Parvey ?

— Certainement, Milord, répondit celui-ci, en se frottant les mains pour les réchauffer. Voyez-vous, j'étais à Hyde Park le jour que le jeune M. Folliot y fut mortellement blessé. Vilaine affaire que celle-là… Mort sur le coup… Je n'ai même rien pu tenter.

— Mort sur le coup ? demanda M. Puckleton qui avait instantanément pâli. Oh, j'espère que nous ne connaîtrons pas un malheur pareil aujourd'hui. Mais qu'est-ce que je suis venu faire ici, grands dieux ? Je regrette d'avoir accepté !

Le capitaine Forde sanctionna cet aveu d'un bref ricanement, avant de s'adresser à Cheston.

— Je m'étonne de ne pas voir Sir Roland, Milord…

— Il arrivera avec Winwood, répondit Cheston qui chassait, à coup de pichenettes, quelques brins de tabac à priser tombés dans son jabot de dentelles. Je pense qu'ils ne devraient plus tarder, maintenant. J'ai demandé à Pom de s'assurer que Winwood ne resterait pas au lit jusqu'à midi. C'est que celui-là, il faut du temps pour le réveiller, voyez-vous ?

M. Drelincourt sentit naître en lui un dernier espoir, fort ténu, mais le seul auquel il pût encore se raccrocher : et si Sir Roland échouait à amener Winwood à temps ?

Le capitaine Forde, la montre à la main, claironna :

— Messieurs, si vous le voulez bien, je crois que nous pouvons nous mettre en place.

Une petite procession se mit en mouvement vers le pré, le capitaine marchant devant avec Lord Cheston, M. Drelincourt suivant en compagnie de son ami Puckleton. Le chirurgien fermait la marche, en chantonnant.

Alors que Lord Cheston discutait, avec le capitaine, des améliorations apportées au Ranelagh, on entendit M. Drelincourt toussoter deux ou trois fois, puis déclarer d'une voix chevrotante :

— Si... si mon adversaire consentait à me présenter des excuses, je crois... je crois que nous pourrions en rester là... Qu'en pensez-vous, Francis ?

M. Puckleton approuva, d'une voix non moins chevrotante :

— J'en dis que ce serait... que ce serait une excellente solution. Je sens que je ne vais pas supporter s'il y a trop de sang.

— Il était ivre, voyez-vous ? reprit M. Drelincourt. Peut-être n'aurais-je pas dû tenir compte de son acte, qu'il a dû bien regretter ensuite. C'est pourquoi je ne suis pas opposé à ce qu'on lui demande s'il veut me présenter des excuses.

M. Puckleton secoua la tête.

— A mon avis, il ne le fera pas. Il a déjà deux duels à son actif, d'après ce qu'on dit.

M. Drelincourt partit d'un rire strident qui s'enraya, et il tâcha de plaisanter.

— En tout cas, j'espère pour lui qu'il n'a pas abusé de la bouteille la nuit dernière.

M. Puckleton inclinait à penser que même une tête brûlée comme Winwood saurait se tenir avant une échéance aussi importante.

On arriva sur le pré. Le capitaine ouvrit sa sinistre mallette et révéla deux longues épées, aux lames brillantes, qui reposaient sur un lit de velours vert. Puis il déclara :

— Il sera 6 heures dans quelques minutes. Je veux croire que notre adversaire ne sera pas en retard.

M. Drelincourt sauta en avant.

— Que dites-vous ? Il sera en retard ? Mais c'est que je n'ai pas l'intention d'attendre son bon plaisir, moi ! S'il n'est pas ici à 6 heures précises, je conclurai qu'il refuse de m'affronter, et nous rentrerons tous en ville pour le faire savoir.

Lord Cheston, le toisant avec hauteur, répliqua :

— Ne vous donnez pas de fausses joies, Sir. Winwood sera ici à temps.

De l'angle de la clairière, on avait vue sur la route. Fébrile, M. Drelincourt alla s'y placer. Chaque minute qui passait affermissait ses espérances. Hélas, juste au moment où il s'apprêtait à vérifier auprès de Puckleton qu'il allait être 6 heures, un cabriolet apparut au tournant. Lancé à toute allure, il entra sur le pré et s'arrêta.

— Voici notre homme ! lança triomphalement le capitaine Forde. A 6 heures précises ! C'est ce que j'appelle de l'exactitude.

M. Drelincourt comprit qu'il s'était bercé d'illusions. Le vicomte, auprès de qui se trouvait Sir Roland Pommeroy, conduisait lui-même le cabriolet, et la façon dont il dirigeait le fougueux cheval montrait qu'il n'était absolument pas pris de boisson. Il se leva et, avec souplesse, sauta sur le sol.

— J'espère que je ne suis pas retard, déclara-t-il. Messieurs, je vous salue. Je crois n'avoir jamais vu de matin aussi parfait.

— Tu reconnaîtras, Pel, dit Lord Cheston en souriant, que tu ne vois pas beaucoup de matins.

Le vicomte éclata d'un rire qui parut diabolique à M. Drelincourt. Pendant ce temps, Sir Roland avait pris les épées dans la mallette. Il les examina et les montra à Lord Cheston, qui déclara :

— Elles sont parfaites. Rien à redire.

Le capitaine tapota sur l'épaule de M. Drelincourt.

— Prêt, Sir ? Je prends votre manteau et votre perruque.

M. Drelincourt se laissa dépouiller. Il vit que le vicomte, déjà en chemise, assis sur une souche pour retirer ses bottes à talons hauts, se voyait offrir du cognac par Sir Roland.

— Pour ne pas prendre froid.

La réponse du vicomte parvint à M. Drelincourt, avec une netteté qui le glaça :

— Je ne touche jamais aux spiritueux avant un duel, mon ami ! Ils vous gâtent la main.

Il se releva et retroussa les manches de sa chemise. M. Drelincourt, qui abandonnait sa perruque entre les mains dévotes de M. Puckleton, se demanda pourquoi il n'avait jamais remarqué, auparavant, les bras musculeux du vicomte. Lord Cheston lui présenta les deux épées identiques. Il en prit une, au hasard. Sa main se crispa sur la poignée. Il avait la paume moite.

Le vicomte reçut l'autre arme. Il en éprouva la flexibilité puis en ficha la pointe dans le sol herbeux et s'en servit comme d'une canne, pour attendre.

On indiqua sa place à M. Drelincourt. Ses témoins reculèrent. Il se trouvait désormais seul, face au vicomte qu'il trouva considérablement changé. Ce n'était plus l'humour et la nonchalance qu'il lisait sur ce visage qu'il croyait connaître si bien, mais de la dureté, voire de la cruauté, que dénonçaient les yeux fixes et le sourire figé.

— Prêts, Messieurs ? interrogea le capitaine Forde. Alors, en garde !

Le vicomte salua. Son épée lança un éclair. Les dents serrées, M. Drelincourt répondit. Le duel pouvait commencer.

Le vicomte ouvrit par une dangereuse attaque de prime, que M. Drelincourt para sans pouvoir reprendre l'avantage, mais il constata avec plaisir que, le combat ayant commencé, il reprenait le contrôle de ses nerfs. Les conseils du capitaine Forde lui revenaient à la mémoire avec précision. Il tâcha de se tenir correctement, sans espérer prendre son adversaire en défaut car, trop occupé à se défendre, il ne pouvait imaginer une quelconque tactique d'assaut. Pourtant, une occasion se présentant, il poussa une attaque en tierce qui eût pu terminer l'affaire, mais le vicomte para fort habilement et contre-attaqua si vite que M. Drelincourt crut sa dernière heure arrivée. Il esquiva, retrouva son équilibre, se remit en garde.

La sueur ruisselant de son front lui rongeait les yeux. Il respirait mal, l'air lui brûlait les poumons. Mais il aperçut une ouverture et se fendit encore, tête baissée, avec rage. Une douleur atroce lui perça l'épaule. Il tituba et vit, comme dans un rêve, ses témoins qui agitaient leurs épées. Son arme lui échappa de la main et il s'écroula dans les bras de M. Puckleton qui s'écria :

— Mon Dieu ! Je crois qu'il est mort ! Crosby ! Oh, tout ce sang ! Je ne peux pas le supporter.

— Mort ? Certainement pas, répondit Lord Cheston avec mépris. Parvey, venez donc, c'est à vous. Joli trou dans l'épaule, soit dit entre nous. Je suppose que vous serez d'accord pour dire que l'affaire doit s'arrêter là, Forde ?

— On peut le dire, marmonna le capitaine. Je n'ai jamais vu un duel aussi décevant.

Ayant jeté un regard dégoûté à son champion avachi dans les bras de M. Puckleton, il demanda au Dr Parvey s'il s'agissait d'une blessure dangereuse.

Le praticien, après un examen rapide, releva la tête et se montra très rassurant.

— Dangereuse, Sir ? Pas le moins du monde ! Nous aurons un peu de sang répandu. Très belle blessure, très nette !

Le vicomte, qui remettait son manteau, déclara :

— Bon, eh bien, moi, je vais déjeuner ! Pom, tu as bien pensé à commander le petit déjeuner, n'est-ce pas ?

Sir Roland, qui conférait avec le capitaine Forde, tourna la tête pour répondre :

— Voyons, Pel, suis-je homme à oublier ce genre de commission ? J'étais justement en train de demander au capitaine Forde s'il consentait à se joindre à nous.

— Excellente idée, dit le vicomte en ébouriffant les dentelles de ses manchettes. Si tu es prêt, Pom, je le suis aussi. Je meurs de faim.

Ayant crocheté son bras sous celui de Sir Roland, il s'en alla dire à son valet de conduire le cabriolet vers l'auberge.

M. Drelincourt, ayant eu l'épaule bandée et le bras mis en écharpe, se remit sur pied avec l'assistance du bon docteur qui lui répétait qu'il n'avait reçu qu'une égratignure. La surprise de se découvrir encore vivant le garda en silence pendant un moment. Puis il reprit contact avec la réalité en même temps qu'il découvrait sa perruque, qui gisait à ses pieds, dans l'herbe humide. Alors il s'écria, d'une voix encore faible mais vibrant d'indignation :

— Ma perruque ! Comment avez-vous pu, Francis ? Donnez-la-moi immédiatement !

10.

M. Drelincourt garda le lit plusieurs jours après son duel avec le vicomte. Ayant conçu une profonde aversion pour le Dr Parvey, il en refusa les offres de service ultérieur et rentra à son domicile accompagné seulement du fidèle mais très choqué M. Puckleton. En chemin, ils se partagèrent les secours du flacon de sels. A l'arrivée, M. Drelincourt se fit porter dans sa chambre à l'étage, tandis que M. Puckleton s'en allait requérir les services du Dr Hawkins, le médecin de la bonne société. Après avoir examiné gravement la blessure, celui-ci saigna M. Drelincourt et lui recommanda de rester alité un jour ou deux, puis il envoya le valet chez le pharmacien Graham se procurer quelques-unes des fameuses poudres du Dr James.

M. Puckleton avait été si choqué par la puissance des attaques menées par le vicomte, il était si heureux de n'avoir pas été à la place de son ami, qu'il avait tendance à regarder ce dernier comme une sorte de héros. Il répéta si souvent qu'il se demandait comment Crosby avait pu batailler avec autant de sang-froid que M. Drelincourt commença à penser qu'il s'était, en effet, conduit avec beaucoup de courage. Il n'avait pas été moins impressionné que M. Puckleton par les qualités de bretteur démontrées par le vicomte ; sachant, en outre, que celui-ci avait eu auparavant deux duels victorieux, il ne tarda pas à se convaincre qu'il avait été blessé par un redoutable ferrailleur.

Ces agréables supputations volèrent en éclats quand apparut le comte de Rule, venu visiter son parent souffrant, le lendemain matin.

M. Drelincourt, qui n'avait pas la moindre envie de rencontrer Rule à ce moment, fit dire en bas qu'il n'était pas en état de recevoir quiconque. Puis, se félicitant d'avoir réagi avec autant de présence d'esprit, il s'installa confortablement contre ses oreillers et se remit à la lecture du *Morning Chronicle*, interrompue presque aussitôt par la voix ironique de son cousin qui entrait dans la chambre en disant :

— J'ai été désolé d'apprendre que vous étiez trop malade pour me recevoir, Crosby.

M. Drelincourt sursauta horriblement et laissa tomber le *Morning Chronicle*. Puis, partagé entre l'appréhension et l'indignation, il bredouilla :

— J'ai dit à mon valet que je ne pouvais pas recevoir.

— Je le sais parfaitement, répondit le comte en déposant sa canne et son chapeau sur une chaise. Votre valet m'a bien récité sa leçon. Zélé, ce garçon ! Il a même failli porter les mains sur moi pour m'empêcher de monter. C'est vous dire !

— Il faut que vous soyez bien anxieux de me voir pour forcer ainsi ma porte, reprit M. Drelincourt qui se demandait quels échos avait eus Rule.

Celui-ci démontra un grand étonnement.

— Mais comment pourrait-il en être autrement, Crosby ? Mon héritier gravement blessé, et je ne serais pas à ses côtés ? Allons, allons, mon cher ami, vous ne devez pas imaginer que je manque de cœur à ce point !

— Vous êtes trop aimable, Marcus, mais je me sens trop faible pour converser.

— Cette blessure a failli vous porter en terre, si je comprends bien.

— En fait, le Dr Hawkins ne considère pas mon cas comme

désespéré. La blessure est certes profonde, j'ai perdu beaucoup de sang et la fièvre m'a accablé, mais le poumon n'a pas été touché.

— Vous me soulagez, Crosby, je craignais d'avoir à organiser vos obsèques.

— Je comprends votre angoisse, dit M. Drelincourt en lui jetant un regard noir.

Le comte approcha une chaise et s'y assit.

— Voyez-vous, j'ai eu le plaisir de rencontrer votre ami Puckleton. Il m'a rendu compte de votre état et je me suis fort alarmé. Ma crédulité ! A bien y réfléchir, sa description de l'escrime pratiquée par Winwood aurait dû me faire soupçonner qu'il a tendance à exagérer.

— Oh, fit M. Drelincourt en se forçant à rire, je ne prétends pas pouvoir faire jeu égal avec Winwood, une épée à la main.

— Mon cher Crosby, je n'ai jamais pensé que vous fussiez un maître d'armes, mais là, vous faites preuve d'une modestie exagérée.

M. Drelincourt se rembrunit.

— A ce qu'on dit, Winwood n'est pas mauvais escrimeur.

— Je ne pense pas, en effet, qu'on puisse le qualifier de mauvais. Disons qu'il est un escrimeur moyen.

D'une main tremblante, M. Drelincourt rassembla les feuilles éparses de son *Morning Chronicle* avant de reprendre :

— Très bien, Milord, très bien… Est-ce là tout ce que vous aviez à me dire ? Le docteur m'a ordonné de prendre du repos, vous savez.

— Vous m'obligez à me rappeler que je voulais savoir autre chose… De quoi s'agissait-il ? Ah oui, cela me revient ! Voulez-vous me dire, mon cher Crosby — si toutefois ma visite ne vous fatigue pas outre mesure, n'est-ce pas ? —, ce qui a amené Pelham à sortir de ses gonds ? La curiosité me dévore.

— C'est la question essentielle, en effet. En fait, je pense que j'aurais dû tenir compte de l'état de Winwood et ne pas provoquer ce duel. Il était ivre à un point que vous ne pouvez imaginer.

— Affligeant... Mais continuez, mon cher cousin. Continuez, je vous en prie.

— Cette histoire est absurde parce que c'est une affaire d'ivrogne. En un mot comme en cent, Winwood a pris en grippe le chapeau que je porte quand je joue aux cartes. Il a eu un comportement très violent. Avant que j'aie pu prendre conscience de ce qui m'arrivait, il m'avait arraché mon chapeau pour le piétiner. Je n'ai pas cru pouvoir faire moins que demander réparation. Vous me comprendrez.

— Certainement, certainement... Euh... je suppose que vous êtes satisfait, maintenant ?

M. Drelincourt grinça des dents. Rule croisa les jambes et reprit d'une voix pensive.

— C'est étrange comme on peut vous raconter des histoires. On m'avait dit — et j'ai pris cela pour argent comptant ! — on m'a dit que Pelham vous avait jeté un verre de vin au visage.

Il y eut un moment de silence embarrassé. Puis M. Drelincourt toussota.

— Il était ivre. Il ne savait plus ce qu'il faisait.

— Donc, il vous a bien jeté son verre de vin au visage ?

— Oui, oui... Comme je vous l'ai dit, il était très violent. Il avait complètement perdu l'esprit.

— Mais qu'est-ce qui a bien pu le pousser à s'en prendre subitement à vous, Crosby ? C'est la question que je ne cesse de me poser.

— Si vous voulez mon avis, mon cher cousin, il cherchait une querelle et le premier prétexte a été le bon. Eussiez-vous été présent que vous auriez constaté, vous aussi, qu'il était impossible de lui faire entendre raison.

D'une voix implacable de douceur, Rule répondit :

— Eussé-je été là, mon cher cousin, que mon jeune beau-frère ne se serait pas livré à ces voies de fait sur vous.

— N-non, mon cher cousin ? bégaya M. Drelincourt.

Rule se leva, prit sa canne et son chapeau.

— Non, dit-il. Eussé-je été là que j'aurais pris l'affaire en mains. Et moi, Crosby, ce n'est pas avec une épée que je vous aurais corrigé, mais avec ma canne.

— Je… je crains de ne pas comprendre, murmura M. Drelincourt qui avait l'impression de rétrécir sous ses couvertures.

— Souhaiteriez-vous que je traduise mes propos par l'exemple ? demanda Rule.

— Vraiment, Marcus, ce ton ! Ce ton que vous employez avec moi ! Ma blessure… Il faut que vous me laissiez, maintenant ! Je ne suis pas en état de poursuivre cette conversation, que je comprends de moins en moins. En plus, mon médecin doit arriver d'un moment à l'autre.

— Ne craignez rien, mon cher cousin. Je n'ai nulle envie, pour le moment, d'améliorer le travail commencé sur vous par Pelham. Une autre fois peut-être ?

Sur ces paroles, Rule sortit de la chambre et referma la porte derrière lui, doucement.

M. Drelincourt se fût peut-être relativement consolé en apprenant que son adversaire avait, lui aussi, passé un mauvais quart d'heure avec Rule.

Avant de se rendre chez M. Drelincourt, le comte de Rule avait rendu visite à Pelham et c'est de lui qu'il avait appris toute la vérité, non sans difficulté car le vicomte avait d'abord tenté de raconter une histoire assez semblable à celle que M. Drelincourt avait essayé d'imposer par la suite. Cependant, sous le regard gris fixé sur lui, et soumis aux interrogations insistantes, prononcées d'une voix atonique, il avait fini par cracher la vérité et toute la vérité, qui avait été entendue en silence. Puis, tout ayant été dit, Lord Rule avait demandé froidement :

— Vous attendez-vous que je vous fasse remerciement pour votre conduite héroïque, Pelham ?

Le vicomte, qui avait été surpris au milieu de son petit déjeuner, se fortifia au moyen d'une longue lampée de bière et répondit d'un air dégagé :

— Eh bien, je ne nierai pas avoir agi avec quelque précipitation, mais il faut reconnaître que j'étais un peu pris de boisson, voyez-vous ?

— On frémit en pensant à ce que vous auriez fait si vous aviez été plus que « un peu pris de boisson ».

— Enfin, Marcus, je ne vous comprends pas ! Essayez-vous de me dire que vous m'auriez préféré inerte ?

— Oh, que non pas, mais je vous aurais été très reconnaissant de ne pas vider cette querelle en public.

Le vicomte se découpa une large tranche de rosbif avant de répondre :

— N'ayez crainte. J'ai pris mes dispositions et personne ne dira rien. Pom doit faire savoir partout que j'étais ivre, et que donc l'affaire ne mérite pas qu'on s'y attarde.

— C'est très gentil d'y avoir pensé. Savez-vous, Pelham, que vous m'agacez énormément ?

Reposant couteau et fourchette, le vicomte prit un air étonné pour demander :

— Je me demande bien pourquoi.

— C'est que j'ai horreur que l'on me force la main. Il me semblait que nous étions d'accord sur un point au moins, à savoir que vous me reconnaîtriez le droit de régler mes affaires moi-même, et de la façon que je jugerais la plus appropriée.

— Vous le pouvez ! Que je sache, je n'ai jamais rien fait pour vous mettre des bâtons dans les roues.

— Mon cher Pelham, vous avez déjà — je le crois très sincèrement — fait le pire. Jusqu'à cette lamentable affaire, l'inclination de votre sœur pour Lethbridge n'était connue de personne ou presque. Ce n'est plus le cas.

— Cette inclination n'a attiré que l'attention de l'asticot, objecta le vicomte.

— Pourriez-vous, soupira Rule, réfléchir deux minutes ? Vous oubliez que Crosby est mon héritier. La seule émotion que je lui ai vu manifester est celle qu'il a ressentie à l'occasion de mon mariage, et croyez-moi il l'a fait connaître autour de lui, avec une telle insistance qu'il est devenu la risée de toute la bonne société. C'est pourquoi, sans votre intervention intempestive, mon cher garçon, sa remarque eût passé aussi inaperçue qu'un petit crachat.

— Oh, murmura le vicomte ébranlé. Je vois…

— J'espérais bien qu'il en serait ainsi.

— Mais Marcus, c'était vraiment un crachat qu'il a lancé sur ma sœur !

Rule en convint.

— Certainement, et votre noble fureur suscite ma sympathie. L'ennui, c'est qu'à cause de vous il n'y a plus en ville une paire d'yeux qui ne soit fixée sur Horry et Lethbridge. De cela, mon cher Pelham, je ne vous remercie pas.

Le vicomte, l'air découragé, hocha la tête.

— Je n'avais pas pensé à tout cela. A dire vrai, Marcus, j'ai éprouvé une véritable bouffée de haine pour ce type. En fait, j'aurais dû lui sauter à la gorge et lui faire ravaler ses paroles. Et je vous jure qu'il les aurait ravalées.

— Je n'en doute pas. Quoi qu'il en soit, le mal est fait, nous n'y pouvons plus rien. Mais soyez heureux, Pelham. Vous avez obligé Crosby à se battre et vous êtes le premier en Angleterre. De ce point de vue au moins, c'est un succès. Où l'avez-vous touché ?

— A l'épaule, dit le vicomte, la bouche pleine. J'aurais pu le tuer une demi-douzaine de fois, si j'avais voulu.

— Vraiment ? Il faut qu'il soit un bien mauvais bretteur.
— Il l'est.

Ayant visité les deux protagonistes de cette affaire, le comte de Rule rentra chez lui, à Grosvenor Square. Il demanda où était Milady. On lui répondit qu'elle se trouvait en son boudoir.

Cette pièce, au décor en camaïeu de bleus composé tout spécialement pour Horatia, se trouvait à l'arrière, au premier étage. Le comte y monta, mais au milieu de l'escalier il s'entendit héler par M. Gisborne, qui lui dit :

— Milord, j'espérais votre venue.

Le comte s'arrêta, se retourna et regarda vers le bas. Une main sur la rampe de l'escalier, il répondit :

— Comme c'est aimable à vous, Arnold, de m'espérer.

Le secrétaire, habitué à l'humour de son seigneur, soupira à fendre le cœur et reprit :

— Milord, si vous vouliez bien passer un moment à regarder quelques factures que j'ai ici.

Le comte sourit et, avec un geste ample de la main, répondit :

— Allez au diable avec vos factures, Arnold !

— Mais, Sir, je ne puis agir sans votre consentement ! Une facture pour un phaéton ! Faut-il la payer ?

— Mon pauvre garçon, évidemment qu'il faut la payer ! Pourquoi cette question ?

— Mais cette facture n'est pas de votre fait, Milord.

— J'en suis conscient, répondit le comte en riant. Elle serait du fait de Lord Winwood que cela ne m'étonnerait pas. C'est bien cela, n'est-ce pas ? Faites ce qu'il faut, Arnold.

— Très bien, Sir. Et pour la petite affaire de M. Drelincourt, qu'en est-il ?

A la mention de ce nom, le comte perdit son sourire. Sourcils froncés, il descendit deux marches pour demander :

— Vous enquérez-vous de l'état de santé de mon cousin ?

Le visage fermé, le secrétaire expliqua :

— Non, Sir, je voulais évoquer sa situation financière. M. Drelincourt a écrit, voici une semaine environ, pour faire part d'embarras momentanés. J'ai déjà essayé de vous en parler, mais vous n'avez pas voulu entendre.

— Vous devez me trouver bien insensible, Arnold. Si, si, je suis sûr que vous me jugez sévèrement. Eh bien, il est temps que je fasse amende honorable.

— Cela signifie-t-il que vous consentez à regarder ces comptes, Sir ? demanda M. Gisborne, plein d'espoir.

— Non, mon garçon, cela ne signifie rien de semblable. Mais je vous donne l'autorisation de régler le cas de M. Drelincourt.

M. Gisborne partit d'un petit rire bref et saccadé.

— S'il ne tenait qu'à moi, Sir, le cas de M. Drelincourt serait vite réglé, car ses appels incessants à votre générosité finiraient dans la cheminée.

— C'est exactement ce que je voulais dire, fit le comte, qui reprit sa progression vers l'étage.

Un entêtant parfum de rose émanait du boudoir. Plusieurs vases en contenaient de pleines brassées, des rouges, des blanches, des roses. Sur un sofa disposé au milieu de la pièce, Horatia était allongée. Elle dormait profondément. Le comte referma la porte, sans bruit, puis, marchant sur la pointe des pieds, il s'approcha du sofa pour contempler son épouse. Elle composait un fort joli tableau, avec sa coiffure dite *grecque à boucles badines* et une épaule émergeant de son négligé à dentelles. Un rayon de soleil lui caressait la joue ; ce que voyant, le comte marcha jusqu'à la fenêtre pour tirer le rideau. Quand il se retourna, Horatia s'étirait et bâillait en regardant autour d'elle. Découvrant son mari, elle tressaillit et s'assit.

— V-vous, Milord ? Je c-crois bien m'être endormie. D-Désiriez-vous me parler ?

— Je le désirais, en effet, mais je n'avais pas l'intention de vous éveiller.

La jeune fille avait un regard anxieux.

— Venez-vous me gronder d-d'avoir beaucoup joué hier soir ? Mais j'ai gagné, v-vous savez !

— Ma chère Horry, quel mari déplaisant je dois être pour vous ! Avez-vous l'impression que je recherche votre compagnie uniquement pour vous gronder ?

— N-Non, bien sûr q-que non, mais j'avais p-pensé q-que cela p-pouvait être cela. Votre visite n'est donc p-pas motivée par un désagrément ?

— Pas un désagrément, tout juste un ennui.

La jeune fille jeta un regard amusé à son mari.

— V-Vous allez donc q-quand même être un mari déplaisant. Je le p-pressens !

— Hélas, il le faut, Horry, il le faut. Voici de quoi il s'agit : mon lamentable cousin s'est permis d'associer votre nom à celui de Lethbridge.

— Associer mon nom ? s'écria Horatia. Eh bien, je p-pense que ce p-petit crapaud est la plus déplaisante chose q-qui vive sur cette terre. Q-qu'a-t-il dit ?

— Quelque chose de très rude. Je ne veux pas vous ennuyer en vous rapportant ses propos.

Horatia parla alors avec une franchise désarmante.

— Je suppose q-qu'il me croit amoureuse de Robert. Mais ce n'est p-pas vrai du tout et je me m-moque de ce q-qu'il dit.

— C'est normal, personne ne s'intéresse à ce que raconte Crosby. Par malheur, Pelham l'a entendu tenir ces propos et il l'a provoqué en duel.

Enchantée, Horatia joignit les mains.

— Un duel ? Mais c'est merveilleux ! M-Marcus ! P-Pelham n'a p-pas été blessé, j'espère ?

— Pas le moins du monde ; Crosby, en revanche, oui.

— Je suis très heureuse d-de l'apprendre. Il méritait d'être blessé. Vous n'imaginiez p-pas q-que son malheur me désolerait ?

— Non, dit Rule en souriant. Parlons maintenant des conséquences de cette affaire, et elles sont moins amusantes, je le crains. Horry, il devient nécessaire que vous teniez Lord Lethbridge à distance. En comprenez-vous la nécessité ?

— Non, dit Horatia avec simplicité. Je ne c-comprends pas.

— Je vais donc essayer de vous expliquer. Vous avez fait de Lord Lethbridge votre ami... ou devrais-je dire que vous avez choisi de devenir son amie ?

— C'est la m-même chose, Sir.

— Détrompez-vous, ma chère ! Il y a une grande différence. Quoi qu'il en soit, je crois savoir que l'on vous voit souvent en sa compagnie.

— C'est s-sans importance, non ?

— Pas du tout ! Mais — pardonnez-moi de vous parler avec franchise — depuis que Pelham a provoqué Crosby en duel, plus personne ne va croire que vos relations avec Lord Lethbridge sont sans importance.

Horatia rougit, mais répondit avec vivacité.

— Je me moque de ce q-que les gens croient ou ne c-croient pas ! Vous avez dit vous-même q-que vous n'y voyiez aucun inconvénient. Alors je ne vois pas p-pourquoi d'autres s'en offusqueraient.

Rule haussa un sourcil.

— Ma chère Horry, je me suis montré très clair, en effet. Je ne vois là aucun mal.

Horatia se mordilla la lèvre inférieure comme pour retenir un sourire de triomphe. Rule l'observa pendant un moment, puis il lui prit les mains pour l'obliger à se mettre debout. Il dit :

— Ne vous renfrognez pas ainsi, Horry. Voulez-vous me faire plaisir et mettre un terme à votre amitié avec Lord Lethbridge ?

Alors qu'elle le regardait fixement et ne répondait pas, il fit glisser ses mains jusque sur les épaules, et il souriait, autant de tendresse que d'amusement. Il reprit :

— Ma douce, je sais bien que je suis déjà bien vieux pour vous et que je ne suis que votre mari, mais vous et moi pourrions avoir des relations beaucoup plus agréables, si nous le voulions.

L'image de Caroline Massey se présenta aux yeux d'Horatia. Avec un sanglot dans la voix, elle répondit :

— Milord, il était entendu q-que nous n'interférions p-pas dans les occupations l'un de l'autre, n'est-ce pas ? Reconnaissez q-que je ne me mêle p-pas des vôtres, ce q-qui ne m'est p-pas difficile, c-car je n'en ai nulle envie. En c-contrepartie, je ne chasserai pas Lord Lethbridge simplement p-parce que vous c-craignez les réactions de quelques esprits mal intentionnés.

Rule ne souriait plus.

— Je vois… Horry, selon vous, un mari a-t-il le droit de commander à sa femme quand il ne peut plus émettre un simple vœu ?

Négligeant de répondre à cette question, Horatia défendit sa position avec véhémence.

— C'est par votre faute que les gens p-parlent ! Si vous vouliez bien vous montrer amical avec lui, p-plus p-personne ne trouverait à redire !

— Je crains que cela ne soit pas possible, répondit le comte avec froideur.

— P-pourquoi ?

Il s'accorda un instant de réflexion avant de répondre :

— Pour une raison qui est aujourd'hui de l'histoire ancienne, ma chère Horry.

— F-Fort bien, Sir, et q-quelle est cette raison ? Cela vous ennuierait-il de l'exposer ?

— Hélas, Horry, vous me mettez dans une position difficile. Cela m'ennuierait, en effet.

Le ton monta. Croisant les bras, Horatia demanda avec hauteur :

— Vraiment, Sir ? Vous ne voulez p-pas me donner d'explications, et vous espérez que je vais éloigner R-Robert ?

Rule fit une mine désolée.

— J'admets que le procédé peut vous sembler un peu arbitraire, en effet, mais c'est que, voyez-vous, l'affaire ne concerne pas que moi. Mais cette raison que je ne suis pas en mesure de vous révéler, permettez-moi de le vous le dire, est très sérieuse.

— Très intéressant ! persifla Horatia. Il est dommage q-que je ne p-puisse en juger p-par moi-même, mais je dois vous dire, Sir, q-que je ne tournerai p-pas le dos à mes amis simplement p-parce que votre horrible c-cousin répand des bruits déplaisants sur moi.

Imperturbable, le comte repartit :

— Dans ce cas, je crains d'être obligé de prendre les mesures nécessaires pour faire appliquer ce commandement.

Horatia s'enflamma davantage.

— Vous n'avez p-pas le droit d-de me c-contraindre pour m-m'obliger à vous obéir, Sir !

— Contraindre ? Quel vilain mot, ma chère ! Soyez certaine que je n'ai jamais contraint personne !

Indécise, la jeune fille demanda :

— Puis-je savoir ce q-que vous avez en tête, Sir ?

— Chère Horry, vous ne pouvez pas l'ignorer. J'ai la ferme intention de mettre un terme à l'amitié qui existe entre Lethbridge et vous.

— Vous ne pourrez pas !

Le comte ouvrit sa tabatière et en prit une pincée.

— Non ?

— Non !

Le comte referma sa boîte et épousseta sa manche avec un mouchoir bordé de dentelles.

— Vous n'avez plus rien à dire ? demanda Horatia, avec insolence.

— Je n'ai plus rien à dire, répondit le comte d'un ton égal.

Horatia émit un son qui ressemblait au cri d'un chaton en colère, elle tapa du pied et sortit de la pièce en courant.

11.

Aucune femme de caractère, cela va de soi, ne peut résister à la tentation d'exagérer, et Horatia avait beaucoup de caractère. Toute la bonne société avait les yeux fixés sur elle ? Elle n'avait que dédain pour cette curiosité mal placée ! On supposait qu'elle, Horry Winwood, pût tomber amoureuse d'un homme tel que Lord Lethbridge ? C'était faire preuve d'une imagination qui méritait d'être traitée avec le plus grand mépris. Elle éprouvait peut-être une certaine attirance pour Lord Lethbridge, mais elle ne pouvait surtout pas être amoureuse de lui, pour la bonne et simple raison qu'elle était amoureuse d'un autre homme, à qui elle était unie par les liens du mariage. Et si celui-ci pouvait s'agacer au point d'agir enfin, elle ne le lui reprocherait pas, bien au contraire ! Horatia, passé l'irritation que lui avait donnée leur entretien, brûlait de voir quelle suite il lui donnerait. De son côté, il devrait comprendre que sa femme n'avait pas l'intention de ne recueillir qu'une moitié de ses attentions, l'autre moitié étant destinée à une maîtresse.

C'est donc avec le projet louable de rendre son mari jaloux qu'Horatia se mit à réfléchir au scandale qu'elle pourrait provoquer, et il ne lui fallut pas longtemps pour trouver une magnifique occasion. Une mascarade devait avoir lieu au Ranelagh, une manifestation à laquelle elle avait renoncé, Rule ayant énergiquement refusé de l'y escorter. Une petite discussion avait eu lieu à ce sujet, qu'il avait close avec ce jugement sans appel :

— Nous n'y irons pas parce que ce n'est pas un lieu où l'on pratique les bonnes manières.

Horatia, n'ignorant pas que les mascarades étaient considérées comme très vulgaires par la bonne société, avait accepté de bonne grâce la décision du comte, son mari. Elle avait entendu toutes sortes d'histoires scandaleuses sur les excès qui y étaient commis, et n'avait donc pas véritablement envie d'y aller, si ce n'était pour satisfaire sa curiosité.

Or la situation se présentait différemment au regard des derniers événements, et il devenait très souhaitable d'assister à cette mascarade, avec Lord Lethbridge, bien sûr. Le scandale n'était pas à redouter puisque tous deux auraient le visage couvert. Le seul à connaître l'escapade d'Horatia serait Lord Rule, et s'il ne sortait pas de ses gonds, alors rien d'autre ne l'ébranlerait.

Restait à convaincre Lord Lethbridge. Horatia avait craint que la tâche ne fût un peu difficile puisqu'il affirmait hautement ne pas vouloir jeter l'opprobre sur son amie, mais en fait l'affaire se révéla d'une facilité déconcertante.

— Vous emmener à la mascarade, Horry ? avait-il dit. Mais pourquoi ?

— P-parce que j'ai envie d'y aller, et p-parce que Rule ne veut… ne p-peut pas m'y conduire.

— Le vilain personnage ! avait-il fait, les yeux brillants.

— Tant p-pis pour lui ! Voulez-vous m'emmener ?

Il s'était penché sur la main d'Horatia et empressé de répondre :

— Bien sûr ! Avec plaisir !

Et voilà comment, cinq jours plus tard, en soirée, le carrosse de Lord Lethbridge s'arrêtait à Grosvenor Square. Lady Rule, en robe de bal, un domino gris sur le bras et un masque suspendu à sa main, sortit aussitôt de la maison et s'engouffra dans le véhicule. Au passage, elle n'avait pas manqué de laisser une commission au portier :

— Si Milord demande après moi, vous lui direz que je suis au Ranelagh.

Sa découverte de ce lieu de divertissements la remplit d'aise, et pas seulement à cause de l'exploit qu'elle accomplissait en s'y rendant contre la volonté de son mari. Dans les jardins illuminés par des milliers de lampes dorées, les noctambules nombreux, vêtus de dominos colorés, déambulaient dans les allées au son de la musique qui flottait dans l'air. Ils consommaient des boissons fraîches dans les nombreux kiosques disséminés dans le parc, avant de retourner danser dans le pavillon principal.

Ayant bien observé ces scènes stimulantes au travers des fentes de son masque, Horatia se tourna vers Lord Lethbridge qui se trouvait près d'elle, vêtu d'un domino écarlate, et, sous le coup de l'enthousiasme, elle s'écria :

— Je suis bien aise d'être venue ! C-comme tout cela est joli ! N'êtes-vous p-pas charmé tout comme moi, R-Robert ?

— En votre compagnie, je suis toujours charmé, lui répondit-il galamment. Vous plairait-il de danser, ma chère ?

— B-Bien sûr !

Rien ne se passait, dans la salle de bal, qui pût choquer le spectateur le plus collet monté. Pourtant un peu plus tard, dans le jardin, Horatia suivit avec intérêt une scène un peu osée. Une dame courait en poussant des cris peu distingués, elle tentait ainsi d'échapper à son cavalier qui essayait de lui arracher son masque. Horatia n'émit aucun commentaire, mais elle pensa que Rule avait sans doute raison de ne pas vouloir qu'elle se rendît dans des lieux où de telles scènes pouvaient se produire.

Cependant, sous la houlette de Lord Lethbridge qui la protégeait efficacement contre tout incident fâcheux, Horatia passa une excellente soirée. En fait, dit-il un peu plus tard alors qu'elle dînait avec lui dans un des kiosques, elle vivait là une aventure délicieuse et n'avait plus besoin que d'une seule chose pour que son bonheur fût complet.

— Mon Dieu ! s'exclama aussitôt Lord Lethbridge, de ce ton ironique qu'il aimait employer avec elle. Qu'aurais-je oublié ?

Elle sourit et deux fossettes se formèrent aux commissures de ses lèvres.

— R-Robert, je c-crois q-que la soirée serait parfaite si nous p-pouvions jouer aux c-cartes ensemble !

— Petite rouée ! murmura-t-il. Vous voulez donc choquer le gentleman en domino noir, qui se trouve là-bas ?

Horatia jeta un coup d'œil dans la direction qu'il lui indiquait et affirma que cet homme avait toutes les chances d'être un parfait étranger pour elle et pour lui. Elle ajouta :

— Vous n'aimez p-pas danser, R-Robert. N'essayez p-pas de prétendre le c-contraire ! Et puis, je veux véritablement savoir ce que je vaux c-contre vous, aux cartes.

— Vous êtes ambitieuse, lui dit-il en souriant. Je jouais déjà aux cartes alors que vous vous adonniez à vos premiers travaux de couture. Et je serais prêt à parier que je jouais mieux que vous ne cousiez !

— Il est vrai q-que Lizzie finissait tous mes travaux, admit la jeune fille. Mais je joue aux c-cartes mieux q-que je ne c-couds. Je vous assure, Robert ! P-pourquoi ne voulez-vous p-pas ?

— Croyez-vous que je sois homme à tondre si tendre agnelle ? Non, non, je n'en aurais pas le cœur !

Horatia leva le menton.

— Et si c'était moi q-qui vous tondais, Sir ?

— Oui, à condition que je me laisse faire. Il va de soi que je vous accorderais cette facilité.

— Vous me laisseriez g-gagner ? s'exclama-t-elle avec indignation. Je ne suis p-plus une enfant, Sir ! Si je joue, je joue p-pour de vrai.

— Fort bien ! dit alors Lord Lethbridge. Je jouerai donc contre vous... pour de vrai.

Horatia battit des mains avec tant d'enthousiasme que le gentleman en domino noir, attablé non loin de là, se tourna vers elle et la regarda avec insistance.

— Au piquet, proposa Lord Lethbridge ; avec des enjeux qui vaillent la peine.

— Cela va de soi. Je ne déteste pas jouer g-gros, vous savez.

Il finit son verre de champagne avant de reprendre :

— Mais nous n'allons pas jouer pour des guinées.

Horatia fronça les sourcils.

— Rule n'aime p-pas trop q-que j'engage mes bijoux.

— Le ciel m'est témoin que je ne convoite pas vos bijoux, ma chère.

— Seigneur ! A quoi pensez-vous donc ?

— A une boucle de vos précieux cheveux, Horry.

Elle eut un mouvement de recul instinctif.

— C'est absurde, non ? En outre, je ne p-pourrais pas.

— Pardonnez-moi, ma chère amie, mais je crois que vous n'êtes pas une vraie joueuse.

Elle rougit.

— Mais si, j'en suis une ! Je suis une vraie joueuse ! Seulement, je ne p-peux p-pas risquer c-contre vous une simple boucle de mes cheveux. C'est absurde et je ne dois pas faire cela. Et p-puis, que p-pourriez-vous risquer, vous ?

Comme s'il attendait cette question, Lord Lethbridge porta la main à sa cravate. Il en retira l'épingle qu'il portait presque constamment et qui était ornée d'une intaille représentant la déesse Athéna avec son bouclier et sa chouette. Ce bijou semblait très ancien. Il la présenta dans la paume de sa main.

— Cet objet appartient à ma famille depuis plusieurs générations. Il est fort précieux. Je le mets en jeu contre une boucle de vos cheveux.

Troublée, Horatia avança la main et effleura le bijou du bout des doigts, tandis que Lord Lethbridge ajoutait :

— Une légende charmante s'y attache, et aucun Lethbridge digne de ce nom ne consentirait à s'en défaire.

— Et vous v-voulez le risquer au jeu ? s'étonna Horatia.

Lord Lethbridge remit l'épingle dans sa cravate.

— Contre une boucle de vos cheveux, oui. C'est que je suis, moi, un vrai joueur.

Horatia s'enflamma.

— Eh bien, vous ne p-pourrez pas dire q-que je ne suis pas une vraie joueuse ! Je mettrai en jeu une b-boucle de mes cheveux. Et p-pour vous prouver q-que je ne parle pas à la légère, je vais…

Elle ouvrit son réticule.

— Voici l'instrument du s-sacrifice !

Elle brandissait une petite paire de ciseaux.

Lord Lethbridge éclata de rire. Horatia remit les ciseaux dans son réticule.

— Vous n'avez p-pas encore gagné, Sir.

— Exact. Dirons-nous… en trois manches ?

— Tenu ! Nous p-pouvons y aller. J'ai terminé mon souper et j'aimerais jouer sans p-plus attendre.

— Avec grand plaisir, dit Lord Lethbridge.

Il se leva de table, offrit son bras.

Ils sortirent du kiosque et traversèrent le vaste espace conduisant au pavillon central. Alors qu'ils contournaient un groupe nombreux et fort animé, Horatia demanda :

— Où voulez-vous que nous jouions, R-Robert ? P-pas dans la grande salle de jeu ? Cela ne serait p-pas assez discret.

Une femme en domino vert pomme tourna vivement la tête et fixa son regard sur Horatia.

— Certainement pas, répondit Lord Lethbridge. Nous irons dans un petit salon, à l'arrière, qui donne sur la terrasse.

La femme en domino vert, immobile, perdue dans un abîme

de méditations, avait perdu conscience de la réalité. Mais une voix murmura à son oreille :

— Je vous demande pardon, Milady.

Elle se retourna et découvrit qu'elle barrait le passage à un homme en domino noir. Elle murmura quelques mots d'excuse et lui céda le passage.

La grande salle de bal était presque déserte, et l'orchestre, silencieux, car l'entracte consacré au souper n'était pas terminé. Horatia la traversa au bras de Lord Lethbridge, et elle allait sortir avec lui sur la terrasse quand un homme, qui se disposait à entrer, la heurta. Il portait un domino noir et, venant des jardins, il voulait pénétrer dans le pavillon après être passé par la terrasse. Ils reculèrent du même mouvement, mais l'homme avait mis le pied sur la robe de la jeune fille, qui se déchira dans un craquement sonore. Horatia poussa un cri horrifié, tandis que l'homme se répandait en excuses.

— Oh, mille pardons, Milady ! Je ne comprends pas comment j'ai pu être aussi maladroit.

— Cela ne sera r-rien, répondit-elle sèchement.

Elle rassembla sa robe dans ses mains et franchit la porte-fenêtre pour se rendre sur la terrasse, tandis que l'homme au domino noir, qui s'était effacé pour la laisser passer ainsi que Lord Lethbridge, renouvelait ses excuses. Puis il rentra dans la salle de bal.

— Il l'a fait exprès, murmura Horatia, penchée pour constater les dégâts. Il va falloir q-que je fasse mettre des épingles à ma robe, m-mais elle est définitivement gâtée.

Lord Lethbridge approuva vigoureusement.

— Vous avez raison ! J'ai, moi aussi, l'impression qu'il l'a fait exprès ! Voulez-vous que je lui demande réparation ?

Ayant déclaré que l'incident ne valait tout de même pas un duel, Horatia répéta qu'elle allait s'employer à une réparation succincte de sa robe, puis elle demanda :

— Où vous retrouverai-je, R-Robert ?
— Je vous attendrai ici.
— Et nous jouerons aux c-cartes ?
— Nous jouerons aux cartes, c'est promis.
— Je fais le p-plus vite p-possible.

Horatia rentra dans la salle de bal.

Lord Lethbridge se dirigea vers la balustrade basse qui bordait la terrasse. Il y posa les mains pour regarder le bassin aux nénuphars qui se trouvait juste en dessous. De petites lumières colorées en faisaient le tour, et un décorateur aux idées fort originales avait eu l'idée de placer à la surface de l'eau un bouquet de fleurs artificielles qui contenaient de petites lampes. Lord Lethbridge examinait tout cela d'un œil critique et avec un sourire ironique, quand deux mains surgies de derrière passèrent devant lui pour dénouer le cordon de son domino.

Furieux, il essaya de se retourner, mais les mains qui l'avaient fort habilement dépouillé de son domino se refermèrent comme un piège autour de son cou et serrèrent assez pour l'empêcher de respirer. Il luttait, en vain, pour se libérer quand une voix masculine lui murmura à l'oreille :

— Je ne vous étranglerai pas cette fois, Lethbridge. Mais je regrette, oui, je regrette vraiment d'être obligé de vous faire plonger dans ce bassin. D'ailleurs, je suis certain que vous comprendrez vous-même la nécessité de ce bain forcé.

Le piège autour de son cou s'ouvrit, mais avant qu'il eût pu se retourner, une violente poussée le déséquilibra. La balustrade était trop basse pour le retenir. Poussant un cri de rage, il se sentit tomber et, comme son agresseur le lui avait annoncé, il tomba dans le bassin, dans un grand éclaboussement d'eau qui éteignit les lumières colorées, regardées par lui, l'instant d'avant, avec tant de dédain.

*
**

Un quart d'heure plus tard, la salle de bal se remplissait de nouveau, les musiciens avaient déjà recommencé à jouer. Horatia retourna sur la terrasse, où elle vit beaucoup de noctambules rassemblés en petits groupes. Elle hésita, chercha des yeux le domino écarlate et l'aperçut, assis sur la balustrade, dans une attitude méditative. Elle se hâta d'aller vers lui et dit :

— J'espère q-que je ne vous ai p-pas fait attendre t-trop longtemps.

Il se leva et répondit :

— Pas du tout. Et maintenant, allons jouer aux cartes. Allons dans le petit salon dont je vous ai parlé.

La jeune fille avait avancé la main pour la poser sur le bras de son compagnon, mais elle la retira précipitamment. Il la lui prit d'autorité et demanda :

— Un souci ?

Elle semblait indécise.

— C'est v-votre voix. Elle me semble b-bizarre. C'est bien vous, n'est-ce p-pas ?

— Evidemment ! répondit-il en riant. Je pense que c'est la faute de ce petit os que j'ai avalé au cours de notre souper. Ma gorge est tout irritée. Voulez-vous que nous y allions, Milady ?

Elle le laissa prendre sa main pour la placer sur le bras qu'il lui offrait, mais demanda néanmoins :

— Etes-vous bien sûr q-que p-personne n'entrera dans ce salon ? Il serait ennuyeux q-que l'on me vît en train de vous donner une boucle de mes cheveux... à c-condition q-que je perde, naturellement.

— On ne saurait pas que c'est vous. Je vous rappelle que vous resterez masquée.

De la terrasse, ils entrèrent dans le petit salon qu'il avait choisi. Il referma la porte-fenêtre derrière lui et tira encore les rideaux.

— Voyez, dit-il, pas besoin de vous alarmer. Plus personne ne risque d'entrer.

Debout près de la table qui se trouvait au milieu de la pièce, alors que les rideaux se fermaient, Horatia commençait à se demander si elle n'était pas en train de commettre une grave erreur. Il lui avait semblé sans conséquence de danser avec Lord Lethbridge puis de dîner avec lui au vu et au su de tout le monde, mais se trouver seule avec lui, dans ce petit salon, c'était une autre affaire, une affaire beaucoup plus dangereuse. Et puis, il l'inquiétait. Il semblait avoir changé. Elle essaya de deviner le visage qui se cachait sous le masque, mais la lumière des chandelles le laissait dans l'ombre. Se retournant, elle jeta un coup d'œil vers la porte qui donnait accès à la salle de bal. Elle écouta le bruit étouffé des violons puis demanda :

— La p-porte, R-Robert ?

— Fermée, répondit-il. Encore nerveuse, Horry ? Vous voyez bien que vous n'êtes pas une vraie joueuse !

Horatia s'employa à donner le change.

— N-Nerveuse, moi ? Certainement pas ! Et vous n'allez p-pas tarder à vous en rendre compte !

Elle s'assit à la table de jeu. Avisant les jeux de cartes disposés sur le tapis vert, elle en prit un et demanda :

— Vous aviez tout prévu, n'est-ce pas ?

— Evidemment, lui répondit-il en se dirigeant vers une crédence placée contre le mur ; un verre de vin, Horry ?

— Non, m-merci.

Il vint près de la table, déplaça le chandelier, s'assit en face d'Horatia et entreprit de battre un des jeux de cartes. Il demanda :

— Dites-moi, Horry, êtes-vous venue au Ranelagh avec moi pour le plaisir de jouer aux cartes ou pour déplaire à Rule ?

Elle tressaillit et répondit en riant :

— Robert, je v-vous reconnais bien là ! Vous d-devinez tout !

Il continuait de battre les cartes.

175

— Puis-je vous demander pourquoi Rule mérite d'être ainsi asticoté ?

Elle répondit plutôt sèchement :

— Certainement p-pas ! Je ne p-parle pas de mon mari, même avec vous, R-Robert.

Il s'inclina.

— Mille pardons, ma chère. Vous l'estimez beaucoup, si je comprends bien ?

— Beaucoup, confirma Horatia. C-Coupons-nous ?

La coupe lui ayant été favorable, elle choisit de distribuer. Prenant le paquet de cartes, elle donna une petite secousse à son bras pour faire remonter les dentelles de ses manches jusqu'à son coude. Et elle opéra, en silence. Elle aimait trop le jeu pour parler en même temps qu'elle manipulait ses cartes. Dès qu'elle en avait en mains, elle ne pensait plus à rien d'autre. Le visage concentré, elle avait alors un regard fixe qu'elle ne levait plus que très rarement.

Son adversaire ramassa ses cartes, les examina et parut décider très vite, sans aucune hésitation, de la tactique à adopter. Horatia, sachant qu'elle jouait contre un excellent joueur, ne voulut pas se précipiter. Elle prit le temps de bien réfléchir. Elle garda un valet et s'en trouva bien, puisqu'elle prenait la main.

Elle perdit tout de même la première manche, mais de fort peu. Elle ne s'alarma donc point. Elle avait abattu une carte de défense qui lui eût été fort utile — erreur fatale — mais, mis à part cette maladresse, elle avait fort bien joué.

— Je gagne, déclara le domino écarlate. Mais je pense que la distribution m'avait avantagé.

— Un p-peu, sans doute, dit Horatia. Voulez-vous c-couper et distribuer ?

Elle remporta la seconde manche, très rapidement, très facilement ; un peu trop peut-être. Aussi soupçonna-t-elle son adversaire de l'avoir laissée gagner, sans pouvoir le prouver, car si tel était le cas il avait agi avec discernement. Elle se mordit donc la langue pour ne rien lui dire à ce sujet, et c'est en silence, tendue, qu'elle le regarda procéder à la première distribution de la manche finale.

Après deux levées, elle eut la conviction qu'elle ne s'était pas trompée et que son adversaire l'avait bien laissée gagner la manche précédente. Les cartes tournaient. Inexorable, il accumulait les points. Elle comprit qu'elle affrontait un joueur beaucoup plus doué qu'elle, un joueur hors pair. Jamais il ne commettait d'erreur. Il abattait ses cartes avec une précision qui rendait plus criantes les bévues d'Horatia. Certes, elle menait sa partie non sans habileté, mais non sans faiblesses aussi. A quarante points de retard, elle se mit à jouer avec précipitation. Ses mains tremblaient, elle n'arrivait plus à réfléchir. A moins d'un miracle, elle n'avait plus aucune chance de gagner. Elle formait des vœux pour que sa défaite annoncée ne fût pas une déroute.

Le miracle ne se produisit pas. Il fallut compter les points. Horatia en avait quatre-vingt-dix-huit de moins que son adversaire. Refaisant le total, elle faillit éclater en sanglots. Se forçant à sourire malgré son désarroi, elle déclara :

— Vous g-gagnez, Sir, sans c-contestation possible. Je me rends c-compte que je n'ai pas été très b-bonne dans la dernière manche. Vous m'avez laissée g-gagner la deuxième, n'est-ce p-pas ?

— Peut-être, répondit le domino écarlate, énigmatique.

— J'aurais p-préféré qu'il n'en fût p-pas ainsi. J'ai horreur q-qu'on me traite c-comme une enfant.

— Si cela peut vous consoler, je n'avais pas l'intention de vous laisser gagner plus d'une partie. C'est que, voyez-vous, je voulais cette boucle de cheveux. Et maintenant, je réclame mon dû, Milady.

— Certainement, dit Horatia bravement.

In petto, elle se demanda ce que dirait Rule s'il la voyait à ce moment, et elle maudit la folie qui l'avait poussée à se jeter dans ce guet-apens. Ayant sorti les ciseaux de son réticule, elle demanda d'une toute petite voix :

— R-Robert, q-qu'allez-vous faire de cette boucle de cheveux ?

— C'est mon affaire, lui répondit-il d'un ton bonhomme.

— Oui, je sais. Mais si q-quelqu'un avait c-connaissance de toute l'histoire, vous imaginez sans p-peine les insanités q-que l'on raconterait sur moi, sur vous. Rule finirait par tout savoir et je ne le veux p-pas, p-parce que je sais bien que les torts sont de mon côté.

— Donnez-moi les ciseaux, dit le domino écarlate. Peut-être vous dirai-je l'usage que je compte faire de vos cheveux.

— Je peux c-couper cette boucle moi-même...

Il se leva et contourna la table.

— Certainement pas ! reprit-il en riant.

Il prit les ciseaux dans la main d'Horatia. Elle frémit et rougit en sentant les doigts de l'homme dans ses cheveux, et remarqua, en tâchant de paraître primesautière :

— Vous aurez aussi beaucoup de p-poudre, R-Robert.

— Et un fort agréable parfum.

Elle entendit l'instrument qui cisaillait ses cheveux. Le sacrifice accompli, elle se leva nerveusement pour dire :

— Pour l'amour du ciel, v-vous ne direz rien à p-personne, n'est-ce pas ?

Puis, ayant soulevé les rideaux pour jeter un coup d'œil dehors, elle ajouta :

— Il est temps que vous me reconduisiez chez moi. Il doit être affreusement tard.

— Pas tout de suite, répondit le domino écarlate en venant vers elle. Vous êtes une bonne perdante, chère amie.

Avant qu'elle eût eu conscience de ce qu'il méditait, il l'avait enlacée et, d'une main habile, lui avait retiré son masque. Alarmée mais plus encore encolérée, elle essaya de recouvrer sa liberté et se rendit compte aussitôt qu'elle n'était pas de taille à lutter. La main qui avait dénoué les liens de son masque se plaça sous son menton pour l'obliger à lever la tête et recevoir un baiser sur la bouche.

Elle se débattit de plus belle mais, sans doute content d'avoir obtenu ce qu'il voulait, l'homme lui rendait sa liberté sans résister. Indignée, elle tremblait de la tête aux pieds.

— C-comment c-comment osez-vous ? lança-t-elle, bégayant plus que d'ordinaire parce que sous l'emprise de l'émotion.

Elle passa la main plusieurs fois sur sa bouche comme pour effacer les traces de cet attouchement qui la révoltait. Puis elle répéta :

— C-Comment osez-vous me t-toucher ?

Elle fila vers la porte-fenêtre, tira avec violence sur les rideaux, ouvrit, sortit.

Le domino écarlate n'essaya pas de la poursuivre. Immobile au milieu du salon, il la regarda s'enfuir. Il caressait en souriant la boucle de cheveux enroulée autour de son doigt, et finit par la glisser dans sa poche, avec précaution.

Une silhouette se profila dans l'encadrement de la porte-fenêtre. Il leva les yeux. Lady Massey était là. En domino vert, elle tenait son masque à la main.

— Robert, dit-elle avec un sourire malicieux, je ne pense pas que vous ayez fait preuve d'une grande habileté ce soir. Je m'étonne même qu'un homme ayant une telle expérience commette une erreur aussi stupide. Vous n'avez donc pas compris que cette petite n'était pas prête pour recevoir vos baisers ? Et moi qui imaginais que vous sauriez la manœuvrer ! A ce qu'il me semble, vous aurez encore besoin de mon aide.

Le domino écarlate ne souriait plus. Lentement, il porta les mains derrière sa tête et dénoua les liens qui retenaient son masque.

179

— Vous le pensez vraiment ? dit-il, et sa voix ne ressemblait plus du tout à celle de Lord Lethbridge.

Il ajouta aussitôt :

— N'êtes-vous pas sûre, Milady, que c'est vous qui avez commis une faute, une faute monumentale ?

12.

Horatia prit son petit déjeuner quelque six heures plus tard. Elle était encore si jeune que les soucis ne l'empêchaient pas de dormir, mais elle avait eu un sommeil agité, peuplé d'incessants cauchemars, si bien qu'elle se réveilla assez peu reposée.

Lorsqu'elle s'était enfuie du salon de jeu, au Ranelagh, bouleversée, elle n'avait plus pensé qu'elle ne portait plus son masque. Elle avait heurté Lady Massey, elle aussi à visage découvert. Elles s'étaient dévisagées mutuellement pendant quelques secondes, puis Lady Massey avait souri d'une manière telle qu'Horatia avait rougi jusqu'à la racine des cheveux. Ramenant contre elle les pans de son domino, elle avait repris sa course éperdue vers les jardins.

Un fiacre l'avait ramenée à Grosvenor Square, alors que l'aube blanchissait les rues désertes. Elle s'attendait que Rule l'accueillît fraîchement, mais par bonheur il ne s'était pas montré. Elle avait dit à sa femme de chambre d'aller se coucher, qu'elle se passerait de ses services pour cette fois. Elle voulait être seule pour réfléchir aux désastreux événements de la nuit, mais après s'être dépouillée, non sans mal, de sa robe de bal et de ses dessous, elle s'était sentie si fatiguée qu'elle n'avait plus eu la force de penser à rien. Elle s'était endormie aussitôt après avoir soufflé sa chandelle.

Elle s'éveilla vers 9 heures. Pendant un moment, elle se

demanda pourquoi elle se sentait si oppressée. Puis les souvenirs lui revinrent et un frisson très désagréable la parcourut.

Elle sonna et, quand sa femme de chambre lui apporta le plateau de son petit déjeuner — chocolat chaud et biscuits —, elle était assise dans son lit, calée contre ses oreillers, les boucles encore poudrées en désordre autour de son visage marqué par la gravité. Elle réfléchissait à sa situation.

Son escapade nocturne, qu'elle avait jugée presque insignifiante quelque douze heures plus tôt, avait pris les apparences d'une catastrophe. L'épisode de la boucle coupée avait de quoi faire frémir. Horatia se demanda comment elle avait pu consentir à cet enjeu qui, maintenant, lui semblait vulgaire ; vulgaire, oui, il n'y avait pas d'autre mot pour le qualifier. Et qui pouvait prédire quel usage Lord Lethbridge ferait de la boucle de cheveux ? Avant le baiser qu'il lui avait donné de force, elle avait cru pouvoir compter sur sa discrétion, mais, à la lumière de ce dernier épisode de la soirée, elle le voyait cynique, capable de montrer partout la boucle de cheveux et de narrer les circonstances — toutes les circonstances — dans lesquelles il l'avait obtenue. En ce qui concernait le baiser, Horatia reconnaissait qu'elle l'avait cherché, par inconscience, par sottise, et cette pensée ne lui donnait aucun réconfort.

La rencontre fortuite avec Caroline Massey lui semblait le plus regrettable événement de la soirée. Si celle-ci avait assisté à la scène du baiser — et Horatia avait la conviction que tel était le cas —, alors l'histoire serait connue de tout Londres le jour même. Plus grave encore, Lady Massey avait l'oreille de Rule. En admettant qu'elle se retînt de parler autour d'elle, elle ne pourrait s'empêcher de lui révéler ce qu'elle savait, pour le plaisir de semer la zizanie dans son couple.

A ce niveau de ses réflexions, Horatia repoussa son plateau et dit à sa femme de chambre :

— Il faut q-que je me lève !

— Certainement, Milady. Quelle robe voulez-vous porter ?
— Aucune importance !

Une heure plus tard, elle descendait l'escalier et demandait à un valet si Milord était à la maison. Le valet lui répondit que Milord venait de rentrer et qu'il se trouvait dans le cabinet de travail de M. Gisborne. Horatia prit la direction indiquée, toqua, entra.

Le dos tourné, Rule finissait de lire un discours que lui avait préparé son secrétaire. Il portait des bottes de cavalier légèrement poussiéreuses, une culotte de peau, une redingote très simple mais très élégamment coupée, en drap bleu nuit, avec des boutons d'argent. S'il avait encore sa cravache et ses gants à la main, il avait jeté son chapeau sur une chaise.

— C'est admirable, mon cher ami, déclara-t-il ; admirable, mais beaucoup trop long.

Il rendit les papiers à M. Gisborne et ajouta :

— Ne croyez-vous pas, aussi, que le ton devrait être un peu moins passionné ? Vous êtes d'accord avec moi, n'est-ce pas ? Vous savez que je ne me passionne pour rien.

Comme M. Gisborne se levait pour saluer Horatia, Lord Rule se retourna et s'exclama :

— Mille pardons, ma chère amie ! Je ne vous avais pas entendue entrer.

Horatia sourit à M. Gisborne puis se tourna vers son mari à qui elle demanda, l'air sérieux :

— Etes-vous t-très occupé, Sir ?

— Arnold vous dira que je ne suis jamais *très* occupé, lui répondit-il en souriant.

— Dans ce c-cas, p-pourriez-vous m'accorder un instant ?

— Un instant aussi long que vous le désirerez ! Voulez-vous que nous allions dans la bibliothèque ?

— Peu importe où nous allons, ce q-que je veux, c'est être seule avec vous.

— Ma chère, c'est très flatteur pour moi.

— Je n'ai p-pas envie de p-plaisanter, Sir, dit Horatia d'un air lugubre.

Ils sortirent du bureau de M. Gisborne et se rendirent dans la bibliothèque. Son mari ayant refermé la porte derrière lui, elle déclara :

— J'ai quelque chose d'important à vous dire.

Après un infime mouvement de sourcils, il regarda son épouse comme s'il cherchait à deviner ce qu'elle avait en tête, puis il secoua la tête, sourit et proposa :

— Ne voulez-vous pas plutôt vous asseoir, Horry ?

De derrière le fauteuil au dossier duquel elle s'agrippait, elle répondit :

— Non, je p-préfère rester debout... Sir, ce q-que j'ai à vous dire est très important, très désagréable aussi.

Sans perdre son sourire, son mari affirma :

— Alors, je m'apprête au pire.

— Je vous assure que ce n'est p-pas amusant ! protesta-t-elle. En fait, je redoute votre colère, tout en sachant que je la mérite. Je c-comprendrais même q-que vous ayez envie de me battre avec cette c-cravache, tout en ne le souhaitant pas, bien sûr.

Pour la rassurer, Lord Rule posa la cravache et les gants sur une table.

— Voilà, je vous promets que je ne vous battrai pas. De quoi s'agit-il, Horry ?

Elle commença à parcourir, du bout du doigt, une moulure dans le dossier du fauteuil, puis, tête basse, demanda :

— Sir, vous a-t-on fait la c-commission que j'avais laissée p-pour vous, hier soir, en p-partant ?

Elle leva les yeux et ajouta, comme on avoue une faute :

— J'étais allée au R-Ranelagh.

— J'ai eu la commission, dit Rule sobrement.

— Bien, bien... D-Donc, je suis allée là-bas, au b-bal masqué... avec Lord Lethbridge.

Il y eut une pause.

— Est-ce tout ? demanda Rule.

— Non. Ce n'est q-que le début. Le p-pire est à venir.

— Dans ce cas, je réserve ma colère. Continuez, Horry.

— Voyez-vous, je suis allée au Ranelagh avec Lord Lethbridge, et je vous avais laissé un message, p-parce que... parce que...

— Parce que vous vouliez me faire savoir que vous m'aviez lancé un défi. Ce sont des manières que je puis parfaitement comprendre.

Horatia hocha la tête.

— Voilà, c'est exactement la raison. Je n'avais p-pas p-particulièrement envie de p-passer la soirée avec Lord Lethbridge. Et puis, je p-pensais q-que, tout le monde étant masqué, p-personne ne saurait, excepté vous. Ainsi, je vous mettais en colère sans c-causer de scandale.

— Tout cela me semble fort bien pensé, dit Rule. Voyons maintenant ce qui s'est passé au Ranelagh.

— Le début de la soirée fut t-très agréable. Nous avons dansé, puis soupé dans un des k-kiosques. Et c'est là q-que j'ai harcelé Robert p-pour qu'il jouât aux cartes avec moi. J'avais grande envie de jouer, et il ne voulait pas. Enfin, il a fini p-par se laisser convaincre, mais en affirmant q-qu'il ne jouerait p-pas pour de l'argent.

Horatia s'interrompit, se mit à réfléchir en fronçant les sourcils, puis demanda :

— Rule, c-croyez-vous qu'il soit p-possible que j'aie bu trop de champagne ?

— Je ne le pense pas, Horry.

Elle hocha la tête et reprit le fil de son récit.

— Il a dit q-qu'il jouerait p-pour une boucle de mes cheveux. Inutile d'essayer de vous mentir, Rule : j'ai accepté.

Elle regarda son mari comme si elle s'attendait à le voir exploser de colère, mais il resta impassible. Alors elle continua, les mains toujours crispées sur le dossier du fauteuil :

— Je l'ai laissé m'emmener dans un p-petit salon p-privé. Il faut avouer q-que je n'ai p-pas trouvé cela inconvenant. Nous avons joué au p-piquet, et j'ai p-perdu, ce q-qui n'a rien de très étonnant, c-car il est le meilleur joueur de cartes que j'aie jamais rencontré.

— C'est ce qu'on dit, répondit le comte. Inutile de vous demander, je suppose, comment vous avez payé votre dette.

— Il fallait bien ; une d-dette d'honneur, n'est-ce p-pas ? Je l'ai donc laissé c-couper une boucle de mes cheveux.

— Pardonnez-moi, ma chère amie, mais qu'attendez-vous de moi ? Que je récupère cette boucle de cheveux ?

— Non, non ! Cela n'est même pas p-pensable, p-puisque j'ai p-perdu cette boucle dans un jeu régulier. Mais il s'est passé q-quelque chose de plus grave encore, q-quoique ce ne soit pas le plus grave de t-tout. Lord Lethbridge m'a p-prise dans ses bras, de force, il m'a arraché mon masque, et il m'a donné un baiser, de force ! Et attendez, Rule, le p-plus terrible est encore à venir. Je me suis enfuie, sans me souvenir que je n'avais p-plus mon masque sur le visage, et c'est alors q-que j'ai rencontré Lady Massey, juste devant la p-porte-fenêtre. Je suis certaine q-qu'elle avait observé toute la scène. Voilà… En c-conclusion, j'ai c-causé un terrible scandale, et j'ai p-pensé q-que je ne pouvais faire mieux que de vous en avertir, au risque de subir votre c-colère, parce que je ne supporterais pas q-que vous tinssiez de q-quelqu'un d'autre cette lamentable histoire.

Le comte avait tout écouté sans manifester la moindre émotion. Le récit terminé, il s'approcha d'Horatia, et, au grand étonnement de celle-ci, il lui prit la main pour la porter à ses lèvres en disant :

— Mes compliments, Horry. Vous m'avez étonné.

Puis il marcha vers un bureau qui se trouvait devant la fenêtre, prit dans sa poche une clé au moyen de laquelle il ouvrit un tiroir. Il en tira quelque chose qu'il revint poser dans la main d'Horatia : la boucle de cheveux ! Sidérée, elle la regarda longuement, puis, levant les yeux vers son mari, elle lui demanda :

— C-Comment êtes-vous entré en p-possession de ceci ?

— Je l'ai gagnée, répondit-il en riant.

— G-Gagnée ? répéta-t-elle. Gagnée c-contre q-qui ?

— Contre vous, bien sûr ! Contre qui d'autre aurais-je pu gagner cette boucle de cheveux ?

La voix de la jeune fille s'étrangla :

— Rule ! C'était d-donc v-vous ?

— Evidemment, c'était moi ! Franchement, pouvais-je vous laisser perdre contre Lethbridge ?

— Oh ! s'écria Horatia, des sanglots dans la voix. Je vous suis si reconnaissante... Mais je ne c-comprends toujours pas. C-Comment saviez-vous ? Et d'abord, où étiez-vous ?

— Tout près de vous, pendant le souper, Horry.

— L'homme en d-domino noir ? C'était vous ? Et c'est vous q-qui avez marché sur ma robe, exprès ?

Il expliqua, comme en s'excusant :

— Il fallait vous éloigner de Lethbridge pendant un moment, n'est-ce pas ?

Horatia hocha la tête. Elle revécut les événements de la soirée à la lumière de ce qu'elle venait d'apprendre, et murmura :

— Oui, bien sûr... Le stratagème était fort habile, ma foi. Et q-quand je suis revenue, j'ai trouvé votre voix changée, p-parce que c'était vous.

— C'était bien moi. Je crois pouvoir dire que j'ai imité Lethbridge de façon assez convaincante, tout en reconnaissant que le brouhaha m'a beaucoup aidé.

— C-Comment avez-vous convaincu R-Robert d'échanger son d-domino avec le vôtre ?

Rule éclata de rire.

— En fait, ce n'était pas un échange réellement accepté de sa part. Je le lui ai pris, et j'ai caché le mien dans un bosquet.

— Et cela ne l'a-t-il pas ennuyé ?

— Maintenant que vous me le demandez, je vous avouerai que j'ai oublié de lui poser la question.

— M-Marcus, l'avez-vous obligé à vous d-donner ce domino ?

— Non, je l'ai pris.

— Vous l'avez p-pris, mais p-pourquoi vous l'a-t-il donné ?

— En vérité, il n'avait pas tellement le choix.

Horatia s'accorda un nouveau moment de réflexion, et elle arriva à la seule conclusion possible.

— Vous voulez dire q-que vous avez p-pris ce domino p-par la force, n'est-ce pas ? Et il n'a p-pas résisté ? Q-qu'est-il advenu de lui, ensuite ?

— Je suppose qu'il est rentré chez lui.

— R-Rentré chez lui ! C'est t-tout ce q-que vous t-trouvez à dire ?

— Je ne vois pas ce qu'il aurait pu faire d'autre... J'ai oublié de vous dire qu'il avait eu la malchance de tomber dans le bassin aux nénuphars.

Horatia écarquilla les yeux.

— Rule ! L'avez-vous p-poussé ?

Sans aucune gêne, le comte expliqua :

— Voyez-vous, il fallait réellement que je le misse hors-jeu. Le bassin aux nénuphars m'a fourni une occasion dont j'ai su profiter.

Horatia se mordit la lèvre. Elle avait maintenant envie de rire. Elle se retint autant qu'elle put, puis pouffa et s'exclama :

— Oh, Rule, c-comme je regrette d-de n'avoir p-pas assisté à cette scène !

Puis une pensée lui vint, et elle demanda avec inquiétude :

— Il ne va p-pas vous d-demander réparation, au moins ?

— Hélas, je crains que les usages ne le lui interdisent, car voyez-vous, Horry, vous êtes mon épouse, ce qui le met dans une position un peu délicate.

Cette réponse ne la satisfit pas. Elle insista.

— Et s'il lui p-prenait envie de vous c-causer quelque tort ?

— Je ne pense pas qu'il y réussirait.

— P-Peut-être, mais je vous en supplie cependant, M-Marcus : soyez sur vos gardes.

— Je vous jure, ma chère amie, que vous ne devez avoir aucun souci pour moi.

Cette affirmation ne parut pas la rassurer entièrement, mais elle s'en tint là et changea de sujet.

— Il faudrait p-peut-être q-que vous dissiez à Lady Massey que j'étais avec vous.

Rule cessa alors de sourire, et il répondit :

— Lady Massey ne doit pas vous inquiéter, en aucune façon, Horry.

Non sans difficulté, elle insista :

— Je pense... je p-pense que vous devriez q-quand même le lui dire... Je préférerais. Elle m'a regardée d'une telle façon que j'ai pensé...

— Il ne sera pas nécessaire que je dise quoi que ce soit à Lady Massey. A mon avis, elle ne se risquera pas à raconter ce qu'elle a vu hier soir.

— Si je c-comprends bien, elle savait q-que c'était vous ?

— Elle le savait, en effet.

Horatia intégra cette nouvelle donnée avant de demander :

— Me l'auriez-vous d-dit si je ne vous avais p-pas tout raconté ?

— Pour être franc avec vous, Horry, non. Et pardonnez ma stupidité, mais je ne pensais pas que vous me raconteriez quoi que ce soit.

Horatia avoua ingénument :

— Je ne c-crois pas q-que je me serais c-confiée à vous si Lady Massey ne m'avait p-pas vue. Ensuite, je suppose que R-Robert ne m'aurait rien dit, par peur du ridicule, ce qui peut se c-comprendre... D'ailleurs, j'avais l'intention de ne p-plus jamais lui adresser la parole. Maintenant il m'apparaît q-qu'il ne s'est pas aussi mal c-conduit que je le p-pensais, puisque c'était vous qui... Cela dit, il n'aurait p-pas dû me proposer cet enjeu, vous ne c-croyez pas ?

— Je le crois, en effet.

— En tout cas, il ne sera pas mon ami... Cela vous ennuierait-il, Rule, q-que je continue à le saluer ?

— Pas du tout ! Moi-même je le salue, vous savez. Je suis toujours très poli, y compris avec lui.

Horatia émit cette objection :

— Je ne c-crois pas qu'il soit très p-poli de p-pousser q-quelqu'un dans un bassin.

En même temps, elle jeta un coup d'œil sur la pendule et s'écria :

— Oh, d-déjà ? J'avais p-promis à Louisa q-que je sortirais avec elle !

Elle prit le chemin de la porte, mais s'arrêta pour dire :

— Il y a q-quelque chose q-qui m'énerve beaucoup, c'est q-que vous m'ayez laissée gagner la d-deuxième manche.

Rule se mit à rire, prit les mains de sa femme et l'attira à lui pour proposer :

— Horry, si nous oubliions Louisa ?

Aussitôt plus timide, Horatia rougit et répondit, en détournant le regard :

— N-Non, ce n'est pas p-possible, il faut vraiment q-que je m'en aille, surtout q-que Louisa n'a p-pas encore vu mon nouveau landau.

*
* *

Lady Louisa admira comme il se devait ce landau qui sortait tout juste de chez le carrossier. Elle le jugea aussi confortable que beau. Alors qu'elles s'installaient dans l'habitacle, elle déclara fort aimablement qu'elle n'était pas du tout froissée d'avoir dû attendre plus d'une demi-heure. Elle avait quelques courses à faire dans Bond Street, c'est donc cette direction qu'Horatia indiqua à son cocher. Confortablement installées, ces dames parlèrent chiffons, en particulier des rubans qu'il convenait de porter avec une robe de bal. Elles comparèrent longuement les mérites des rubans à la mode, tous parés de noms en français : *A l'instant*, *A l'attention*, *Au soupir de Vénus*. Elles n'avaient pas encore épuisé tous leurs arguments quand le landau s'arrêta devant chez la modiste où elles avaient l'intention d'acheter les fleurs artificielles au moyen desquelles Lady Louisa espérait rendre *passable* un chapeau acheté deux jours auparavant et qu'elle avait déjà en horreur.

Il était naturellement impossible à Horatia d'entrer chez une modiste sans faire quelques emplettes. Les fleurs ayant été choisies, elle essaya un grand nombre de chapeaux et finit par se décider pour une énorme composition à base de mousseline raide et appelée, non sans raison, *Grandes Prétentions*. La modiste proposait également une écharpe dans la même matière, dont Horatia ne crut pas devoir faire l'économie. Il sembla de même qu'elle ne saurait résister à un bonnet *A la glaneuse* aperçu juste au moment où elle quittait la boutique, mais elle y renonça pourtant, Lady Louisa lui ayant fait remarquer que ce couvre-chef lui donnait un air guindé.

Horatia ne laissait pas d'être toujours un peu nerveuse en présence de sa belle-sœur, dont elle pensait qu'elle désapprouvait ses dépenses somptuaires, mais Lady Louisa se montra charmante, et c'est tout juste si son regard trahit, parfois, l'étonnement que suscitaient en elle certaines acquisitions de la jeune fille. Celle-ci se sentait donc beaucoup plus à l'aise au moment de remonter dans le landau, et c'est précisément ce que désirait Lady Louisa. Désignant le cocher, elle demanda à voix basse :

— Croyez-vous qu'il entende ce que nous disons ?

— P-Pas du tout ! répondit Horatia avec assurance. Il est sourd comme un p-pot. N'avez-vous p-pas remarqué q-que je devais hurler mes ordres ?

— Personnellement je préfère les voitures couvertes, reprit Lady Louisa, mais puisque vous m'assurez que votre cocher est sourd, je voudrais vous dire quelque chose. Voici de quoi il s'agit... Ce n'est pas que cela m'amuse, mais je sais que Rule ne dira jamais rien.

— Vraiment ? fit Horatia, qui ne souriait plus.

— Je déteste les gens qui se mêlent de ce qui ne les regarde pas, mais il me semble que vous avez le droit de savoir pourquoi vous ne devez pas vous lier d'amitié avec Lord Lethbridge.

— Je le sais ! affirma Horatia. Sa réputation...

— Sa réputation n'a rien à y voir, ma chère. Rule ne vous dira rien, parce qu'il ne voudrait jamais me trahir, ce qui part d'un bon sentiment, et je lui en suis reconnaissante.

Horatia écarquilla les yeux.

— Vous t-trahir, Louisa ?

Lady Louisa hocha la tête, puis, penchée vers sa jeune belle-sœur, elle lui conta, d'une voix contenue, les événements survenus certain printemps, sept années plus tôt.

13.

Au même moment que Lady Louisa se confiait à Horatia, Lord Lethbridge entrait dans une maison sise Hertford Street. Ayant dit au valet qu'il était attendu, il prit l'escalier pour entrer dans un salon où Lady Massey l'attendait avec impatience.

— Chère amie, dit-il en refermant la porte derrière lui, votre invitation me flatte au plus haut point, mais pourquoi tant de hâte à vouloir ma visite ?

— Vous avez reçu mon billet ?

— Si tel n'était pas le cas, chère Caroline, je ne serais pas ici car il n'est pas dans mes habitudes de rendre visite aux dames le matin.

Lord Lethbridge chaussa ses lorgnons, examina son hôtesse et reprit :

— Permettez-moi de vous dire, très chère, que vous avez quelque peu perdu de votre superbe. Avez-vous des ennuis ?

Elle fit un pas vers le visiteur pour demander à brûle-pourpoint :

— Robert, que s'est-il passé hier soir, au Ranelagh ?

Lord Lethbridge tressaillit de façon imperceptible et ses doigts se crispèrent sur ses bésicles. Il marmonna :

— Au Ranelagh… eh bien, c'est-à-dire que…

Lady Massey prit un ton cassant.

— Inutile de tergiverser, mon cher. J'y étais. Je vous ai vu en compagnie de la petite sotte. Je vous ai vu entrer dans le pavillon. Que s'est-il passé ensuite ?

Lord Lethbridge laissa tomber ses bésicles et plongea sa main dans sa poche pour y prendre sa tabatière. Il y préleva une pincée avant de déclarer :

— Puis-je me permettre de vous demander en quoi cela vous intéresse ?

— Certainement. Quelqu'un a vu un domino écarlate entrer dans un salon de jeu. J'y suis allée sur la terrasse pour regarder à l'intérieur, ce qui était possible, les rideaux n'étant pas suffisamment tirés. Je vous ai vu — du moins je pensais que c'était vous — prélever une mèche de cheveux sur la tête de la petite sotte. Puis il y a eu le baiser. Puis elle s'est enfuie. J'ai voulu alors vous faire quelques remarques au sujet de ce baiser, mais j'ai découvert que je parlais à Rule, non à vous.

La tabatière se referma avec un bruit sec. Lord Lethbridge déclara en se forçant à rire :

— Quelle surprise, n'est-ce pas ? Je suppose que vous vous êtes trahie…

Lady Massey prit un ton larmoyant.

— Je croyais avoir affaire à vous ! J'ai dit… peu importe ce que j'ai dit ! Ensuite, il a enlevé son masque. J'ai cru m'évanouir !

Lord Lethbridge se fit cynique.

— Très intéressant ! J'espère que cette petite aventure vous servira de leçon, et que vous ne vous mêlerez plus de mes affaires. Comme je regrette de ne pas avoir été là à ce moment ! J'aurais aimé vous voir.

Lady Massey s'empourpra et, pour dissimuler quelque peu son trouble, elle alla s'asseoir un peu plus loin, avant de reprendre :

— Vous êtes toujours aussi méchant, Robert. Maintenant, je n'ai pas la berlue, et c'est bien vous que j'ai vu hier soir au Ranelagh, en domino écarlate. Il n'y en avait pas d'autre, à ma connaissance.

— Il n'y en avait pas d'autre, confirma Lord Lethbridge avec un sourire mauvais. Quelle soirée instructive notre ami Rule a-t-il dû passer ! Vous ne croyez pas ? Et quelle sotte vous avez été, Caroline ! Vous ne croyez pas ? Je serais curieux de savoir ce que vous lui avez dit.

— Cela n'a aucune importance ! Peut-être lui avez-vous prêté votre domino ? Cela vous ressemblerait bien !

— Non, cela ne me ressemble pas du tout, et vous vous trompez complètement ! Ce domino m'a été pris par force.

Un sourire ironique se dessina aux lèvres de Lady Massey.

— Et vous vous êtes laissé faire ? Vous avez consenti que Rule prît votre place auprès de la petite sotte ?

— Je n'avais pas le choix, ayant été éliminé de la manière la plus radicale qui fût. Je dis bien, *éliminé*, Caroline.

— On dirait que vous prenez l'affaire avec flegme.

— Evidemment ! Mais je peux grincer des dents, si cela vous fait plaisir !

Lady Massey arrangea les plis de sa robe avant de reprendre :

— Pensez-vous que cette affaire mette fin à vos entreprises, en ce qui concerne la petite sotte ?

— Je suis désolé de devoir vous le dire aussi brutalement, mais la réponse est oui.

Alors Lady Massey se tordit les mains, et c'est d'un ton dramatique qu'elle lança :

— Robert, je suis très contrariée !

— Je le conçois aisément. En ce qui me concerne, tous mes plans sont bouleversés, ce qui ne veut pas dire que je sois abattu. Je ne me laisse jamais abattre.

La jeune femme regarda son visiteur avec intérêt. Elle lui trouva un air enjoué, des yeux brillants. Elle s'en étonna.

— Quelles sont vos intentions ? On dirait que votre échec ne vous chagrine pas.

Très détendu, Lord Lethbridge expliqua :

— Quand un plan échoue, on peut toujours en échafauder d'autres, n'est-ce pas ? Enfin, moi je peux, et vous pas. J'en suis d'ailleurs désolé pour vous, car Rule vous aurait été si utile...

Il observa Lady Massey et ajouta, plus gravement :

— Oh, Caroline, ne me dites pas que vous l'aimez vraiment ? Ce serait très peu judicieux.

Elle se leva.

— Robert, vous êtes un homme abominable ! Vous ne comprenez rien ! Peu importe, il faut que je le voie. Il faut qu'il consente à me voir !

Lord Lethbridge devint franchement cynique.

— Faites tout ce que vous voulez ! Harcelez Rule ! Ne le laissez plus en repos. Il détestera cela, mais ce n'est pas ainsi que vous le ramènerez à vous, ma pauvre amie. Vous savez, je crois le connaître assez bien. Mais aimeriez-vous le voir humilié ? Si oui, je vous promets satisfaction sur ce point.

— Non, dit Lady Massey en marchant vers la fenêtre.

Derrière elle, Lord Lethbridge haussa les épaules.

— Je vous assure que pour moi, c'est devenu une véritable obsession.

Comme elle ne répondait pas, il alla se placer derrière elle.

— Vous n'êtes pas d'une compagnie très agréable, ce matin. Alors je vous laisse, Caroline. Faites une bonne scène à Rule, et ensuite je reviendrai vous voir pour que vous me racontiez tout.

Il lui prit la main, la baisa.

— Au revoir, amie très chère !

Sur ce, il quitta la pièce en chantonnant.

Il rentrait chez lui, à pied par les rues de Londres, quand il aperçut le landau de Lady Rule qui venait vers lui. Elle aussi l'avait vu et elle parut indécise. Il ôta son chapeau et attendit que le véhicule s'arrêtât à sa hauteur. Il s'arrêta, en effet, et au premier regard Lord Lethbridge comprit que Lady Rule avait une parfaite compréhension de ce qui s'était passé la veille au Ranelagh. Elle avait les yeux brillants d'une joie intérieure qui l'agaça, mais il n'en laissa rien paraître.

— Hélas, déclama-t-il, le mari jaloux est venu mettre un terme à la plaisante soirée !

Horatia approuva.

— Il est malin, n'est-ce p-pas ?

— Expéditif aussi ! Complimentez-le de ma part.

Horatia jugea qu'il faisait preuve d'un excellent humour et elle s'apprêtait à l'en féliciter, mais il poursuivit :

— Cela dit, je m'en veux un peu de m'être laissé berner aussi facilement. Ah, si j'avais été averti de la présence de Caroline Massey, c'eût été une autre affaire, n'est-ce pas ? Je me serais tenu sur mes gardes.

La flèche atteignit son but, comme il l'espérait. Moins souriante, Horatia se redressa sur son siège et demanda :

— Lady M-Massey ?

— Ne l'avez-vous pas vue vous-même ? Ah, je suppose que non... J'ai l'impression qu'elle a uni ses efforts à ceux de Rule pour ruiner notre soirée. Reconnaissons qu'ils y ont parfaitement réussi.

— Ce n'est p-pas vrai ! clama Horatia.

— Mais...

Lord Lethbridge s'interrompit, s'inclina et se reprit :

— Bien sûr que non, Milady.

— P-Pourquoi avez-vous dit cela, alors ?

— Ma chère amie, je vous demande mille fois pardon ! N'y pensez plus.

— Qui vous l'a dit ?

— Personne ne me l'a dit, répondit-il en souriant. Je pensais simplement que notre chère Massey avait une bonne connaissance de ce qui s'était passé hier soir, et qu'elle avait pris part aux réjouissances, mais j'avais tort, voilà tout !

— Vous aviez t-tort, en effet ! Je d-demanderai à Rule.

— Excellente idée, Milady. Je vous le conseille. Si cela peut vous mettre l'esprit en repos… Sur ce, je vous souhaite une bonne journée !

Et Lord Lethbridge reprit son chemin, en se flattant d'avoir lancé une flèche empoisonnée qui aurait d'excellents effets.

Il ne se trompait pas. Horatia, qui rentrait chez elle, ne pensait qu'à Lady Massey et se disait que, contre une rivale d'une telle beauté, elle n'avait aucune chance de succès. Crosby Drelincourt lui avait déjà dit, d'une façon oblique qui était bien dans ses manières, que Lady Massey était la maîtresse de Rule, mais c'était de Thérésa Maulfrey que la jeune fille tenait les informations les plus consistantes.

Mme Maulfrey n'avait jamais beaucoup aimé sa jeune cousine, mais elle avait fait beaucoup d'efforts pour devenir son amie une fois que celle-ci était devenue comtesse. Horatia, qui avait de longtemps cerné le personnage, savait que penser de ces nouvelles démonstrations d'intérêt, *intérêt* étant d'ailleurs le mot qui convenait parfaitement en l'occurrence. Ainsi que Charlotte l'avait très bien deviné, Mme Maulfrey avait tenté de s'impatroniser auprès de la toute nouvelle comtesse, puis, comprenant que la jeune comtesse ne voulait pas se laisser subjuguer, elle n'avait pu résister à la tentation de rapporter de méchantes rumeurs, pour se venger.

Elle avait rappelé que Rule, en véritable homme du monde, se devait d'avoir des amours multiples, mais surtout un amour dont il ne pouvait se défaire. Horatia en avait retiré l'impression que son mari était l'esclave de Lady Massey depuis de nombreuses années. Mme Maulfrey s'était encore donné le plaisir d'ajouter qu'un homme comme Rule ne changeait pas sa manière de vivre à cause d'une épouse à peine sortie de l'enfance. Elle l'avait décrit comme un amant expérimenté, très recherché par les femmes avides de sensations extraordinaires. Ayant assimilé ces révélations, Horatia avait supposé que son mari lui ferait peut-être l'amour, dans quelque temps, quand il n'aurait plus de danseuse ou de veuve à se mettre sous la dent. Elle n'ignorait pas que les hommes avaient des mœurs étranges, incompréhensibles... Cela dit, elle avait épousé Rule en lui promettant de ne pas le harceler, elle n'avait donc pas à se plaindre maintenant. Elle ferait bonne figure.

Donc le comte de Rule, qui s'était mis à courtiser sa jeune épouse, la trouvait très amicale, toujours très gaie, mais terriblement fuyante. Il avait l'impression, très désagréable, qu'elle le considérait comme un frère plutôt que comme un mari.

Lady Louisa l'entreprit avec franchise sur ce sujet, et elle lui déclara tout de go :

— Vous êtes bien parti pour perdre la tête à cause de cette enfant ! Je ne vous comprends pas ! Pourquoi ne lui faites-vous pas l'amour, une bonne fois pour toutes ? Vous réussissez avec toutes les femmes, alors pourquoi pas avec celle-ci ? Je ne comprends pas.

— C'est que vous êtes ma sœur, répondit le comte, tout sourire.

— Cela vous dérangerait-il de parler un peu sérieusement ? demanda la jeune femme irritée. Encore une fois, faites l'amour à votre épouse ! Et d'abord, pourquoi n'est-elle pas amoureuse de vous ?

— Peut-être parce que je suis trop vieux pour elle.

Une semaine plus tard, le comte devait se rendre dans sa campagne, à Meering, dans le comté de Berkshire. Il suggéra à Horatia de l'accompagner. Peut-être la jeune fille aurait-elle accepté si Lady Massey n'avait pas gâché sa soirée de la veille. Mais elle était allée aux jardins de Vauxhall avec Rule ; Lady Massey aussi.

La soirée avait été très agréable jusqu'à l'excellent souper, pris dans un kiosque, au son de la musique. Puis Horatia avait quitté la table avec M. Dashwood, Pelham et Miss Lloyd pour aller admirer la cascade, tandis que Rule s'en allait de son côté pour saluer quelques amis. Horatia l'avait vu s'engager dans une allée en compagnie de Sir Topham. Vingt minutes plus tard, elle l'avait revu, cette fois dans l'allée des Amoureux — ironie du sort ! —, avec Lady Massey, qui le serrait de près et avait pour lui des regards propres à faire fondre une statue de bronze. Elle s'enhardissait même à poser les mains sur les épaules de Rule ! Horatia l'avait vue, de ses yeux vue !

Ne pouvant supporter cet indigne spectacle très longtemps, elle avait tout de suite détourné le regard et déclaré à M. Dashwood qu'elle aimerait bien prendre un autre chemin. Elle espérait que celui-ci n'avait rien vu... Quant à Miss Lloyd et Pelham, ils se trouvaient loin derrière.

Quand Rule, le lendemain matin, rendit visite à sa femme qui prenait le petit déjeuner dans son lit, il la trouva d'humeur difficile. Il lui proposa d'aller à Meering. Le nez dans son bol de chocolat, elle répondit qu'elle ne pouvait pas. Pourquoi ? D'abord parce qu'elle avait mille obligations et que, d'autre part, elle trouvait la campagne fort ennuyeuse.

— Voilà qui n'est pas très gentil pour moi, déclara Rule avec un petit sourire. Vous m'abandonnez ?

— Vous ne p-partez que p-pour une semaine, expliqua-t-elle. En outre, je n'ai p-pas envie de préparer des bagages pour un si court séjour ; trop de fatigue p-pour p-peu de chose. J'irai avec vous après les rencontres de Newmarket, si, t-toutefois, nous n'allons pas à Bath.

— Je préférerais que vous veniez avec moi maintenant, soupira Rule.

Et Horatia soupira à son tour, d'une voix de martyre :

— Très bien ! P-Puisque vous insistez ! Si vous dites q-que je dois y aller, j'irai !

Il se leva et protesta.

— Certainement pas dans ces conditions, Horry !

Boudeuse, elle reprit :

— Rule, si v-vous avez des reproches à formuler, n'hésitez p-pas ! Je ne veux p-pas être une mauvaise épouse.

— Ai-je donc l'air fâché contre vous ?

— Non, pas vraiment… q-quoique je ne sache jamais ce q-que vous pensez.

Il éclata de rire.

— Pauvre Horry, ce doit être si difficile pour vous ! Restez donc en ville puisque vous le désirez ainsi. Vous avez sans doute raison. Vous savez qu'Arnold a l'intention de me poursuivre à Meering ? Il a, paraît-il, des affaires urgentes à traiter avec moi.

D'un doigt sous le menton de sa jeune épouse, il l'obligea à lever les yeux vers lui et ajouta :

— Vous ne jouerez pas toute ma fortune en mon absence, n'est-ce pas ?

— Je serai très sage, promit Horatia. Et ne craignez p-pas que je relance Lord Lethbridge, car Lady Louisa m'a tout dit à son propos. Je sais p-pourquoi je ne dois p-plus le fréquenter.

— Je ne le crains plus, conclut Rule.

Il se pencha sur Horatia et lui donna un baiser.

14.

Donc, le comte de Rule partit pour Meering avec M. Gisborne, tandis qu'Horatia restait à Londres et tâchait de se convaincre que son mari ne lui manquait pas. Si elle n'y réussit pas, personne n'eût pu en juger d'après son comportement. La grande maison de Grosvenor Square lui paraissant trop vide et trop triste, elle passa le plus de temps possible à l'extérieur. On la vit partout, aux soirées, aux bals, aux jeux divers et, vraiment, elle ne donnait pas du tout l'impression de se languir de son mari. Sa sœur Charlotte, qui l'accompagnait, se plaignait de sa « frivolité exacerbée », qu'elle trouvait « difficilement supportable ».

Horatia n'eut aucune difficulté à tenir Lord Lethbridge à distance. Ils se rencontrèrent naturellement lors d'un grand nombre d'occasions mondaines. Il la trouvait aimable mais très guindée, sans vraiment s'en étonner, et il accepta — de bon gré semblait-il — de perdre le statut d'ami pour être relégué au rang de simple connaissance. De son côté, Horatia n'éprouvait aucune nostalgie, et plus aucune attirance équivoque. Quel charme pouvait-elle encore trouver à un homme qui s'était laissé précipiter dans le bassin aux nénuphars ? Regrettant seulement de n'avoir pas pu se mesurer à lui aux cartes, elle commençait tout simplement à l'oublier.

Or il advint que Lord Lethbridge attira de nouveau l'attention d'Horatia, d'une manière inattendue et odieuse.

Une soirée fort divertissante se donnait chez le duc de Richmond, dans les jardins brillamment illuminés ainsi que dans les appartements où l'on servait le souper. Puis un feu d'artifice avait été tiré sur la rivière, pour le plus grand plaisir des invités et des centaines de curieux qui s'étaient rassemblés aux alentours. Le spectacle venait tout juste de se terminer que la pluie se mit à tomber. La bonne société se réfugia en courant dans les appartements, où l'on se remit incontinent à danser.

Horatia n'avait pas voulu prolonger la soirée. Il lui suffisait d'avoir vu le feu d'artifice. Elle n'irait pas danser, non parce que la sagesse le lui recommandait, mais parce qu'elle portait des souliers neufs qui lui martyrisaient les pieds. Elle fit appeler son cocher alors que minuit venait de sonner et, bien décidée à partir, elle résista aux sollicitations de M. Dashwood, qui eût tant aimé la retenir encore un peu.

En outre elle devait reconnaître qu'elle ne s'était pas vraiment amusée. Il lui avait paru très difficile de danser et de bavarder alors qu'elle se demandait tout le temps ce que faisait certain gentleman, à des miles de là, dans le comté de Berkshire. Ces pensées avaient fini par l'obnubiler et lui donner mal à la tête. Rencognée dans l'habitacle de son carrosse, elle ferma les yeux pour réfléchir. Rule ne devait pas revenir avant plusieurs jours… Et si elle lui faisait la surprise d'aller le retrouver, le lendemain, à Meering ? Non, impossible… et puis d'abord, elle allait faire reporter ces souliers chez le bottier et en exiger une nouvelle paire en remplacement, moins difficile à porter… Elle aurait aussi des remontrances à faire au coiffeur, qui semblait s'être donné pour mission de la torturer ! Tant d'épingles dans ses cheveux étaient-elles nécessaires ? Et il lui avait mis trop de plumes, qui la vieillissaient. Miss Lloyd n'était pas exempte de reproches non plus, qui avait conseillé cette soie beaucoup trop rouge, beaucoup trop voyante. Horatia se promit de dire son fait à Miss Lloyd dès le lendemain matin.

Le carrosse s'arrêta brusquement. Horatia sursauta et ouvrit les yeux. Il pleuvait à seaux maintenant, et un valet accourait avec un parapluie. La pluie semblait avoir éteint les flambeaux qui, normalement, brûlaient en permanence de chaque côté de la porte d'entrée. La nuit était noire, l'obscurité complète, les nuages ayant masqué le croissant de lune visible au début de la soirée.

Horatia ramena sur elle les pans de son manteau, remonta son col de mousseline et, tenant sa robe d'une main, elle sortit du carrosse, posa le pied sur le trottoir mouillé. Sous l'abri du parapluie que le valet tenait au-dessus de sa tête, elle se hâta vers l'escalier du perron, franchit la porte qui claqua derrière elle.

C'est alors, seulement, qu'elle prit conscience de son erreur. Elle poussa un cri de surprise et regarda autour d'elle. Elle ne reconnaissait pas les lieux. Elle n'était pas chez elle. Le valet au parapluie n'était pas un serviteur de Rule. Affolée, elle lui dit :

— Q-que se p-passe-t-il ? Je ne suis pas chez moi… Rouvrez cette porte, je vous p-prie.

Entendant un bruit de pas derrière elle, elle se retourna et vit Lord Lethbridge qui s'exclama :

— Soyez la bienvenue, Milady.

Il ouvrit une porte donnant accès à un salon et s'inclina.

— Si vous voulez bien vous donner la peine…

Horatia resta immobile. Passé le moment de surprise, elle sentait la colère bouillonner en elle. D'une voix hautaine, elle demanda :

— Je ne c-comprends pas. Q-que signifie cette p-plaisanterie, Sir ?

— Je vous l'expliquerai quand vous serez entrée dans ce salon, répondit Lord Lethbridge.

Le valet au parapluie semblait monter la garde dans le vestibule. Ne voulant pas se donner en spectacle en laissant éclater sa colère, Horatia entra dans le salon. Découvrant une pièce brillamment éclairée, une table préparée pour un souper froid, elle déclara :

— Si vous donnez une réception, Sir, je ne c-crois pas y être invitée et ne désire p-pas l'être.

— Ce n'est pas à proprement parler une réception, lui répondit Lord Lethbridge. Il n'y a que vous et moi, ma chère.

— Vous avez p-perdu la raison ! reprit-elle en le regardant avec plus de perplexité que de colère. Il va de soi q-que je n'accepterai jamais de souper avec vous en tête à tête. Reconduisez-moi à ma voiture, je vous p-prie. Je suppose q-que vous avez grassement p-payé mon cocher p-pour qu'il m'amène ici ?

Lord Lethbridge éclata de rire.

— Votre voiture est partie et votre cocher dort sous une table, dans une taverne de Whitehall. C'est un homme à mon service qui vous amenée ici. Ne trouvez-vous pas que c'est un plan joliment conçu ?

Horatia, alors, laissa éclater sa colère.

— C'est un p-plan monstrueux ! Et d'abord, je ne crois p-pas q-que vos gens aient p-pu enivrer mon cocher et le détourner de son devoir. C-Croyez-vous que Rule ait à son service des gens aussi p-peu fiables ? Il faut donc q-que vous ayez usé de voies de fait sur mon cocher. Je vous dénoncerai à la p-police et vous devrez rendre des c-comptes à la justice !

— J'espère bien ! répondit Lord Lethbridge en riant de plus belle. Mais, franchement, espérez-vous que la police tiendra grief à mon valet d'avoir payé une chope à votre cocher ? C'est tout ce qu'a bu ce brave homme, et je pense qu'il se fera un devoir de le confirmer.

— Une seule ch-chope ? murmura Horatia décontenancée.

— Eh oui…

La lumière se fit dans son esprit.

— Cette b-bière était droguée !

— Exactement, fit Lord Lethbridge en souriant. Maintenant, puis-je vous prier de me donner votre manteau ?

— Il n'en est pas q-question ! s'écria Horatia. Vous êtes

c-complètement fou ! Si vous n'avez p-pas la décence de m'appeler un f-fiacre immédiatement, je rentre chez moi à p-pied !

Lord Lethbridge prit un air apitoyé.

— Je pensais que vous aviez compris, Horry. Vous ne rentrez pas chez vous de la nuit.

— Je ne rentre… Oh ! Vous êtes encore p-plus fou que je ne le p-pensais !

— C'est exact. J'ai été rendu fou par la passion, mon amour.

Lord Lethbridge tendit la main pour prendre le manteau. Horatia s'enflammait.

— Je vous interdis de m'appeler « mon amour » ! P-Pourquoi essayez-vous de ruiner ma réputation ?

Après un soupir théâtral, l'homme expliqua :

— Je suis prêt à vous enlever. Nous irons où vous voudrez. Si vous refusez, vous passerez de toute façon la nuit dans ma maison et, demain, vous raconterez l'histoire qu'il vous plaira pour expliquer votre disparition momentanée.

— Vous avez p-pour habitude d'enlever des femmes, n'est-ce p-pas ?

Lord Lethbridge fronça les sourcils avant de répondre :

— Ah ! Je comprends qu'on vous a raconté cette histoire… Eh bien, disons que j'ai l'habitude d'enlever les femmes de votre famille.

Horatia objecta :

— Moi, je suis une Winwood, ce q-qui fait une grande différence. Vous ne p-pouvez me forcer à p-prendre le large avec vous.

— Je n'essaierai pas de vous forcer, répondit froidement Lord Lethbridge. Cependant, je crois que nous nous entendrions à merveille, vous et moi. Il y a en vous, Horry, un je-ne-sais-quoi qui me fascine. De mon côté, je sais que je vous intéresse.

Horatia, perplexe, ayant écouté ces fadaises la tête un peu penchée, posa cette question :

— Seriez-vous ivre, p-par hasard ?

— Raisonnablement, répondit Lord Lethbridge. Allons, donnez-moi votre manteau, maintenant !

Il s'avança, elle recula. Il bondit sur elle et réussit à lui arracher le manteau. Faisant retraite de quelques pas, il la regarda, les yeux mi-clos, et émit ce jugement :

— On ne peut pas dire que vous soyez vraiment belle, mais séduisante, oui, vous l'êtes sans contestation possible.

Il se rapprocha de nouveau. Horatia mit les mains en avant et s'écria avec horreur :

— Ne m'approchez p-pas !

Il ricana et répéta en l'imitant :

— Ne m'approchez p-pas !

Il s'approcha. Elle essaya de lui échapper mais il l'attrapa et l'attira rudement à lui, avant de resserrer ses bras sur elle. Elle se débattit. La lutte fut rude. Horatia réussit à libérer une de ses mains et put ainsi lui administrer une gifle retentissante. L'homme rugit et se montra plus brutal pour reprendre le contrôle de la situation et donner un baiser suffocant. Une fois encore, elle réussit à reprendre un peu de liberté de mouvement, ce qui lui permit de planter son talon dans le pied de son adversaire. Elle le vit grimacer de douleur. Il relâcha son étreinte. Elle put alors se libérer vraiment, au prix de son corsage qu'elle entendit se déchirer. L'instant d'après, elle se trouvait de l'autre côté de la table. Lethbridge massait son pied endolori et il riait en disant :

— Mais c'est qu'on se mettrait en colère ! Une vraie petite tigresse ! Je n'en espérais pas tant et je commence à me demander si je vais vraiment vous renvoyer à votre imbécile de mari. Et inutile de me faire ce regard, mon petit. Je ne vais pas m'amuser à vous poursuivre autour de cette table. Asseyez-vous plutôt. Nous allons parler.

Persuadée qu'il était devenu complètement fou, Horatia avait grand peur maintenant. Elle ne le quittait pas de l'œil tout en réfléchissant au moyen de se sortir de ce mauvais pas, et il lui parut que la ruse s'imposait. Tâchant de paraître aussi calme que possible, elle répondit :

— Si vous v-vous asseyez, je m'assiérai aussi.

— Eh bien, voyons ! répondit Lord Lethbridge.

Il tira une chaise, se laissa tomber dessus. Horatia hocha la tête et imita son exemple. Puis elle entreprit de plaider.

— Je vous en p-prie, Milord, essayez d'être raisonnable ! N'essayez p-pas de me convaincre q-que vous êtes tombé amoureux de moi, p-parce que je ne le croirai p-pas. P-Pourquoi m'avez-vous attirée ici ?

La réponse, brutale, fusa.

— Pour prendre votre vertu. Vous voyez, je suis franc avec vous.

— Dans ce c-cas, je vais être franche avec vous aussi, répondit Horatia avec un sourire fin. Vous p-pensez q-que vous réussirez à me violer, mais cela vous sera impossible, c-car je suis plus près de la p-porte q-que vous.

— C'est vrai, mais elle est fermée à clé et la clé est dans ma poche, reprit l'homme en tapotant sa poche, l'air très content de lui.

— Vous ne jouez p-pas franc jeu !

— Jamais dans les jeux de l'amour.

Horatia essaya le ton de la réprimande.

— Et si vous cessiez de p-parler d'amour à tout p-propos ? Cela m'agace énormément.

— Ma chère, je vous jure que je suis plus amoureux de vous à chaque seconde qui passe.

Elle haussa les épaules.

— Si vous m'aimiez, ne serait-ce q-qu'un tout p-petit peu, vous ne m'infligeriez p-pas cette scène pénible. En outre je vous rappelle q-que si vous me violez, vous irez en prison, à c-condition q-que Rule ne vous tue pas.

— Ah ! s'exclama Lord Lethbridge. Il ne fait pas de doute

que j'irais en prison… à condition que vous ayez le courage de raconter la nuit que nous nous apprêtons à passer. J'imagine la tête de Rule entendant le récit de vos exploits ! L'humiliation que ce serait pour lui !

Avec mépris, Horatia jeta :

— Ah, c'est d-donc cela ! Mais, mon cher, on voit ce genre de situation sur la scène d-des théâtres, p-pas dans la vie réelle !

— Je vais vous montrer que si ! grogna Lord Lethbridge, qui avait le visage dur, le regard fixe, et un sourire mauvais.

Et Horatia de répondre, pensive :

— Je me demande c-comment j'ai p-pu ambitionner de vous avoir c-comme ami. Vous êtes un homme vil et méprisable ! Quoi ? Vous ne p-pouvez vous venger de Rule q-qu'en vous attaquant à moi ?

— C'est la vengeance la plus exquise qui soit… Cependant, je dois avouer que lorsque je vous regarde, Horry, j'oublie mon désir de vengeance et je ne pense plus qu'au désir qui me brûle, à cause de vous.

— Vous ne p-pouvez imaginer à q-quel point je suis flattée d'entendre ce c-compliment ! fit Horatia sur un ton d'ironique politesse.

Lord Lethbridge éclata de rire.

— Adorable petite coquine ! Toujours combative, n'est-ce pas ? Je crois qu'un homme pourrait vous garder un an prisonnière et ne jamais se lasser de vous !

Il se leva.

— Allons, Horry, comprenez que vous avez tout à gagner avec moi ! Vous n'allez tout de même pas passer votre vie avec un homme qui se soucie de vous autant que de sa première chemise ! Liez votre destin au mien et je vous apprendrai ce que c'est que l'amour.

— Et alors, R-Rule accepterait de d-divorcer et vous m'épouseriez ?

— Cela se pourrait… Tentée ?

Lord Lethbridge prit une bouteille et la brandit en proposant :

— Buvons-nous à notre avenir ?

— Pourquoi pas ? répondit Horatia en se forçant à sourire, comme si elle était presque convaincue.

Il se leva, elle se leva aussi et, tandis qu'il ouvrait la bouteille, elle se dirigea à pas tranquilles vers la cheminée. Il lui tournait le dos. Elle se pencha et s'empara d'un lourd tisonnier en bronze. Lord Lethbridge emplissait les verres et il disait :

— Nous pourrions partir pour l'Italie, si vous le désirez.

— En Italie, répéta-t-elle en s'approchant de lui, sur la pointe des pieds.

— Pourquoi pas ?

— P-Parce que je ne voudrais p-pas aller jusqu'au bout de la rue en votre c-compagnie, déclara Horatia.

Et elle le frappa, de toutes ses forces, sur le crâne.

Le coup avait été terrible. Mi-horrifiée, mi-triomphante, Horatia lâcha le tisonnier et observa Lord Lethbridge qui vacillait, se retournait et jetait sur elle un regard étonné avant de s'écrouler. La bouteille roula sur le tapis, répandant son contenu couleur de rubis.

Lentement, Horatia s'agenouilla près du corps inerte et, en se mordant la lèvre inférieure, mit sa main dans la poche que sa victime avait tapotée avec tant de contentement de soi, quelques instants auparavant. Elle y trouva la clé. En se relevant, elle s'avisa que Lord Lethbridge était vraiment très immobile et se demanda, non sans alarme, si elle ne l'avait pas tué. Puis elle jeta un regard effrayé vers la porte, craignant de voir arriver les serviteurs avides de venger leur maître, mais il était très tard, tous ces gens devaient dormir sur leurs deux oreilles.

Il ne fallait tout de même pas s'attarder. Avant de partir, Horatia s'assura qu'il n'y avait de sang ni sur le tisonnier ni sur la tête de Lord Lethbridge ; peut-être sous la perruque qui avait glissé, mais elle n'avait pas envie de procéder à cette vérification. Elle remit le tisonnier à sa place, s'empara de son manteau et se dirigea vers la porte.

Ses mains tremblaient tellement qu'elle eut beaucoup de mal à introduire la clé dans la serrure. Puis elle entrouvrit la porte avec précautions, passa dans le vestibule, courut vers la porte dont la grosse serrure grinçait horriblement, mais elle sortit sans être inquiétée. Après un dernier regard derrière elle pour s'assurer qu'on ne la suivait pas, elle s'enveloppa dans son manteau et descendit les marches du perron. Elle se trouvait dans la rue, libre !

Il ne pleuvait plus, mais les nuages, toujours très menaçants, rendaient la nuit plus noire. Horatia courait par les rues désertes sans se soucier des flaques d'eau où elle marchait, elle courait vers Curzon Street, elle courait en priant le ciel de ne rencontrer personne. Or, alors qu'elle venait de traverser le dernier carrefour avant d'arriver à destination, elle aperçut deux hommes venant vers elle. Aussitôt elle s'arrêta et se réfugia sous un porche pour surveiller la progression de ces deux noctambules à la démarche incertaine. Puis, alors qu'ils se rapprochaient, elle les entendit parler, trop haut et avec une diction embrouillée, mais elle reconnut la voix de celui qui pérorait ainsi :

— Je vais te dire ce que je vais faire, moi : je vais parier vingt-cinq livres que tu as tort !

Avec un cri de soulagement, Horatia sortit de sa cachette, courut vers le jeune homme et se jeta dans ses bras avec une telle violence qu'ils faillirent tomber tous les deux. Elle pleurait, elle criait :

— P-Pel ! P-Pel ! Ramène-moi à la maison, s'il te p-plaît !

Ayant retrouvé — non sans mal ! — son équilibre, le jeune homme regarda avec indignation celle qui venait de le bousculer, puis il la reconnut.

— Horry ? C'est toi ? Qu'est-ce que tu fais ici, à cette heure ?

Il se tourna vers son compagnon.

— Pom, est-ce que tu connais ma sœur ? Non ? Alors, voici ma sœur, Lady Rule. Horry, je te présente Sir Roland Pommeroy, un ami à moi.

Sir Roland s'inclina.

— Milady, je suis votre serviteur !

Mais la jeune fille n'avait pas la tête aux cérémonies. La main crispée sur le poignet de son frère, elle répéta :

— P-Pel ! Veux-tu me ramener à la maison, s'il te p-plaît ?

Sir Roland lui présenta son bras.

— Si vous le permettez, Milady, je serai honoré de vous accompagner.

— Pas si vite ! s'écria Pelham. Et d'abord, quelle heure peut-il bien être ?

— Je n'en sais rien, dit Horatia, mais il doit c-commencer à se faire t-tard.

— Pas si tard que cela, corrigea Sir Roland. A mon avis, il n'est pas plus de 2 heures. Nous avons quitté Monty à 1 heure et demie, n'est-ce pas ? Donc, nous pouvons dire qu'il est à peu près 2 heures.

— Il est bien plus tard que cela, reprit Pelham, l'air soucieux. Mais ce qui m'inquiète le plus, Horry, c'est de te voir seule dans les rues, au beau milieu de la nuit.

Horatia répondit tout à trac :

— J'ai p-peur d'avoir t-tué Lord Lethbridge.

— Que dis-tu ?

— T-Tué Lord Lethbridge, t-te dis-je.

— Ma parole, tu délires !

Horatia s'impatienta.

— Non, je ne délire p-pas ! Je l'ai frappé avec un tisonnier et il ne bougeait p-plus du tout q-quand je suis p-partie de chez lui.

— Où l'as-tu frappé ?
— Sur la t-tête.

Le vicomte se tourna vers son ami Pom.

— Tu crois qu'il est possible qu'elle l'ait tué ?

— Pas impossible en tout cas, répondit celui-ci, sentencieux.

— Cinq contre un que ce n'est pas vrai, repartit le vicomte.

— Tenu !

Le vicomte réfléchit avant de proposer :

— Il faut y aller voir.

Horatia saisit son frère par la manche et le secoua en protestant :

— Non, vous n'irez p-pas là-bas ! Je veux q-que tu me ramènes à la maison, P-Pel !

— Comme tu veux, répondit son frère, à regret. Mais tu ne devrais pas tuer les gens à coups de tisonnier, surtout à 2 heures du matin. Cela ne se fait pas, voyons !

Sir Roland apporta son soutien à Horatia, en apostrophant son ami.

— Pourquoi dis-tu cela ? Je ne vois pas pourquoi ta sœur n'aurait pas le droit de frapper Lord Lethbridge avec un tisonnier ! Tu ne l'aimes pas. Je ne l'aime pas ! Dans ces conditions, qui se plaindra ?

— Tu as sans doute raison, reprit le vicomte. Il n'empêche que moi, je ne le frapperais pas avec un tisonnier.

— Moi non plus, approuva Sir Roland, mais si tu veux mon avis, Lord Lethbridge a eu la punition qu'il méritait.

— Tu le penses vraiment ?

— Je l'affirme !

— C'est très bien, reprit le vicomte d'un ton brusque, mais puisque nous avons décidé de rentrer à la maison, rentrons à la maison !

— P-Pas trop tôt ! s'exclama Horatia, au bord de la crise de nerfs.

Elle prit son frère par le bras et l'entraîna en ajoutant :

— Et dépêchons-nous un peu, animal !

Au moment où il allait prendre le chemin indiqué, le vicomte attacha son regard à la coiffure, très élaborée, de sa sœur. Il hocha la tête et murmura :

— Je savais qu'il y avait quelque chose de pas normal chez toi, Horry. Qu'est-ce que tu as fait à tes cheveux ?

— Mais rien… enfin, si, c'est un Q-*qu'ès Aco*. On y va, maintenant, P-Pel ?

Très intéressé, Sir Roland s'approcha.

— Pardonnez ma curiosité, Milady, mais puis-je vous demander ce que vous venez de dire ?

Entre rire et larmes, Horatia expliqua :

— J'ai dit q-que c'était un *Qu'es aquò*. En p-provençal, cela signifie *Q-qu'est-ce que c'est* ?

— Et que signifie cette coiffure ? demanda le vicomte.

— P-Pel, franchement, je n'en sais rien du t-tout ! P-Pour la dernière fois, v-veux-tu me ramener à la maison ?

Cette fois, enfin, le vicomte consentit à se mettre en chemin. Le petit groupe traversa Curzon Street, et Sir Roland déclara qu'il trouvait la nuit fort agréable, ce à quoi Horatia et Pelham ne répondirent pas. Celui-ci, plongé dans un silence méditatif depuis un moment, demanda soudain :

— Je ne dis pas que tu n'as pas bien fait d'occire Lethbridge, mais je ne comprends pas bien ce que tu faisais chez lui en pleine nuit.

— J'étais à la soirée chez le d-duc de R-Richmond, expliqua Horatia.

— Soirée agréable, Milady ? demanda poliment Sir Roland.

— Oui, je v-vous remercie.

— L'hôtel de Richmond ne se trouve pas dans ces parages, observa Pelham.

— Et alors ? répondit Sir Roland. Ta sœur a voulu rentrer à pied ! Quoi de plus normal ? N'est-ce pas ce que nous faisions nous-mêmes ? Sur son chemin, elle passe devant chez Lethbridge, elle entre, lui met un coup de tisonnier sur le crâne et ressort. Un peu plus tard, elle nous rencontre. Tout cela ne me semble pas très difficile à comprendre.

— Tu trouves ? questionna Pelham. Moi, je trouve cette histoire bizarre, très bizarre.

Sir Roland glissa à l'oreille d'Horatia :

— Tous mes regrets, mais ce pauvre Pel n'a pas toute sa tête, ce soir.

— Ne p-pourrions-nous pas marcher un p-peu p-plus vite ? implora Horatia.

Ils ne se trouvaient plus très loin de Grosvenor Square, et ils se dépêchèrent parce que la pluie se remettait à tomber. Pel demanda aigrement à Pom :

— Agréable nuit, n'est-ce pas ? C'est bien ce que tu disais ?

— Cela est fort possible…

— Et la pluie, naturellement, c'est agréable !

— Mes p-plumes vont en souffrir, maugréa Horatia. P-Plus vite, s'il vous p-plaît ! Pel ! Q-que se passe-t-il encore ?

Son frère venait de s'arrêter brusquement.

— Nous avons oublié quelque chose de très important : aller voir si Lord Lethbridge était bien mort !

— Franchement, cela n'a aucune importance !

— Mais si, au contraire ! Nous avons parié là-dessus !

Déjà le vicomte faisait demi-tour et repartait en sens inverse, à toute vitesse. Sir Roland esquissa un geste pour le retenir, puis secoua la tête d'un air sévère.

— Partir ainsi, sans demander la permission, sans un mot d'excuse ! C'est d'un vulgaire ! Prenez donc mon bras, Milady.

— Heureusement que nous ne sommes plus très loin de la maison, soupira Horatia.

Ils terminèrent le trajet en silence. Arrivée au pied de son perron, Horatia remercia Sir Roland et ajouta :

— Si j'ai vraiment tué Lord Lethbridge, soyez gentil de ne rien dire à p-personne.

— Cela va de soi, répondit le jeune homme. Motus et bouche cousue !

Le pied sur la première marche, Horatia demanda :

— Voulez-vous aller rechercher P-Pel et le ramener chez lui ?

— Avec le plus grand plaisir, Milady ! Vos désirs sont des ordres !

Horatia monta dans sa chambre, où la lampe était allumée. Elle s'assit devant sa table de toilette et se regarda dans le miroir. Triste spectacle que celui-là ! Ses plumes mouillées retombaient de chaque côté de son visage, son corsage était en lambeaux. Machinalement, elle y porta les mains pour en rapprocher les morceaux, et c'est alors qu'elle poussa un cri d'horreur. Elle avait arboré, pour cette soirée, une parure de diamants et de perles faisant partie des bijoux Drelincourt, c'est-à-dire des boucles d'oreilles, une broche et deux bracelets. Les boucles pendaient à ses oreilles, les bracelets brillaient à ses poignets, mais la broche avait disparu.

Se remémorant la lutte qui l'avait opposée à Lord Lethbridge, elle reporta son regard sur son image et constata qu'il manquait un morceau de tissu à son corsage, celui où la broche avait été fixée. Elle se vit pâlir. Elle crut défaillir. Elle fondit en larmes.

15.

Le vicomte parvint sans encombre au domicile de Lord Lethbridge. Il trouva la porte entrouverte, entra sans se gêner. Dans le vestibule, il vit une autre porte ouverte, et de la lumière dans la pièce. Il alla voir de ce côté, passa la tête, jeta un coup d'œil.

Lord Lethbridge était assis. Les coudes sur la table, il se tenait la tête dans les mains. Sur le sol gisaient une bouteille de vin dont le contenu s'était répandu, ainsi qu'une perruque. Entendant un bruit de pas, il leva la tête et jeta un regard inexpressif au visiteur qui entrait et s'annonça de cette façon :

— Je suis venu voir si vous étiez mort. Vous comprenez, j'ai parié avec Pom !

Lord Lethbridge se passa la main sur les yeux et répondit d'une voix geignarde :

— Non, je ne suis pas mort.

— J'en suis ravi, dit le vicomte. Cela signifie que j'ai gagné mon pari.

Il s'approcha, tira une chaise, s'y installa.

— Horry m'a dit qu'elle vous avait tué. Pom jugeait la chose possible. J'ai dit non, nous avons parié, et voilà ! Vous êtes bien en vie, j'ai gagné mon pari !

— Ravi pour vous, marmonna Lord Lethbridge, qui fronçait les sourcils tant il avait mal à la tête.

— Ne voulez-vous pas remettre votre perruque ? proposa le vicomte. Ensuite, vous pourriez me dire pourquoi Horry a éprouvé le besoin de vous frapper sur la tête avec un tisonnier.

Avec précaution, Lord Lethbridge se tâta le crâne.

— C'était donc avec un tisonnier ?

Le vicomte se permit de donner un conseil.

— Vous ne devriez pas laisser votre porte ouverte. N'importe qui peut entrer pour vous frapper encore. C'est très dangereux !

— Vous pourriez me laisser seul, maintenant ? proposa Lord Lethbridge dans un souffle.

Mais le vicomte avait vu les cartes sur la table. Il proposa :

— Une petite partie ?

— Non.

A ce moment se fit entendre une autre voix dans le vestibule, celle de Sir Roland Pommeroy qui appelait son ami. Il apparut dans l'encadrement de la porte, poussa une exclamation de joie et entra en disant :

— Pel, il faut que tu rentres chez toi. J'ai donné ma parole à ta sœur que je te mettrais dans ton lit.

Le vicomte désigna le maître des lieux.

— Tu vois, il n'est pas mort. Qu'est-ce que je te disais ?

Sir Roland éprouva le besoin de se rapprocher pour regarder Lord Lethbridge sous le nez.

— Non, il n'est pas mort, admit-il d'un air dépité. Bon ! C'est bien gentil, mais il faut rentrer, maintenant !

— Non ! protesta le vicomte. Nous n'allons pas partir comme ça. Que dirais-tu d'une petite partie de piquet pour finir la nuit ?

— Pas ici, en tout cas, dit Lord Lethbridge, qui venait de récupérer sa perruque pour la poser sur sa tête, avec d'infinies précautions.

— Et pourquoi pas ici ? demanda le vicomte, avec hauteur.

La question resta sans réponse, car un troisième visiteur

venait de faire son apparition et s'arrêtait sur le seuil. C'était M. Drelincourt, qui déclara :

— Mon cher Lethbridge, pardonnez mon intrusion, mais il pleut, il pleut ! Vous savez qu'on ne trouve pas une voiture à cette heure, pas le moindre petit fiacre ? Alors, voyant votre porte grande ouverte, je n'ai pas pu résister à la tentation et je suis entré. Je ne vous dérange pas, au moins ?

— Pas le moins du monde ! répondit Lord Lethbridge sur un ton de lourde ironie. Entrez donc ! Plus on est de fous plus on rit, n'est-ce pas ? Je suppose que vous connaissez Lord Winwood et Sir Roland Pommeroy ? Pas la peine de procéder aux présentations ?

M. Drelincourt se rembrunit et éprouva quelque difficulté à se composer un masque d'indifférence.

— Dans ce cas…, murmura-t-il d'une voix hésitante. J'ignorais que vous receviez, Milord.

— Je l'ignorais aussi, répondit Lord Lethbridge. Mais peut-être aimeriez-vous une petite partie de piquet avec Lord Winwood ? Il en a très envie et je ne suis pas d'humeur.

M. Drelincourt esquissait un mouvement de repli.

— Il faut m'excuser, Milord, mais je dois vraiment partir.

Les deux amis échangèrent un regard entendu. Puis le vicomte ronchonna :

— Que vient-il faire ici, celui-là ? Personne ne l'a invité, que je sache ! Alors, maintenant, on peut pénétrer chez les honnêtes gens et perturber leur partie de cartes ? Quelle époque ! Tu veux que je te dise, Pom ? Je vais être obligé de lui donner une leçon, une fois de plus ! Cette fois, je me contenterai de lui tirer le nez !

Alarmé, M. Drelincourt implora du regard Lord Lethbridge qui se montra insensible à cet appel à l'aide, tandis que Sir Roland entreprenait de raisonner le vicomte.

— Pel, tu ne peux pas faire ça ! On ne tire pas le nez des gens comme ça ! Tu n'as pas le droit ! N'oublie pas que tu t'es déjà

219

battu en duel contre lui. En outre, je te rappelle que ceci n'est pas une soirée de cartes.

Le vicomte s'assit et s'adressa à Lord Lethbridge avec sévérité.

— Ceci ne serait pas une soirée de cartes ?
— Pas du tout, dit Lord Lethbridge.

Le vicomte haussa les épaules, se leva, prit son chapeau.

— Vous auriez pu le dire plus tôt ! Si ce n'est pas une soirée de cartes, qu'est-ce donc ?
— Je n'en ai aucune idée. Honnêtement, j'ai perdu le fil.

Le vicomte insista.

— Quand on donne une soirée, on doit savoir ce qu'on veut ! Si vous ne savez pas, comment voulez-vous que nous sachions nous-mêmes ? Si nous avions su que c'était si mal organisé, nous ne serions pas venus. Viens, Pom, rentrons.

Il prit le bras de Sir Roland qui se laissa entraîner sans difficulté, mais qui se retourna néanmoins sur le seuil pour déclarer, d'un ton précieux :

— Ce fut une charmante soirée, Milord.

Il s'inclina. Le vicomte le tira par le bras.

M. Drelincourt attendit prudemment que les deux amis eussent disparu pour déclarer, à voix basse :

— Je ne vous savais pas si ami avec Winwood. J'espère, en tout cas, que je n'ai pas gâché votre soirée. Mais c'est la pluie, vous comprenez ? Et comme je vous l'ai dit, pas moyen de trouver un véhicule !

Fort méchamment, Lord Lethbridge lui répondit :

— Ils n'étaient pas les bienvenus, et vous non plus, si vous voulez le savoir !

M. Drelincourt grimaça, mais il venait d'apercevoir, sur le tapis, un bijou qui lui rappelait des souvenirs. Très vite il se pencha. Plus vite encore il se releva. Dans la paume de sa main il tenait un bijou d'antique facture, une broche de perles et de diamants qu'il examina discrètement. Lord Lethbridge se servait de vin et buvait goulûment, il n'avait rien remarqué. M. Drelincourt glissa l'objet dans sa poche et déclara d'un ton léger :

— Mille pardons, mais je crois que la pluie a cessé de tomber. Je ne vous importunerai donc pas davantage.

— Au revoir, dit Lord Lethbridge, sèchement.

En partant, M. Drelincourt s'avisa que le couvert était mis pour deux, et il se demanda où le maître de céans avait caché sa conquête. Il déclara :

— Je vous en prie, ne vous donnez pas la peine de m'accompagner. Je connais le chemin !

— Je préfère m'assurer que la porte est bien fermée, répondit Lord Lethbridge.

Quelques heures plus tard, le vicomte se leva pour une journée nouvelle mais déjà considérablement entamée. Il tâcha de rassembler ses souvenirs de la nuit ; ils étaient flous. L'un d'eux, pourtant, se précisa assez pour que, le café vite avalé, il se dépouillât de sa chemise de nuit et appelât son valet. Il en était à l'arrangement de sa cravate, devant son miroir, quand on vint lui annoncer la visite de Sir Roland Pommeroy.

— Faites-le monter, ordonna le vicomte en piquant une épingle dans sa cravate.

Il en était à choisir la bague qu'il porterait ce jour-là quand Sir Roland entra. Les amis échangèrent un regard par le truchement du miroir. Très solennel, le visiteur hocha la tête et soupira d'importance.

— Je n'ai plus besoin de vous, dit le vicomte à son valet.

La porte doucement refermée, le vicomte se retourna pour poser une première question.

— Je sais que j'étais ivre hier soir, mais à quel point ?

— A un point que tu ne peux même pas imaginer, répondit Sir Roland, lugubre. Tu as voulu rosser M. Drelincourt.

— Cela ne prouve pas que j'étais ivre, répondit le vicomte avec mauvaise humeur. J'ai de vagues souvenirs à ce sujet, mais s'il me semble que cette histoire a encore un rapport avec ma sœur, je ne parviens plus à me rappeler lequel. D'abord, a-t-elle ou n'a-t-elle pas dit qu'elle avait frappé Lethbridge avec un tisonnier ?

— Ah ! C'était donc un tisonnier ? s'exclama Sir Roland. C'est le détail que je cherche en vain depuis mon réveil. Un tisonnier… Oui, c'est bien ce qu'elle nous a dit. Puis tu as filé pour aller vérifier si Lord Lethbridge était mort ou pas, sans prendre congé, je te le rappelle. Et moi, j'ai dû ramener ta sœur chez elle.

— Ma sœur mène tout de même une drôle de vie, marmonna le vicomte. Que faisait-elle chez Lethbridge au milieu de la nuit ?

On gratta à la porte.

— Entrez !

Le valet parut et présenta une lettre sur un plateau d'argent. Le vicomte s'en empara, brisa le sceau, déplia le papier.

Cher Pel. Il m'est arrivé une aventure affreuse. Peux-tu venir me voir sans tarder ? Je suis très bouleversée. Viens vite. Ta sœur, Horry.

— Attend-on une réponse ? demanda-t-il.
— Non, Milord, le messager est reparti.
— Dans ce cas, faites préparer le phaéton.

Sir Roland, qui avait vu son ami pâlir à la lecture de la missive, toussota. Le vicomte lui jeta un regard égaré et murmura :

— Nous ferions bien de nous dépêcher. Aide-moi à mettre ma redingote, Pom. Nous filons à Grosvenor Square.

Quand, vingt minutes plus tard, le phaéton s'arrêtait devant le domicile de Lord Rule, Sir Roland déclara qu'il vaudrait peut-être mieux qu'il n'entrât point, car il ne voulait pas se montrer indiscret. Le vicomte alla donc seul, se fit annoncer. Un valet l'introduisit dans un petit salon, où il trouva sa sœur, image vivante du plus profond désespoir. Les yeux brillants de larmes, elle murmura :

— Oh, P-Pel, je suis c-contente q-que tu sois venu. Je suis dans une situation épouvantable. Il faut q-que tu m'aides.

Ayant déposé son chapeau et ses gants sur un guéridon, le vicomte demanda :

— Horry, peux-tu me dire exactement ce qui s'est passé la nuit dernière ? Pas de discours inutiles, je te prie, les faits, rien que les faits.

— Bien sûr q-que je vais tout te dire, soupira Horatia. Je suis allée à la soirée chez le duc de Richmond, q-qui donnait un souper, un bal et un feu d'artifice.

— Tu te moques de moi ? Tu n'étais pas chez le duc de Richmond et pas dans les parages non plus, quand je t'ai rencontrée !

— Evidemment, p-puisque je sortais d-de chez Lord Lethbridge.

— Tu es allée chez Lethbridge ?

Consciente de l'accusation explicite contenue dans cette question, Horatia releva vivement la tête. D'une voix tremblant d'indignation, elle lança :

— Oui, j'y suis allée, mais si tu penses q-que j'y suis allée de mon plein gré, tu te trompes et tu es le p-plus odieux des frères. Je vais te dire… Mais pourquoi me croirais-tu ? L'histoire que j'ai à te raconter va te paraître invraisemblable.

— Quelle histoire ? fit le vicomte en approchant une chaise pour son usage.

La jeune fille se tamponna les yeux.

— Tu vois, c-comme mes souliers me faisaient horriblement mal, j'ai q-quitté la soirée assez tôt. Il p-pleuvait. Ma voiture a été avancée et je suis montée dedans sans regarder q-qui était le cocher, mais s'occupe-t-on de ce genre de d-détail ?

— Qu'est-ce que le cocher a à voir dans cette affaire ?

— T-Tout ! Ce n'était p-pas mon cocher.

— Franchement, je ne vois pas ce que ça change.

— Cela signifie q-qu'il n'était pas d-de nos serviteurs. Il était de la m-maison de Lord Lethbridge.

Le vicomte poussa une exclamation de surprise. Horatia hocha la tête et reprit le cours de son récit.

— Tu c-comprends maintenant ? Il m'a c-conduite chez son maître. Je ne me suis aperçue d-de rien.

Très agité, le jeune homme ne put rester assis. Il se leva et se mit à marcher de long en large. Il rageait.

— Je ne comprends pas comment tu as pu ne pas t'apercevoir de la supercherie.

— Je sais bien que ça p-peut paraître stupide, m-mais j'étais fatiguée, il pleuvait, un p-parapluie me masquait la maison... Quand j'ai pris c-conscience de mon erreur, il était trop tard.

— Est-ce Lethbridge qui a ouvert la porte ?

— Non, un v-valet.

— Pourquoi ne t'es-tu pas enfuie ?

— Je ne sais pas. L'effet de la surprise, sans doute... Lord Lethbridge est apparu sur la p-porte du salon, il m'a invitée à y entrer. Et moi, je n'ai p-pas voulu faire de scène devant le valet. Donc, je suis entrée. Et c'est seulement maintenant q-que je prends c-conscience de ma sottise, car si Rule apprend mon aventure et c-commande une enquête, le valet dira q-que je suis entrée de mon plein gré.

— Il ne faut pas que Rule apprenne quoi que ce soit.

— Je sais bien. C'est p-pour cela q-que je t'ai fait venir.

— Horry, dis-moi ce qui s'est passé dans le salon. Je veux tout savoir. N'oublie aucun détail.

— C'était affreux ! Il a dit q-qu'il voulait me violer et sais-tu pourquoi ? Pour se venger de Rule ! Ayant c-compris que je ne pourrais pas lui faire entendre raison, j'ai fait semblant d'entrer d-dans ses vues, p-puis, q-quand il a eu le dos tourné, je lui ai donné un bon coup de tisonnier sur le c-crâne. Il est tombé, j'ai p-pu m'enfuir.

Le vicomte exhala un long soupir de soulagement.

— C'est tout, Horry ?

La jeune fille se mit à pleurer de plus belle.

— Non, ce n'est p-pas tout. Q-quand il a essayé de me d-donner un baiser, je me suis d-défendue et ma robe s'est d-déchirée, un morceau s'en est détaché, et sur ce morceau était épinglée ma b-broche. C'est seulement en arrivant à la maison q-que je m'en suis aperçue. Elle est entre ses mains, P-Pel !

— Ne t'en fais pas, dit le vicomte d'un air résolu. Il ne va pas la garder longtemps, ta broche.

Horatia s'alarma du regard qu'il lui jetait. Elle cria :

— Pel ! Que vas-tu faire ?

Il éclata de rire.

— C'est simple : lui arracher le cœur !

Elle se leva.

— P-Pel, il ne faut p-pas faire ça ! P-Pour l'amour de Dieu, ne t'attaque p-pas à lui ! Imagine le scandale ! Ma réputation serait d-définitivement ruinée. Je t'en p-prie !

Le vicomte parut vouloir se montrer intransigeant, mais il se rangea aux arguments de sa sœur.

— Tu as raison. Je trouverai bien un autre moyen de l'empoigner sans te mettre en cause.

Horatia ne se satisfit pas de cet aménagement. Elle insista.

— Si tu le q-querelles, tout le monde dira q-que c'est à cause de moi. Déjà q-qu'après ton duel avec C-Crosby, les gens ont parlé à t-tort et à travers… P-Pel, je veux q-que tu ne fasses rien, et surtout que tu te taises. C'est déjà beaucoup q-que Sir Roland soit au courant.

— Pom ! s'exclama le vicomte. Tu m'y fais penser. Nous allons le faire entrer et lui exposer le problème, il aura peut-être une solution à nous proposer.

225

— Le faire entrer ? Où est-il ?

— A la porte, dans le phaéton. Ne t'inquiète pas à cause de lui, Horry. Il est d'une discrétion exemplaire.

Hésitante, Horry soupira :

— Si tu p-penses qu'il p-peut nous aider, fais-le entrer. Mais je t'en supplie, Pel, c-commence par tout lui expliquer, afin q-qu'il ne se fasse pas d'idées horribles à mon sujet.

— J'y vais.

Quand les deux amis revinrent, quelque dix minutes plus tard, Horatia comprit, au regard de Sir Roland, qu'il savait tout et ne se faisait plus d'idées fausses. Il s'inclina fort civilement sur la main qu'elle lui tendait, et la pria d'accepter ses excuses car il lui semblait qu'il avait été bien ivre la nuit d'avant. Mais le vicomte l'interrompit sans ménagement.

— On s'en moque, c'est du passé ! La question qui se pose est : comment régler son compte à Lethbridge ?

Sir Roland s'accorda un instant de réflexion et rendit son avis :

— Si tu veux m'en croire, tu dois te tenir tranquille.

Horatia approuva avec une candeur charmante.

— Je dois reconnaître q-que vous êtes plus raisonnable q-que je ne pensais.

Mais cette dérobade ne convenait pas du tout au vicomte, qui le fit savoir sans ambages.

— Est-ce que tu es en train de m'expliquer que ma sœur peut se faire enlever et violer, mais que je dois rester les bras croisés ? Non, c'est impossible ! Je m'y refuse !

— Je sais que c'est dur pour toi, soupira Sir Roland, mais tu dois essayer de comprendre. Fais un effort ! Si tu t'en prends à Lethbridge après ton duel avec Drelincourt, il y aura un scandale monstrueux.

Furieux d'être ainsi chapitré, le vicomte abattit son poing sur la table et se mit à hurler.

— Pom, tu te rends compte de ce que tu me demandes là ? As-tu bien pris conscience de ce que ce chien a fait à ma sœur ? D'après toi, on doit accepter ? Tu trouves ça normal, peut-être ?

— Non, murmura Sir Roland. C'est indigne, je n'en disconviens pas. Mais dans certaines circonstances, ne vaut-il pas mieux garder un silence digne ?

Stupéfié par ce raisonnement, le vicomte ne sut trouver les mots pour le réfuter. Son regard halluciné alla de son ami à sa sœur puis de sa sœur à son ami, qui poursuivit :

— Un silence digne, mais pendant quelque temps seulement. Disons trois mois. C'est raisonnable, non ? Ensuite, tu pourras tomber sur Lethbridge à bras raccourcis.

Le regard du vicomte s'éclaira.

— Ah, oui, ce n'est pas idiot... La voilà, la solution !

La voix d'Horatia, discordante, se fit entendre.

— La solution ? Certainement p-pas ! Il faut que je récupère ma broche, car si Rule s'aperçoit q-qu'elle a disparu, il d-découvrira très vite la vérité.

Le vicomte haussa les épaules.

— Mais non ! Tu n'auras qu'à lui dire que tu l'as perdue dans la rue.

— T-Très malin ! Et si Lethbridge s'amuse à l'arborer, rien q-que p-pour mettre la puce à l'oreille de Rule ? Il en est c-capable, vous savez !

— Vous croyez ? fit Sir Roland choqué. Remarquez, cela ne m'étonne pas tellement. Je n'ai jamais aimé Lethbridge. Maintenant, je sais pourquoi.

— De quelle broche s'agit-il ? demanda le vicomte. Tu crois que Rule la reconnaîtrait ?

— Evidemment qu'il la reconnaîtrait ! Elle fait partie d'un ensemble qui est dans la famille Drelincourt depuis au moins deux cents ans.

— Dans ce cas, nous devons la récupérer à tout prix !

Finalement, je vais tout de même aller voir Lethbridge pour parler avec lui. J'essaierai de ne pas le frapper, mais sans pouvoir rien promettre.

Sir Roland, une fois encore, fit entendre la voix de la sagesse.

— Le procédé me semble risqué. Si tu vas réclamer ce bijou à Lethbridge, il conclura fatalement qu'il appartient à Milady. Il vaut mieux que j'y aille, moi.

— Oui ! s'écria Horatia en le regardant avec admiration. Ce serait t-tellement mieux. Vous nous êtes d'un g-grand secours, Sir.

Rouge de plaisir, Sir Roland se disposa à partir pour accomplir la mission qu'il venait de s'attribuer.

— Je ne fais que mon devoir de gentleman, Milady. J'y mettrai tout le tact nécessaire.

— Du tact ? s'exclama le vicomte. Du tact avec un malotru comme Lethbridge ? C'est bien simple, moi, ça me rend malade ! Enfin, puisque tu veux y aller, vas-y ! Prends le phaéton. Je t'attendrai ici.

Sir Roland s'inclina une nouvelle fois sur la main d'Horatia, en disant :

— J'espère pouvoir vous remettre en possession de cette broche dans très peu de temps, Milady.

Resté seul avec sa sœur, le vicomte se mit à tourner comme un lion en cage, en grommelant des paroles inintelligibles où le nom de Lethbridge, pourtant, se faisait souvent entendre. Puis il s'arrêta et déclara :

— Horry, tu dois tout raconter à Rule. Il le faut ! Il a le droit de savoir.

— Je ne p-pourrai jamais, fit Horatia d'une voix mourante. P-Plus de confession, s'il te plaît !

— Plus de confession ? Que veux-tu dire ?

Les mains jointes, la tête basse, Horatia raconta l'affaire du bal masqué au Ranelagh. Son frère la trouva si amusante, cette affaire, qu'il rit beaucoup et qu'à la fin du récit il se tapait sur les cuisses.

— Mais, expliqua la jeune fille, je ne savais pas q-que j'avais Rule en face de moi. Et le lendemain, je me suis sentie obligée de t-tout raconter à Rule. C'est p-pourquoi je te le dis : p-plus de confession en ce qui me concerne ! En p-plus, je lui avais p-promis de ne pas voir Lord Lethbridge pendant son absence et je n'ai pas envie q-qu'il croie que j'ai manqué à ma p-parole.

— Il ne croira rien puisque tu as été enlevée… A propos, ton cocher ?

— D-Drogué et abandonné dans une taverne.

— C'est parfait ! Il pourra témoigner et ainsi Rule saura que tu dis la vérité.

— Hélas non, dit-elle d'un air sombre. Je lui ai p-parlé ce matin. Il est p-persuadé de s'être laissé entraîner par un c-collègue et d'avoir bu de la mauvaise bière. De p-plus, les hommes de Lethbridge, q-qui sont très malins, lui ont ramené ma voiture à la taverne en lui racontant que, ne le trouvant pas à mon service, j'avais p-pris un fiacre p-pour rentrer chez moi. Il se sent très c-coupable, mais ne p-peut m'être d'aucune utilité.

— Pas de chance, murmura le vicomte de nouveau renfrogné. Il reste que Pom et moi savons que tu as frappé Lord Lethbridge sur la tête avant de t'enfuir. Nous pouvons témoigner.

— Cela ne servirait à rien. Rule p-penserait q-que tu es de mèche avec moi, t-tout simplement.

— Il ne peut pas nous faire un peu confiance ? Pourquoi aurait-il ce genre d'idée ?

Horatia rougit et se troubla.

— Il faut dire q-que je n'ai p-pas été très gentille avec lui, juste avant son départ. Il voulait m'emmener, j'ai refusé. Tu vois, c'est c-comme si j'avais tout manigancé, c-comme si j'avais v-voulu rester

229

seule à Londres pour revoir Lethbridge malgré ma p-promesse. En plus, j'ai q-quitté le bal très tôt, ce q-qui aggrave mon cas.

— Il est vrai que ça n'arrange pas le tableau, convint le vicomte. Tu t'es querellée avec Rule ?

— Non, p-pas vraiment... mais...

— Tu ne crois pas que tu devrais tout me raconter, pour être débarrassée une bonne fois pour toutes ? Moi, j'ai l'impression que tu n'es tout de même pas très nette, dans cette histoire. Allez, dis-moi !

— Et lui ? s'insurgea Horatia. Il est net, à t-ton avis ? Tu crois q-que ça m'a fait p-plaisir de découvrir q-qu'il avait manigancé la soirée au Ranelagh avec son odieuse Massey ?

— Tu dis vraiment n'importe quoi !

— P-Pas du t-tout ! Elle était là, au c-courant de tout !

— Qui t'a dit qu'il s'était entendu avec elle ?

— P-Personne en p-particulier, mais Lethbridge le p-pensait et, naturellement, j'ai p-pensé que...

— Lord Lethbridge ! Qu'est-ce que tu peux être naïve, ma pauvre fille ! Tu ne pourrais pas réfléchir un peu, de temps en temps ? D'abord, un homme ne complote pas avec sa maîtresse contre sa femme. Jamais je n'ai entendu un tel ramassis d'idioties.

Ebranlée, Horatia se leva. L'espoir se lisant sur son visage, elle demanda :

— Tu le p-penses vraiment, Pel ? P-Pourtant, il m'a dit, et je m'en souviens très bien, q-qu'elle était au courant.

Le vicomte regarda sa sœur avec un réel mépris.

— C'est une preuve, non ? Enfin, Horry ! Tu crois qu'il te parlerait d'elle avec autant de naturel s'ils avaient été de mèche ? En plus, d'après ce que tu viens de me dire, je crois que je commence à comprendre pourquoi Lady Massey est partie pour Bath avec autant de précipitation. Voici ce que je pense... Elle a dû découvrir que l'homme au domino rouge, c'était lui. Ils ont eu une scène. Rule n'est pas du genre à supporter, bien sûr... Je me demande de quoi il l'a menacée, pour qu'elle file si vite... Hé ! Qu'est-ce que tu fais ? Tu es folle ou quoi ?

Poussant un cri de joie, Horatia venait de se jeter sur lui pour lui donner un baiser sonore sur la joue.

— Arrête ! fit-il, gêné, en essayant de la repousser.

— Je n'avais jamais p-pensé à tout ce q-que tu viens de me dire, murmura-t-elle. Merci, merci !

— Petite idiote, lui répondit-il en souriant.

— Je sais q-que je suis une idiote, soupira-t-elle. Il n'empêche... Si Rule a v-véritablement rompu avec cette femme, il ne faut surtout p-pas qu'il apprenne mon aventure de cette nuit.

Le vicomte réfléchit quelques instants avant de reprendre :

— Cette histoire n'est pas simple, pas simple du tout ! Pour ce qui est de la broche, je crois que tu as raison. Il faut la récupérer à tout prix. Si Pom échoue dans sa mission...

L'air sombre, la bouche pincée, il hocha la tête longuement.

Sir Roland, en arrivant chez Lord Lethbridge, avait eu la joie d'apprendre que « Milord était à la maison ». Celui-ci le reçut aussitôt, vêtu d'une magnifique robe de soie rouge à ramages. Visiblement remis du coup reçu au cours de la nuit, il se montra fort aimable.

— Asseyez-vous, Pommeroy, et dites-moi ce qui me vaut cet honneur impromptu ?

Sir Roland accepta le fauteuil proposé et commença, avec l'habileté qu'il savait déployer dans les situations délicates :

— Voici de quoi il s'agit... La nuit dernière, je n'étais pas dans un état normal. Vous avez dû vous en rendre compte. Pour dire les choses simplement, j'étais ivre. Or il se trouve que j'ai perdu une broche, qui était piquée dans ma cravate. J'ai tout lieu de croire qu'elle est ici.

— Vraiment ? fit Lord Lethbridge, dont le regard s'était durci. Vous voulez dire une épingle, sans doute ?

— Non, une broche, un bijou de famille, en fait, une antiquité... Je ne supporterais pas de l'avoir perdue. C'est pourquoi je me suis permis de vous importuner, pour voir si elle ne se trouverait pas ici.

— Pouvez-vous me décrire ce *bijou de famille* ?

— Ronde, des diamants dans un cercle de perles.

— Voilà qui ressemble plutôt à un bijou de femme, non ?

— Il est vrai qu'elle m'a été léguée par ma grand-tante, et j'ai la coquetterie de la porter en épingle de cravate, en souvenir d'elle.

— Je ne doute pas qu'elle ait une grande valeur sentimentale pour vous.

— Oui, c'est très compréhensible. Les sentiments sont si importants pour moi. Ah ! J'aimerais tant remettre la main dessus !

— Eh bien, je regrette, mais ce n'est pas dans cette maison que vous la trouverez. Voyez plutôt chez Lord Montagu. Il me semble vous avoir entendu dire, cette nuit, que vous aviez passé le début de la soirée chez lui.

— Vous pensez bien que j'y suis déjà allé vérifier ! Elle n'y est pas.

— Ce n'est pas de chance... Il est possible que vous l'ayez perdue dans la rue.

— Non, certainement pas. Je me rappelle très bien que je l'avais encore en entrant chez vous.

— Puis-je vous demander ce qui vous permet d'être si affirmatif ?

Il fallut un moment à Sir Roland pour élaborer une explication plausible.

— Je m'en souviens parce que Pel m'a dit, ici même : *Qu'est-ce que c'est que cette épingle de cravate ? On dirait un bijou de femme*. Je lui ai répondu qu'elle me venait de ma grand-tante et que j'épinglais à ma cravate ce que je voulais.

Lord Lethbridge eut un sourire ironique.

— Il est possible que vous l'ayez perdue après être sorti d'ici ? Mais votre ami vous a peut-être dit, au moment de franchir ma porte : *Tiens, tu n'as plus ta bizarre épingle de cravate* ?

— C'est exactement cela, affirma Sir Roland, en saisissant la perche qui lui était tendue. Il ne me l'a pas dit en franchissant votre porte, mais tout de suite après. Il avait raison, je n'avais plus ma broche. Il m'a proposé de revenir chez vous, mais j'ai refusé, arguant que nous vous avions assez dérangé pour cette nuit et que, de toute façon, la broche était en sécurité chez vous.

L'air désolé, Lord Lethbridge hocha la tête.

— Je crains que vos souvenirs ne soient pas très précis, Pommeroy. Je vous le redis, votre broche ne se trouve pas chez moi.

Que pouvait faire Sir Roland après avoir reçu cette fin de non-recevoir ? Rien, sinon quitter les lieux. Il prit congé. Lord Lethbridge le raccompagna jusqu'à la porte, non sans lui recommander :

— Ne manquez pas de me faire savoir si vous retrouvez la broche de votre grand-tante.

Lord Lethbridge regarda son visiteur dépité descendre l'escalier vers la rue, puis rentra. Le valet en faction referma la porte. Il lui dit :

— Envoyez-moi Moxton.

Il rentra dans le salon pour attendre le majordome, qui ne tarda pas. Il lui demanda :

— Quand on a fait le ménage dans cette pièce, ce matin, y a-t-on trouvé une broche ?

— Je n'ai rien entendu de tel, Milord.

— Renseignez-vous.

— Certainement, Milord.
Le majordome sortit, revint quelques minutes plus tard.
— Alors ?
— Milord, on n'a pas trouvé de broche dans ce salon.
— Je vois…
— Milord, votre déjeuner est servi.

Sourcils froncés, Lord Lethbridge se rendit à la salle à manger. Plus il y réfléchissait, plus il trouvait étrange la visite de Sir Roland Pommeroy.

A table, il but distraitement son porto, tout en revivant les événements de la nuit et du matin. Ainsi qu'il l'avait affirmé à Lady Caroline Massey, il n'était pas homme à grincer des dents après avoir connu un échec, mais sa toute récente déconfiture l'agaçait terriblement et il rêvait de vengeance. La petite idiote méritait une sévère correction. Il en était venu à concevoir ses relations avec elle comme une compétition. Elle avait gagné la première manche, elle devrait impérativement perdre la deuxième. La broche perdue offrait une occasion dont Lord Lethbridge avait besoin pour relancer la partie. Simplement, il devrait mettre la main dessus.

Le verre de porto en main, Lord Lethbridge ferma les yeux et revécut un épisode important de la nuit. Il réentendit le bruit qu'avait fait le corsage en se déchirant. A n'en pas douter, c'est à ce moment précis que la broche avait été perdue. Pas n'importe quel bijou, sans doute un élément des bijoux Drelincourt. En souriant, Lord Lethbridge imagina la tête de Lady Rule quand elle s'était rendu compte de la perte. Cette broche pourrait devenir une arme redoutable, à condition de tomber en des mains expertes.

Or la broche ne se trouvait pas dans la maison, du moins si les serviteurs ne mentaient pas. Lord Lethbridge pouvait leur faire confiance. Il les connaissait et eux, surtout, le connaissaient. Ils savaient que sa réaction serait terrible s'ils essayaient de le flouer.

Le visage de M. Drelincourt se forma dans son esprit. Il reposa son verre. Crosby… Il avait l'œil, celui-là ! Mais comment eût-il pu ramasser une broche sur le sol sans se faire voir ? Concentré, Lord Lethbridge se remémora chaque instant de la courte visite. A l'arrivée… non. Puis Winwood et Pommeroy étaient repartis. Les avait-il raccompagnés ? Non, donc toujours aucune possibilité pour Crosby. Puis ils avaient parlé, pas beaucoup à cause de ce terrible mal de tête. Ensuite, quoi ? Les doigts de Lord Lethbridge se crispèrent sur le pied de son verre de vin et il se rappela qu'il avait bu alors un verre de vin. Oui, à ce moment… Il avait bu son verre de vin et s'était retourné… Que faisait Crosby à ce moment précis ? Il retirait la main de sa poche.

Amusant, vraiment très amusant ! Lord Lethbridge n'avait pas de preuve, bien sûr, pas l'ombre d'une preuve, mais une petite visite à Crosby Drelincourt s'imposait. Cette broche devait faire partie de bijoux de famille, pas de la famille Pommeroy comme avait osé le prétendre Sir Roland, mais de la famille Drelincourt. Crosby l'avait vue et sans doute l'avait-il reconnue. Il s'était empressé de la prendre, mais pour quel usage ? C'était la question qu'il fallait lui poser. En fait, la réponse était déjà toute trouvée : l'astucieux jeune homme avait envie de semer la zizanie entre Lord Rule et son écervelée d'épouse ! Eh bien, c'était une peine qu'on lui épargnerait volontiers.

Lord Lethbridge quitta la table et monta lentement l'escalier intérieur. Il continuait de réfléchir et trouvait ses pensées de plus en plus délectables. D'avance il s'amusait de la surprise de Crosby Drelincourt lorsqu'on lui annoncerait le visiteur inattendu.

Le sourire aux lèvres, Lord Lethbridge sonna son valet de chambre. Puis, se débarrassant de sa robe de chambre, il entreprit de faire toilette pour sortir.

Le valet de M. Drelincourt déclara que M. Drelincourt s'était absenté.

— Vous pouvez sans doute me révéler où il est allé, dit Lord Lethbridge.

L'homme ne se fit pas prier. M. Drelincourt avait quitté la ville, mais n'avait emporté qu'un léger bagage.

Lord Lethbridge sortit une guinée de sa poche et commença à jouer négligemment avec.

— Il a quitté la ville, dites-vous ? Vous pouvez peut-être me dire où il se rend ?

— Oui, il va à Meering. M. Drelincourt m'a demandé de lui réserver une chaise de poste pour 14 heures. Si Milord était arrivé vingt minutes plus tôt, Milord aurait trouvé M. Drelincourt.

Lord Lethbridge mit la pièce dans la main du valet en faisant ses plans. Il héla un fiacre qui le ramena chez lui. Moins d'une demi-heure après, il ressortait en tenue de voyage, l'épée au côté, et s'engouffrait dans la voiture légère, tirée par deux chevaux nerveux, qui attendait à la porte.

Confortablement installé dans l'habitacle, il songea avec satisfaction que, même avec une heure de retard, il ne pouvait pas ne pas rattraper la chaise de poste qui allait vers Meering.

16.

M. Drelincourt ne se doutait absolument pas que Lord Lethbridge était sur ses talons.

N'imaginant pas que personne, et Lord Lethbridge encore moins que quiconque, eût pu savoir qu'il s'était mis en possession de la broche, il n'avait aucune raison de se hâter vers Meering. Il avait pris son temps pour se préparer et avait demandé une chaise de poste pour 14 heures alors qu'il eût pu partir dès le matin. Il voyageait en chaise de poste et non en cabriolet de louage parce que, s'il pouvait dépenser sans compter pour ses vêtements et tout ce qui concernait ses plaisirs, il se montrait, en revanche, très parcimonieux sur les autres charges. En outre, il avait choisi de déjeuner chez lui avant de partir, ce qui lui évitait d'avoir à se sustenter en route. Il avait calculé qu'il arriverait à Meering à temps pour dîner avec son cousin. Il passerait la nuit là-bas et Rule lui proposerait ses chevaux pour le retour, ce qui lui éviterait d'avoir à en louer d'autres au relais de poste ; petite économie non négligeable ! Son cousin ne pouvait pas lui refuser cette facilité, et d'ailleurs M. Drelincourt n'imaginait même pas qu'il pût se montrer discourtois à ce point. Rule — il fallait lui rendre cette justice — ne lésinait pas pour ses amis et se montrait généreux avec les membres de sa famille.

L'esprit agréablement occupé par ces pensées, M. Drelincourt se dirigeait vers Meering. La journée, fort agréable, lui paraissait idéale pour parcourir la campagne anglaise. Il admirait le paysage, dont la beauté s'accordait parfaitement avec son état d'esprit.

Il connaissait l'héritage Drelincourt jusque dans les moindres détails. Aussi avait-il reconnu instantanément la broche. Bien mieux, il pouvait affirmer que cet objet faisait partie d'un ensemble composé par ailleurs de bracelets et de boucles d'oreilles. Il l'avait ramassé sans réfléchir, sans avoir la moindre idée de l'usage qu'il en ferait.

La nuit lui avait porté conseil. Il ne faisait plus aucun doute pour lui qu'Horatia était dans la maison de Lord Lethbridge lorsqu'il y était entré, et que cette broche en était la preuve... une preuve que Rule serait ravi d'avoir en main. M. Drelincourt avait la conviction, depuis le premier jour, qu'Horatia était une friponne. Il n'était donc pas étonné — mais choqué, il l'était — qu'elle eût profité de l'absence de Rule pour passer la nuit dans les bras d'un amant. Rule, quel imbécile ! Incapable de voir ce qui se tramait sous son nez ! Lui, serait fort étonné sans doute, et choqué encore plus, d'apprendre la conduite d'une jeune épouse qui le bernait. Et c'était son cousin, moins naïf que lui, qui devait se charger de lui ouvrir les yeux !

Naturellement, après un mariage si désastreux, Lord Rule ne se hasarderait pas à convoler de nouveau, ce dont M. Drelincourt ne pouvait que se féliciter. C'est pourquoi le monde lui semblait, en ce beau jour de septembre, plus vivable qu'il ne lui avait semblé depuis plusieurs mois. De nouveau il pouvait envisager l'avenir avec sérénité.

Meering étant situé non loin de Twyford, dans le comté de Berkshire, on s'y rendait depuis Londres par une route desservant Hounslow, Longford, Slough et Maidenhead. La chaise de poste s'arrêta au relais de poste d'Hounslow pour changer les chevaux et repartit aussitôt. Elle ne s'arrêterait plus avant Meering.

Ayant traversé Maidenhead, le lourd véhicule s'engagea dans un paysage de collines, sur une route montueuse d'ordinaire déserte, mais les postillons s'avisèrent qu'une voiture arrivait derrière eux. Ils l'observèrent avec intérêt — elle se rapprochait — et un large coude de la route leur permit d'avoir une vue précise du véhicule lancé à toute allure et soulevant une épaisse poussière. L'un d'eux déclara :

— A mon avis, il y a du beau linge là-dedans. Tu as vu les chevaux ? Tu ne crois pas que nous devrions nous ranger et laisser passer ?

Ils rangèrent la chaise de poste sur le talus et s'arrêtèrent.

A l'intérieur, M. Drelincourt leva la tête, étonné. Puis il entendit le bruit de la galopade et jeta un coup d'œil par la fenêtre. Il vit passer un véhicule léger et lancé à toute allure, véhicule appartenant à un aristocrate s'il en jugeait par les armoiries qu'il avait pu distinguer sur la portière, sans avoir le temps de les déchiffrer. Il haussa les épaules en se demandant qui était ce fou qui s'amusait à terroriser les paisibles voyageurs.

La chaise de poste s'ébranla mais s'arrêta presque aussitôt. Agacé, M. Drelincourt passa la tête par la portière et découvrit que la voiture s'arrêtait et se mettait en travers de la route, pour faire demi-tour sans doute... mais non, elle s'arrêtait pour de bon, elle barrait le passage.

Sur leur siège, les postillons observaient la scène avec étonnement eux aussi. M. Drelincourt les apostropha.

— Que se passe-t-il ? Un accident ?

C'est alors qu'il vit s'ouvrir la portière du véhicule, et en descendre un homme qui n'était autre que Lord Lethbridge. Il lui sembla que son cœur avait fait un bond dans sa poitrine. Il rentra la tête et se rencogna. Il tremblait. Il avait peur.

Il s'y attendait, mais, quand la tête de Lord Lethbridge parut dans l'encadrement de la fenêtre, il sursauta et poussa un cri strident avant de dire, d'une voix suraiguë :

— C'est bien vous, Milord ? Je n'en crois pas mes yeux ! Qu'est-ce qui vous amène dans les parages ?

— Mais vous, Crosby, vous ! répondit Lord Lethbridge d'un ton moqueur. Voulez-vous sortir de cette chaise de poste, je vous prie ? J'aimerais échanger quelques mots avec vous.

M. Drelincourt partit d'un rire qui sonnait faux et il tenta de plaisanter.

— Milord, vous avez de ces idées ! Mais c'est que, voyez-vous, je suis en route pour Meering, je vais chez mon cousin. Je souhaitais prendre le dîner avec lui, qui est à 17 heures. Or il est déjà 17 heures, il ne faut pas que je tarde trop.

— Sortez de là, Crosby ! reprit Lord Lethbridge, d'un ton si mauvais et avec une telle lueur dans les yeux que M. Drelincourt s'empressa d'obtempérer.

Il eut du mal à ouvrir la portière, parce que ses mains tremblaient, mais il y réussit. Il descendit. Ses genoux s'entrechoquaient. Il fit quelques pas sur la route, conscient que les postillons le regardaient avec étonnement. Faisant semblant de s'intéresser au paysage, il déclara sans regarder Lord Lethbridge :

— Je me demande ce que vous pouvez avoir de si urgent à me dire, Milord. Comme j'ai eu l'honneur de vous le dire, je suis déjà en retard. J'espère pouvoir reprendre la route très vite.

Lord Lethbridge lui prit le bras. Il avait une poigne d'acier. Il lui fit très mal tandis qu'il l'entraînait à l'écart de la chaise de poste.

— Marchons un peu, lui dit-il avec une bonne humeur inquiétante. Ne les trouvez-vous pas charmantes, ces petites routes de campagne ? Oui, je suis certain que vous savez les apprécier. Donc, vous vous rendez à Meering, n'est-ce pas ? C'est une décision que vous avez prise un peu subitement, non ?

— Sou-soudainement ? bégaya M. Drelincourt, qui souffrait à cause de la main d'acier refermée sur son bras. Pas du tout, Milord, pas du tout ! J'avais promis à Rule que j'irais le rejoindre. Je tiens ma promesse, c'est tout.

— Ce départ — précipité, je le maintiens — n'a-t-il rien à voir avec certaine broche ?

— Une broche ? J'avoue ne pas comprendre, Milord.

— Allons, allons… Une broche de diamants et de perles, que vous avez ramassée chez moi, la nuit dernière ? Vous n'en avez pas gardé souvenir ?

M. Drelincourt sentit ses jambes fléchir. Lord Lethbridge le redressa brutalement. Il protesta d'une voix faible, sans parvenir à amadouer son tortionnaire, qui reprit, les dents serrées :

— Crosby, donnez-moi cette broche.

M. Drelincourt tenta, en vain, de se libérer, et il émit une nouvelle protestation en tâchant de prendre, lui aussi, un ton menaçant.

— Milord, pour la dernière fois, je ne comprends pas le sens de vos questions, et je n'aime pas votre ton, pas du tout !

Il ne réussit pas à impressionner Lord Lethbridge, qui lui souffla au visage :

— Crosby, vous allez me donner cette broche, ou je vous promets que je vous saisis par la cravate pour vous secouer comme le rat que vous êtes.

— Sir ! C'est monstrueux ce que vous dites là ! Monstrueux !

M. Drelincourt claquait des dents.

— C'est vrai, c'est monstrueux, je vous l'accorde. Vous êtes un voleur, Crosby Drelincourt.

Il s'empourpra et glapit :

— D'abord, ce n'est pas votre broche !

— Ni la vôtre, mon cher. Passez-la-moi.

— Vous savez que j'ai eu des duels pour moins que cela ?

Lord Lethbridge éclata de rire.

— C'est de l'humour, n'est-ce pas ? Voyez-vous, je n'ai pas l'habitude de croiser les armes avec les voleurs, mais je veux bien faire une exception pour vous.

Lord Lethbridge sortit son épée dont il éprouva la souplesse. Horrifié, M. Drelincourt sentit une sueur glaciale courir le long de son échine. D'une voix à peine audible, il murmura :

— Je ne veux pas me battre contre vous, Milord. Pour la dernière fois, j'ai plus de droits que vous sur cette broche.

— Pour la dernière fois, donnez !

Un dernier regard sur le visage de Lord Lethbridge convainquit M. Drelincourt qu'il n'aurait pas le dessus. Lentement, avec un long soupir, il introduisit deux doigts dans la poche de son gilet, en retira l'objet tant convoité, le posa dans la paume ouverte devant lui.

— Merci, Crosby, dit Lord Lethbridge, redevenu aimable. Je savais bien que je parviendrais à vous faire entendre raison. Vous pouvez maintenant reprendre votre route pour Meering, si, toutefois, cela en vaut encore la peine. Si vous y renoncez, je vous propose de me rejoindre à l'auberge du Soleil, à Maidenhead, où je me ferai un plaisir de vous inviter à ma table. Il me semble que je vous dois bien cela, non ?

Il tourna les talons, laissant M. Drelincourt rouge d'indignation, mais sans voix. D'un pas tranquille, il s'en alla vers son véhicule qui l'attendait, maintenant sur le côté de la route, prêt à repartir pour Londres. Il monta, referma la portière. Le cocher agita son fouet.

En passant près de M. Drelincourt qui n'avait pas bougé, Lord Lethbridge agita la main.

Tête basse, traînant les pieds, M. Drelincourt se dirigea vers la chaise de poste. Refusant de voir les visages réjouis des postillons, il leur ordonna d'aller à Meering le plus vite possible.

Il était plus de 18 heures quand la chaise de poste franchit le portail de la propriété, et il fallait parcourir encore sept miles pour arriver à la maison, située au milieu d'un parc magnifique.

Mais M. Drelincourt n'était plus d'humeur à admirer les chênes centenaires, les vastes étendues de gazon. Il ruminait sa déconvenue et attendait avec impatience le moment où il serait mis en présence de Lord Rule.

Il trouva son cousin dans la salle à manger, en compagnie de M. Gisborne. Ils sirotaient un porto, dans la vive lumière procurée par les chandeliers tous allumés. Il faisait encore plein jour dehors, mais Lord Rule détestait dîner à la lumière du soleil. On avait donc tiré les rideaux et allumé les chandeliers.

Les deux hommes portaient des tenues de cavalier. Lord Rule était assis, ou plutôt étendu dans le fauteuil placé au haut bout de la table, une jambe négligemment passée par-dessus l'accoudoir. Il avait levé la tête à l'arrivée de M. Drelincourt annoncé par un valet, et pendant une fraction de seconde son visage n'avait plus eu l'air aimable du tout. Très vite il s'était repris. Prenant le lorgnon qu'il portait en sautoir, il l'avait porté à ses yeux pour s'écrier :

— Seigneur, c'est vous ! Pourquoi ?

Voilà qui n'était pas encourageant, mais M. Drelincourt était si bouleversé qu'il en avait oublié les circonstances de son dernier entretien avec le comte.

— Cousin, dit-il d'une voix geignarde, c'est une affaire de première importance qui m'amène ici. Je vous supplie de m'accorder un entretien en privé.

— Il faut, en effet, que l'affaire soit très grave pour que vous veniez me poursuivre jusqu'ici ! On ne se lance pas dans un trajet de trente miles sans de bonnes raisons, je suppose.

M. Gisborne s'était déjà levé.

— Avec votre permission, Milord, je vais me retirer.

Il s'inclina devant son maître, plus modestement devant le visiteur qui ne lui prêta aucune attention, et sortit de la pièce.

M. Drelincourt tira une chaise de dessous la table et s'y installa.

— J'ai le regret de vous dire, cousin, que je suis venu vous annoncer des nouvelles extrêmement déplaisantes. Si je ne considérais pas comme un devoir sacré de vous apprendre ce que j'ai découvert, je frémirais devant la brutalité de la tâche.

Le comte ne parut pas s'alarmer. Il restait assis de façon fort détendue, une main posée sur la table, les doigts autour de son verre, et son regard calmement posé sur le visage de M. Drelincourt. Il déclara d'un ton bonhomme :

— Cette immolation sur l'autel du devoir est une attitude nouvelle chez vous, non ? Belle attitude, en tout cas. J'espère vous faire honneur en maîtrisant mes nerfs quand vous m'aurez appris les terribles nouvelles que vous portez.

— Je suis certain que vous le pourrez, répondit M. Drelincourt d'un ton aigre. Vous pouvez railler mon sens du devoir autant que vous le voudrez, je suis habitué à…

— Je regrette d'avoir à vous interrompre, Crosby, mais vous ne pouvez pas ne pas avoir remarqué que je ne raille jamais.

— Très bien, cousin, très bien ! Restons-en là. Quoi que vous en pensiez, je porte ma part de l'honneur familial.

— Puisque vous le dites…

M. Drelincourt rougit.

— Oui, je vous le dis ! Notre nom, notre honneur, ces notions ont autant de signification pour moi que pour vous, et c'est bien ce motif qui m'a amené ici.

— Si vous avez fait tout ce chemin pour m'informer que vous avez fait une bêtise et que les argousins sont après vous, j'aime autant vous prévenir tout de suite que vous perdez votre temps.

— Très amusant, Milord ! Sachez que ma mission vous concerne plus que moi, beaucoup plus ! La nuit dernière — je devrais dire plutôt : ce matin car il était plus de 2 heures si je me fie à ma montre —, j'ai eu l'occasion de rendre visite à Lord Lethbridge.

— C'est intéressant, en effet. L'heure me semble un peu tardive pour aller en visite, mais cela ne m'étonne pas vraiment. J'ai toujours pensé que vous étiez une créature bizarre, Crosby.

M. Drelincourt soupira d'un air las avant de reprendre le cours de ses explications.

— Peu importe l'heure quand on veut se protéger de la pluie. Figurez-vous que je rentrais chez moi, à pied, et que je fus surpris par une violente averse. Quelques minutes plus tard, passant devant chez Lord Lethbridge, il me sembla que la porte était entrouverte. Intrigué, je suis entré. J'ai trouvé Milord dans son salon de devant. La table était préparée pour un souper — deux personnes — mais Lord Lethbridge était seul, et fort mal en point.

— Votre histoire me bouleverse, dit Lord Rule.

Et il se resservit de porto.

— Attendez un peu pour être bouleversé, dit M. Drelincourt avec un mince sourire. Lord Lethbridge a semblé très contrarié en me voyant entrer.

— Cela se comprend, mais je vous en prie, continuez, cher Crosby.

— Cousin, dit M. Drelincourt avec un air de solennité, je tiens à ce que vous en soyez persuadé : c'est avec beaucoup de répugnance que je m'apprête à vous dire ce que j'ai découvert. Pendant que je parlais avec Lord Lethbridge, mon attention fut attirée par un objet se trouvant sur le sol et partiellement recouvert par le tapis ; quelque chose qui brillait, Rule ; quelque chose…

— Crosby, soupira Lord Rule, votre éloquence est magnifique, sans aucun doute, mais vous ne devez pas oublier que j'ai passé à cheval la plus grande partie de la journée et que je suis, par conséquent, très fatigué. Alors, je vous en supplie, épargnez-moi les envolées lyriques. Personnellement, je n'ai pas vraiment envie de savoir, mais vous me semblez désireux de me le dire. Alors, quel est cet objet qui a attiré votre attention ?

M. Drelincourt ravala sa bile et lança :

— Une broche, Milord ; une broche de dame.

— On comprend que Lord Lethbridge n'ait pas été très content de vous voir arriver.

— On comprend, en effet ! Quelque part dans la maison se trouvait une dame qui se cachait, n'est-ce pas ? Sans me faire remarquer, j'ai ramassé la broche et l'ai mise dans ma poche.

Lord Rule haussa les sourcils.

— N'ai-je pas déjà dit, Crosby, que vous étiez une créature bizarre ?

— Attendez d'être mieux informé. J'avais une bonne raison de me livrer à ce qui vous paraît encore comme un larcin. Si Lord Lethbridge ne m'avait pas poursuivi sur la route de Meering, aujourd'hui même, s'il ne m'avait obligé, par menaces, de lui rendre cette broche, je serais en train de vous la présenter maintenant. Car cette broche, cher cousin, est connue de moi aussi bien que de vous. Elle est composée de diamants entourés d'un cercle de perles.

Lentement, Lord Rule ôta sa jambe de dessus l'accoudoir de son fauteuil, mais il resta dans une position très allongée. D'une voix calme, peut-être un peu plus mate, il demanda :

— Oui, Crosby, une broche de perles et de diamants, disiez-vous ?

— Précisément, cousin ! Une broche que j'ai reconnue aussitôt ! Une broche faisant partie de cette parure du quinzième siècle que vous avez offerte à votre...

M. Drelincourt ne put pas en dire davantage. D'un seul mouvement, Lord Rule s'était levé, projeté sur lui pour le saisir à la gorge et l'attirer à lui par-dessus la table. Terrifié, à demi étouffé, il essaya de desserrer la terrible étreinte. Il tenta de parler, sans pouvoir prononcer aucun mot. Il se sentit secouer avec une telle violence que ses dents s'entrechoquèrent. Puis Lord Rule le rapprocha encore, et, le fusillant du regard, il lui jeta ces paroles à la face :

— Vous mentez, misérable individu ! J'ai toujours été trop

indulgent avec vous, mais cette fois vous allez trop loin ! Quoi ! Vous osez venir me rapporter d'ignobles mensonges à propos de mon épouse, et vous pensez que je vais vous croire ? Par Dieu, je crois bien que je vais vous tuer, et pas plus tard que maintenant !

Ayant mis son cousin au bord de la syncope, Lord Rule le rejeta brusquement de l'autre côté de la table, et il s'essuya les mains sur sa redingote avec un air dégoûté.

M. Drelincourt tomba lourdement sur le sol, où il resta un moment, aspirant goulûment un air qui lui brûlait la gorge. Un peu remis de son malaise et de ses émotions, il se redressa mais, jetant un regard effrayé sur Lord Rule qui le regardait avec mépris, il recula en restant assis et en se protégeant instinctivement de ses deux bras, comme un chien qui redoute le bâton.

Ce spectacle parut redonner un peu de bonne humeur à Lord Rule, qui s'assit sur un coin de table et lui dit en riant :

— Vous pouvez vous relever. Vous n'êtes pas encore mort.

M. Drelincourt obtempéra. Il tenait debout, quoique en tremblant. Machinalement, il essaya de remettre sa perruque en place. Après quelques secondes, il se rendit compte qu'il ne tiendrait pas très longtemps, aussi se laissa-t-il tomber dans un fauteuil.

— Vous m'avez dit, je crois, que Lord Lethbridge vous avait repris cette fameuse broche. Où ?

D'une voix rauque, M. Drelincourt répondit :

— Peu après Maidenhead.

— Je pense qu'il souhaite la retourner à sa légitime propriétaire. Crosby, vous croyez tout connaître de mes biens, mais votre génie a parfois des défaillances, et c'est le cas ici.

— Je pensais que c'était... J'ai dû me tromper.

— Vous vous êtes trompé.

— Oui, oui... Je me suis trompé. C'est évident... Je vous demande pardon. Vraiment, cousin, je suis désolé.

— Vous serez plus désolé, encore, Crosby, si vous dites un mot de tout cela à qui que ce soit. Suis-je bien clair ?

— Oui, oui... Je ne pensais que faire mon devoir, en vous avertissant de ces faits.

— Dès le jour que j'ai épousé Horatia Winwood, vous avez essayé de semer la zizanie entre nous. Ayant échoué jusque-là, vous avez imaginé cette histoire extrêmement stupide. Vous ne m'apportez aucune preuve... Ah ! J'oubliais ! Vous aviez la preuve, mais Lord Lethbridge vous l'a arrachée, n'est-ce pas ? Il y avait intérêt, c'est sûr.

— Je vous jure qu'il la fait ! insista M. Drelincourt, désespéré.

— Je suis désolé de vous faire du mal, mais je ne vous crois pas. Si cela peut vous consoler, vous auriez pu déposer cette broche devant moi que je n'aurais pas cru davantage devoir penser du mal de ma femme. Je ne suis pas Othello, Crosby. Je pense que vous auriez dû vous en douter.

Ayant dit, Lord Rule sonna et, au valet qui se présenta, il ordonna :

— Faites amener la voiture de M. Drelincourt.

M. Drelincourt n'en crut pas ses oreilles. Misérablement, il mendia.

— Milord, je n'ai pas dîné, et les chevaux sont fourbus. Jamais je n'aurais imaginé que vous me traiteriez ainsi.

— Vraiment ? L'aubergiste du Lion Rouge, à Twyford, se fera un plaisir de vous fournir le dîner et un change de chevaux. Soyez heureux de quitter ma maison avec toute votre peau sur le dos.

M. Drelincourt se fit tout petit et ne prononça pas un mot de plus. D'ailleurs, le valet arrivait pour annoncer que la chaise attendait à la porte. M. Drelincourt se leva et jeta un coup d'œil à Lord Rule qui ne le regardait plus. Rassemblant ce qui lui restait de dignité, il prononça :

— Je vous souhaite une bonne nuit, Milord.
Il n'obtint en remerciement qu'un hochement de la tête.

Rule regarda partir son visiteur. Ayant entendu la chaise de poste passer devant les fenêtres aux rideaux fermés, il sonna de nouveau. Au valet accouru, il dit, d'un ton absent, en étudiant ses ongles :
— Ma voiturette rapide, je vous prie.
— Oui, Milord ? dit le valet étonné. Heu... maintenant ?
— Tout de suite, oui, dit Rule sans s'émouvoir.
Il se leva, et, d'une démarche nonchalante, sortit de la pièce.
Dix minutes plus tard, la voiturette se trouvait devant la porte. M. Gisborne, qui descendait l'escalier, s'étonna de voir son maître vêtu pour le voyage, chapeau sur la tête et épée au côté.
— Vous partez, Sir ?
— Comme vous voyez, Arnold.
— Pas d'ennui, j'espère, Sir ?
— Pas du tout, mon cher ami.
Dehors, un palefrenier tenait à la bride deux magnifiques chevaux gris, et tâchait, difficilement, de contrôler leurs mouvements capricieux.
— Ils sont frais, n'est-ce pas ? dit Rule en descendant les marches du perron.
— Pardonnez-moi, Sir, mais j'ai l'impression qu'ils sortent tout droit de l'enfer.
Le comte de Rule éclata de rire et s'installa dans la voiturette. Il prit les rênes dans ses mains gantées et ordonna :
— Vous pouvez les lâcher.
Le palefrenier fit un bond de côté. Les chevaux s'élancèrent.

17.

Le Soleil, à Maidenhead était un excellent relais de poste, réputé tant pour sa table que pour la qualité de ses services.

Pour dîner, Lord Lethbridge s'installa dans un salon privé, une pièce ravissante lambrissée de chêne. On lui servit un canard, un quartier de mouton avec des champignons à la sauce piquante, des écrevisses, une gelée de coings. L'aubergiste, qui le connaissait bien, le trouva d'humeur particulièrement agréable et se demanda quelle friponnerie il s'apprêtait à commettre : ce sourire permanent, sur les lèvres minces, ne trompait pas. Pour la première fois de sa vie, Lord Lethbridge ne trouva rien à redire au dîner, et il alla même jusqu'à prononcer quelques mots d'éloge sur le bourgogne.

Lord Lethbridge inclinait, en effet, à l'indulgence. Avoir déjoué les manigances de M. Drelincourt le remplissait d'une joie plus grande que celle qu'il éprouvait à avoir récupéré la broche. Il souriait en imaginant son adversaire inconsolable, obligé de rentrer à Londres. Il n'imaginait pas celui-ci assez stupide pour aller à Meering et raconter à son cousin un récit sans preuve. Il n'avait pas grande estime pour l'intelligence de M. Drelincourt, mais ce serait commettre là une folie dont il ne le croyait tout de même pas capable.

La clientèle était nombreuse ce soir-là au *Soleil*, mais l'aubergiste avait tenu que Lord Lethbridge fût servi toujours le premier.

La table desservie, la bouteille et le verre restant seuls sur la nappe, il alla fermer lui-même les volets et demander si Milord désirait quelque chose d'autre. Il remit des bougies sur la table et assura que sa literie était dans un état parfait ; une servante ne manquerait pas de passer une bassinoire entre les draps, si Milord le désirait... Il s'inclina et s'apprêtait à sortir quand sa femme arriva pour lui glisser à l'oreille :

— Cattermole, Milord arrive.

Il n'y avait qu'un *Milord* à Maidenhead. Cattermole se précipita pour accueillir son honorable client avec les sourires et les courbettes qui s'imposaient. Celui-ci, qui n'était pas descendu de la voiturette, lui demanda d'emblée :

— Bonsoir, Cattermole. Pouvez-vous me dire si Lord Lethbridge s'est arrêté ici pour changer de chevaux, il y a une heure environ ?

— Lord Lethbridge ? Figurez-vous qu'il passe la nuit dans mon modeste établissement, Milord.

— Quelle chance ! s'exclama Milord en descendant aussitôt de sa voiturette. Et où aurais-je le plaisir de rencontrer Lord Lethbridge ?

— Dans mon salon privé, Milord. Voulez-vous que je vous y accompagne.

— Non, ce ne sera pas nécessaire, dit le comte en entrant dans l'auberge. Je connais le chemin.

Au pied de l'escalier menant à l'étage, il se retourna.

— Il faut que je vous dise, Cattermole. J'ai à traiter avec Lord Lethbridge une affaire confidentielle. Je peux compter sur vous pour que nous ne soyons pas dérangés ?

Cattermole ne s'y trompa point. Il allait y avoir du grabuge, et ce n'était pas bon pour la renommée de son établissement. Mais il ne pouvait s'y opposer, sauf à offenser gravement Lord Rule, ce qu'il n'imaginait pas. Il s'inclina donc, et le plus bas possible.

— Certainement, Milord.

Lord Lethbridge finissait de déguster sa bouteille de vin en méditant les événements de la journée quand il entendit s'ouvrir la porte. Il leva les yeux et s'immobilisa.

Pendant un moment ils se dévisagèrent, Lethbridge raide sur sa chaise, Rule debout dans l'encadrement de la porte. Celui-ci avait un regard facile à interpréter.

Lord Lethbridge se leva donc et mit la main dans sa poche pour en retirer la broche.

— Est-ce ceci que vous êtes venu chercher ?

Rule ferma la porte et tourna la clé.

— C'est cela que je suis venu chercher, en effet ; cela et autre chose.

— Mon sang, par exemple ? fit Lord Lethbridge en éclatant de rire. J'aime autant vous dire qu'il faudra combattre pour tout avoir.

— Voilà qui devrait nous satisfaire l'un et l'autre. Vous avez un goût prononcé pour la vengeance, mais vous avez manqué votre coup, Lethbridge.

— Manqué mon coup ? fit Lord Lethbridge en jetant un coup d'œil significatif à la broche qui reposait dans sa main.

— Si votre but est de traîner mon nom dans la boue, oui, certainement. Ma femme reste ma femme. Pour le moment, j'aimerais que vous me dissiez par quels moyens vous l'avez forcée à entrer dans votre maison.

Lord Lethbridge haussa les sourcils.

— Puis-je savoir ce qui vous donne à croire que j'aie pu employer des moyens coercitifs ?

— C'est que je la connais, tout simplement. Vous allez avoir beaucoup à m'expliquer, je crois.

— Je n'ai pas pour habitude de me vanter à propos de mes conquêtes, répondit Lord Lethbridge. Je ne vous expliquerai donc rien.

— C'est ce que nous allons voir.

Rule poussa la table contre un mur et souffla les bougies, ne laissant allumé que le chandelier pendu au plafond. Lord Lethbridge jeta les chaises et prit sa rapière qu'il avait posée sur l'une d'elles. La tirant du fourreau, il s'exclama :

— Si vous saviez depuis combien de temps j'attends ce moment ! Finalement, je suis content que Crosby soit allé vous trouver.

Il remit la rapière sur la chaise et retira sa redingote.

Rule ne répondit pas. Il s'occupait de ses propres préparatifs. Il enleva ses bottes, déboucla son ceinturon, ôta sa redingote et retroussa les manches de sa chemise.

Alors se firent face dans la douce lumière des bougies deux hommes dévorés par une rage trop longtemps contenue, brûlés par le désir de se venger enfin. Insensibles à l'étrangeté de la scène, dans le salon d'une auberge, au-dessus de la salle principale d'où montait un brouhaha de conversations, ils préparèrent le lieu de leur action. Rule éteignit une bougie qui coulait. L'atmosphère était paisible. Ils semblaient sereins, et pourtant ils s'apprêtaient à s'affronter sans pitié.

Ils se saluèrent de l'épée et engagèrent le combat. Il ne s'agissait pas ici d'un duel mondain avec raffinements et subtilités, mais d'une lutte à mort. Pour chacun d'entre eux, le monde n'existait plus. Il n'y avait plus d'autre réalité que la lame de l'adversaire, ce long morceau d'acier dont il fallait se méfier. Le regard fixe et comme halluciné, ils paraient les coups, feintaient en retour, avançaient, reculaient.

Lethbridge se fendit sur son pied droit, délivrant une attaque en tierce, le bras porté haut. Rule para difficilement. La lame de l'adversaire glissa sur la sienne, déchira sa chemise et lui écorcha le bras sur une grande longueur. Les lames se séparèrent. Ils reculèrent.

Ils ne constatèrent pas le résultat de l'assaut, car il ne s'agissait pas d'une querelle vidée au premier point marqué. Le sang se répandait sur la chemise de Rule et s'égouttait sur le plancher.

— Faites-vous un garrot, recommanda Lethbridge qui s'était reculé jusqu'au mur. Je n'ai pas envie de glisser dans une flaque de sang.

Rule tira un mouchoir de sa poche, l'enroula autour de la blessure, fit un nœud qu'il serra avec ses dents.

— En garde !

Le duel reprit, plus violent, plus acharné. Lethbridge tenta une flanconnade, mais son épée effleura tout juste la taille de Rule, lequel contre-attaqua avec la vitesse de l'éclair. Les épées grincèrent l'une contre l'autre, plusieurs fois.

C'était toujours Lord Lethbridge qui attaquait, avec force, avec hargne, usant de son art consommé de l'escrime pour obliger Rule à se défendre en lui donnant une ouverture. Inlassablement il essayait de franchir le barrage d'une rapière non moins habile que la sienne. Chaque fois, il était obligé de reculer sans avoir réussi à porter un coup décisif. Après plusieurs tentatives de ce genre, il commença à fatiguer. La sueur ruisselait sur son front et coulait dans ses yeux. Il n'osait pas l'essuyer avec sa manche, de peur de s'infliger ainsi une seconde d'aveuglement que Rule ne manquerait pas de mettre à profit. Enragé, il donna un assaut en quarte, que Rule para et, dans la riposte, celui-ci réussit à saisir la lame adverse juste sous le manche, tandis qu'il piquait la sienne dans le plancher.

— Epongez la sueur de votre front, conseilla-t-il.

Lethbridge esquissa un sourire amer et dit :

— Vous ne voulez pas vous montrer moins chevaleresque que moi, n'est-ce pas ?

Rule ne répondit pas. Lethbridge se tamponna le front et les yeux avec un mouchoir qu'il jeta ensuite.

— En garde !

Le combat changea dès lors de nature. Cette fois, Rule attaquait, avec une pugnacité qui ne tarda pas à épuiser Lethbridge. Se voyant en très mauvaise posture, celui-ci tenta une *botte coupée*, qui consistait à feinter en quarte et piquer en tierce. Il n'obtint en cela pas plus de succès que précédemment.

C'est alors que Rule demanda, d'une voix essoufflée et néanmoins très claire :

— Pourquoi ma femme est-elle entrée chez vous ?

Lethbridge n'avait plus assez de forces pour parler en même temps qu'il combattait. Il parait mécaniquement les coups qui lui étaient portés avec un enchaînement inquiétant. Il avait mal au bras.

— Pourquoi ma femme est-elle entrée chez vous ?

Cette fois, Lethbridge para trop tard. La lame de Rule le piqua, avec moins de violence qu'il ne s'y attendait. Il comprit que son adversaire l'avait ménagé et qu'il le ménagerait jusqu'à ce qu'il eût obtenu réponse à sa question. D'une voix asphyxiée, Lethbridge lança :

— Je l'ai… kidnappée.

Les rapières cliquetèrent, se désengagèrent.

— Et ensuite ?

Agacé, Lethbridge tenta un assaut lamentable. Il n'avait plus de ressource et la poignée de sa rapière glissait dans sa paume moite. Une nouvelle écorchure sanctionna son action.

— Et ensuite ?

— Je ne me… vante pas… à propos… de mes conquêtes.

Sur ces mots, Lord Lethbridge lança ses dernières forces dans une attaque dont il savait d'avance qu'elle ne serait pas plus avantageuse que les autres et que, même, elle risquait de lui être mortelle. Il entendit sa lame grincer contre celle de Rule. Son cœur battait si vite qu'il donnait l'impression de devoir exploser. Sa gorge était sèche. Il n'y voyait plus très clair, une sorte de brume brouillait son regard. Perdant tout espoir, il maugréa :

— Marcus, pour l'amour de Dieu, finissons-en !

Il vit venir le coup, une poussée en quarte dirigée vers son cœur. Sa parade, trop tardive et trop faible pour arrêter l'acier mortel, fut suffisante pour en dévier la trajectoire. La lame entra profondément dans son épaule. Il lâcha son arme. Pendant quelques secondes il vacilla. Etonné, il vit le sang qui se répandait sur sa chemise. Puis il tomba.

Rule essuya la sueur de son visage. Sa main tremblait un peu. Il regarda Lethbridge recroquevillé à ses pieds, qui respirait à grand bruit et perdant en abondance son sang qui formait déjà une mare sur le plancher. Soudain, il jeta son épée et alla à la table pour s'emparer de la bouteille et du verre, puis de la nappe, qu'il déchira avec ses dents. Ensuite il retraversa la pièce et, pour examiner la blessure, s'agenouilla près de Lord Lethbridge qui ouvrit alors les yeux, le regarda avec étonnement et murmura dans un souffle :

— Je crois… que je ne mourrai pas… encore pour cette fois.

Rule avait dénudé la blessure et la rinçait avec le vin.

— Non, pas encore pour cette fois, répondit-il. Cependant, la blessure est profonde.

Il déchira un morceau de tissu dont il fit un pansement qu'il mit en place et fit tenir avec une longue bande déchirée dans la nappe. Il alla chercher la redingote de Lethbridge et la roula pour lui en faire un oreiller.

— Je vais chercher un docteur.

Il ouvrit la porte et appela. Cattermole apparut si vite au pied de l'escalier qu'il devait attendre cet appel. Cramponné des deux mains à la rampe, il leva un regard anxieux vers Rule qui lui dit :

— Envoyez un de vos gens chercher un docteur, et faites monter une bouteille de cognac.

L'aubergiste hocha la tête et tourna les talons. Rule le rappela.

— La bouteille… apportez-la vous-même.

— Certainement, fit l'homme avec un sourire aigre.

Rule rentra dans le salon. Lethbridge avait fermé les yeux. Il reposait, immobile, très pâle, une main sur le plancher, paume ouverte vers le plafond. Rule le regarda en fronçant les sourcils. Il toussota. Lethbridge ne bougea pas.

Cattermole entra avec la bouteille de cognac et deux verres. Il posa le tout sur la table puis s'approcha de l'homme étendu. Il murmura :

— Il n'est pas mort, au moins, Milord ?

— Mais non !

Rule ouvrit la bouteille avec les dents, versa l'alcool dans un des verres.

— C'est une chance…, reprit l'aubergiste. Vous ne me faites pas bonne réputation, Milord.

— Je ne crois pas que vous aurez à pâtir de cette affaire, rétorqua Rule, calmement.

Il retourna s'agenouiller près de Lethbridge, lui souleva la tête.

— Buvez ceci.

Le blessé ouvrit les yeux, vitreux à cause de l'épuisement, mais qui reprirent un peu d'éclat lorsqu'il eut ingurgité un peu de liquide. Cela fait, il tourna le visage vers Rule et lui fit une sorte de grimace, mais aperçut Cattermole qui, derrière, observait la scène.

— Qu'est-ce que vous me voulez ? lui lança-t-il d'un ton aussi désagréable que le lui permettait son état.

— Non, il n'est pas mort, murmura l'aubergiste. Je m'en vais. Milord, appelez-moi si vous avez besoin.

Il sortit et ferma la porte.

Le sang avait imprégné tout le pansement. Rule resserra le bandage. Puis il s'occupa de son épée, dont il essuya soigneusement la lame, avant de la remettre dans le fourreau.

Lethbridge, qui l'observait depuis un moment avec un sourire cynique, lui demanda soudain :

— Vous n'avez pas l'impression d'avoir perdu une occasion ? J'avais l'impression que vous vouliez me tuer.

Rule haussa les épaules.

— Si je vous avais tué, j'aurais dû m'apprêter à certaines conséquences très désagréables, non ?

Lethbridge essaya de se redresser.

— Vous devriez rester tranquille, conseilla Rule, sourcils froncés.

Lethbridge grimaça.

— Certainement pas. Cette position est trop basse à mon goût. Soyez magnanime jusqu'au bout en m'aidant à m'asseoir sur cette chaise.

Rule l'aida à se mettre debout, puis il le soutint jusqu'à la chaise où il s'écroula en laissant échapper un petit cri de douleur et en se tenant l'épaule. Son visage devint gris. Au bord de l'évanouissement, il demanda :

— Donnez-moi le cognac. Ah ! Il m'en coûte d'avoir à m'en remettre à vous.

Rule emplit le verre et l'approcha des lèvres de Lethbridge, lequel s'en empara d'une main tremblante, en grommelant :

— Je ne suis pas encore complètement impotent !

Il but et s'appuya au dossier, yeux mi-clos, pour recouvrer ses forces pendant que Rule déroulait ses manches. Se sentant un peu mieux, il reprit :

— J'ai cru comprendre que vous aviez envoyé chercher un docteur ? Vous êtes trop bon, mon cher ! Il sera ici dans un moment, je suppose. Je peux l'attendre seul. Restons-en là, si vous le voulez bien. Votre chère femme n'a pas eu à souffrir de moi.

Il vit Rule ciller imperceptiblement et partit d'un petit rire sec avant d'expliquer :

— Oh, ne faites pas d'erreur. Je suis bien l'ignoble individu que vous supposez. Mais la mâtine a réussi à s'enfuir.

— Vous m'intéressez, dit Rule en approchant une chaise pour

s'asseoir en face de lui. Je pense depuis longtemps qu'elle a de la ressource.

— Ressource, oui, c'est le mot. Elle a usé d'un tisonnier.

Un mince sourire vint aux lèvres de Rule.

— Je vois... Votre mémoire des événements subséquents est sans doute, disons, imparfaite ?

Lethbridge rit encore, mais il dut s'interrompre pour presser sa main sur sa blessure. Après une grimace de douleur, il déclara :

— Elle pensait m'avoir tué. Dites-lui que le seul grief que je retiens contre elle est d'avoir laissé ma porte ouverte en partant.

— Ah, oui, bien sûr... Vous avez eu la visite de Crosby.

Lethbridge avait fermé les yeux. Etonné, il les rouvrit.

— Est-ce là tout ce que vous savez ? Je suppose qu'il ne vous a pas rapporté qu'il avait trouvé Winwood et Pommeroy chez moi ?

— Il ne me l'a pas dit. Peut-être pensait-il ce détail sans importance, ou peut-être — qui sait ? — a-t-il pensé que son récit serait de moins belle venue ? Je suis désolé si je vous fatigue, mais il faut que je vous demande de m'en raconter un peu plus. Par exemple, qu'est-ce qui a donné à Winwood l'idée de vous rendre visite ?

— Il savait que j'avais été assommé avec un tisonnier.

— Vous m'étonnez, et j'ose à peine vous poser la question : que s'est-il passé ?

— Ne soyez pas inquiet. Il a constaté mon prompt rétablissement avec plaisir... Vous pouvez me donner encore un peu de cognac... Il m'a même proposé une partie de piquet.

— Ah ! Je commence à mieux comprendre. Je suppose que Pommeroy était dans le même état que lui ?

— Je n'ai, en effet, pas constaté grande différence entre eux, du point de vue éthylique. Ils ont décidé de partir quand ils se sont rendu compte que je refusais de jouer aux cartes avec eux.

259

Lethbridge prit son verre de nouveau plein et but, avant de poursuivre :

— Crosby n'était pas moins soulagé que moi de les voir partir. Il a empoché la broche. Ce matin, j'ai reçu une seconde visite de Pommeroy, qui voulait la broche. L'humour de la situation ne devrait pas vous échapper. Jusque-là, j'ignorais jusqu'à l'existence de ce bijou. Le reste, j'imagine que vous le savez. Si cet imbécile de Crosby n'avait été vous servir une fable de sa façon, nous aurions encore une manche à jouer.

Il posa son verre vide sur la table et plongea la main dans sa poche pour en retirer la broche.

— Tenez, prenez-la. Elle n'a plus aucune valeur pour moi. Et ne vous bercez pas d'illusions ; je ne me repens pas, je n'ai aucun remords. Votre femme m'a déjà repris sur le chapitre de la vengeance. Je ne sais pas... Mais si nous nous étions rencontrés, l'épée à la main, voici quelques années... Qui sait ?

Il éprouva son épaule par un petit mouvement qui provoqua une grimace, et il reprit :

— L'expérience me donne à penser que vous avez bien fait d'interdire à Louisa de m'épouser. Je n'ai aucune des qualités qui font un mari. Est-elle heureuse avec son baronnet de province ? Je suis sûr que oui. Tant mieux pour elle.

Son visage se déforma sous l'action de la douleur. D'un ton irrité, il demanda :

— Essuyez ma rapière et remettez-la au fourreau, voulez-vous ? Je peux en avoir encore besoin, croyez-moi.

Il regarda Rule opérer. Quand sa rapière glissa dans le fourreau, il soupira :

— Vous rappelez-vous les duels que nous eûmes autrefois, chez Angelo ?

— Je m'en souviens très bien, dit Rule avec un petit sourire. Nous avions beaucoup de mal à nous départager.

— Vous vous êtes amélioré... Mais que fait donc ce damné

docteur ? Je n'ai pas du tout envie de vous faire plaisir en mourant.

— Savez-vous, Robert, que votre mort ne me ferait pas plaisir du tout ?

L'ironie revint dans les yeux de Lethbridge.

— Les souvenirs nous rendent meilleurs, n'est-ce pas ? Mais rassurez-vous, je ne mourrai pas.

Sa tête tomba un peu sur sa poitrine. Il dut faire effort pour la redresser et l'appuyer au dossier de la chaise. Il dit encore :

— Vous devez reconnaître que j'ai très habilement gagné l'amitié d'Horry. A propos, je lui ai dit que Caroline était du complot, l'autre soir, au Ranelagh.

— Vous avez toujours eu une langue de vipère, Robert.

— Toujours, je sais...

On frappa à la porte. L'aubergiste ouvrit et s'effaça. Le docteur parut. Lethbridge l'apostropha d'entrée.

— Enfin vous êtes là ! Pas trop tôt. Et ne me regardez pas comme ça. Je suppose que vous avez déjà vu des blessures par lame ?

Le docteur posa sa sacoche sur la table et répondit fort aimablement :

— J'en ai vu des dizaines.

Ses yeux s'allumèrent à la vue de la bouteille.

— Cognac ? Ce n'est pas un remède ! J'espère que vous n'allez pas finir la nuit avec une forte fièvre.

Il retira le bandage de fortune, jeta un coup d'œil sur la blessure.

— Oui... Vous avez perdu beaucoup de sang. Aubergiste, envoyez deux de vos gens pour porter Milord dans sa chambre. Et ne vous agitez pas comme ça, Milord. Je ne peux pas vous examiner sérieusement tant que vous ne serez pas dans votre lit.

Lord Lethbridge se tourna vers Rule et lui tendit la main.

— J'en ai terminé avec vous. Savez-vous que vous avez éveillé mes pires instincts ? Votre blessure guérira plus vite que la mienne, ce dont je suis fort marri. C'était un beau combat, non ? Je pense même que c'était le meilleur. La haine est une épice intéressante ; vous ne trouvez pas ? Si vous voulez faire un dernier geste pour moi, demandez à mon valet de venir me trouver ici.

Rule prit la main offerte et la serra.

— Votre impudence, mon cher Robert, est le seul de vos défauts qui vous rend supportable. Je serai en ville demain. Je vous enverrai votre valet. Sur ce, bonne nuit.

Une demi-heure plus tard, Rule entra dans la bibliothèque de sa maison de Meering, où M. Gisborne lisait le journal. Il s'étendit sur le sofa avec un long soupir de contentement. Les mains sous la nuque, il déclara :

— Mon cher Arnold, je vais vous décevoir une fois de plus, mais nous devons rentrer à Londres demain.

M. Gisborne s'inclina.

— Certainement, Milord. Vous voulez voir votre chirurgien, je suppose ?

— Arnold, vous êtes la crème des secrétaires, et je pèse mes mots. Vous avez raison, bien entendu. Mais comment se fait-il que vous ayez deviné ?

— Ce n'est pas difficile, dit M. Gisborne en souriant. Je distingue un mouchoir autour de votre bras et un peu de sang sur votre manchette.

Le comte de Rule ramena son bras devant ses yeux et l'examina pensivement. Il murmura :

— J'ai été très inconscient, ce soir... Il serait temps que je grandisse un peu.

Il ferma les yeux et sombra dans un sommeil bienheureux.

18.

Revenu de sa mission les mains vides, Sir Roland Pommeroy retrouva Horatia et son frère en train de jouer au piquet dans le salon. Pour une fois, la jeune fille n'était pas concentrée sur la partie, car elle jeta aussitôt ses cartes pour se tourner vers le nouvel arrivant et lui demander :

— Alors, vous l'avez ?

— Tu joues ou non ? demanda son frère, qui restait concentré, lui.

— Non ! T-Tu vois bien ! Sir Roland, v-vous l'a-t-il rendue ?

Sir Roland attendit prudemment que la porte eût été refermée par le valet avant de prendre la parole.

— Il faut que je vous mette en garde, Milady. La plus grande discrétion s'impose en présence des serviteurs. Imaginez que cette affaire s'ébruite !

— Ne te berce pas d'illusions, répondit le vicomte d'un ton impatient. Je n'ai jamais eu de serviteur qui ne connût pas tous mes secrets. Tu as récupéré la broche ?

— Non, déplora Sir Roland. Milady, je le regrette profondément, mais Lord Lethbridge prétend ne rien connaître au sujet de cette broche.

— Mais je suis sûre q-qu'elle est chez lui ! Vous ne lui avez p-pas dit q-qu'elle m'appartenait, n'est-ce pas ?

— Certainement pas, Milady. J'avais bien réfléchi à tout

en allant chez lui. J'ai prétendu que la broche me venait de ma grand-tante.

A ces mots, le vicomte, occupé jusque-là à battre les cartes, les posa sur la table.

— C'est tout ce que tu as trouvé comme prétexte ? Je ne te félicite pas pour ta subtilité, mon vieux. Même si ce type était encore complètement anéanti lors de ta visite, il n'a pas dû croire une seconde que ta grand-tante était allée se promener chez lui vers 2 heures du matin ! On ne peut vraiment pas compter sur toi ! Et même s'il t'a cru, tu n'as pas le droit de mêler ta grand-tante à cette affaire.

— Ma grand-tante est morte.

— Dans ce cas, c'est encore pire, affirma le vicomte d'un ton sévère. Tu ne peux espérer qu'un type comme Lethbridge coupe dans tes histoires de fantômes.

Sir Roland se montra agacé.

— Il n'est pas question de fantômes, enfin ! Tu n'es vraiment pas dans ton assiette, Pel. Je lui ai dit que j'avais reçu la broche en héritage.

— C'est un bijou de femme, remarqua Horatia. Comment voulez-vous qu'il vous croie ?

— Je vous demande pardon, Milady, mais l'histoire que je lui ai servie est des plus plausibles ; très simple et plausible en même temps. Malheureusement, la broche n'est pas en la possession de Lord Lethbridge. Et si vous voulez bien considérer les circonstances, Milady... l'agitation du moment... peut-être n'avez-vous pas prêté attention à votre broche au moment où vous l'avez perdue, dans la rue par exemple. C'est très possible, vous savez. Dans ces moments-là, on n'a pas toute sa tête et on ne garde pas de souvenirs précis.

— Mes souvenirs sont très p-précis, dit Horatia. Je n'étais p-pas ivre.

Cette réplique laissa Sir Roland sans voix. Il rougit et garda un silence gêné, mais son ami explosa.

— Maintenant ça suffit, Horry, ça suffit ! Qui a dit que tu étais ivre ? Pom ne sous-entendait rien de ce genre, n'est-ce pas, Pom ?

— Moi non, mais vous oui, tous les deux.

A son tour, le vicomte resta coi, et il lui fallut quelques secondes pour répondre :

— Là n'est pas la question. Pom a peut-être raison, même si je ne prétends pas que c'est obligatoirement le cas. Mais il est vrai que si tu as perdu la broche dans la rue, nous n'y pouvons plus rien. Nous n'allons pas refaire tout le trajet de cette nuit en inspectant les caniveaux, n'est-ce pas ? De plus…

Impatiente, Horatia saisit le poignet de son frère.

— P-Pel, j'ai vraiment p-perdu ma broche dans le salon de Lord Lethbridge. Il a déchiré mon corsage à l'endroit où elle était fixée. C-Comme l'attache est très solide, elle n'a p-pas pu se détacher toute seule, tu c-comprends ?

— Si tu le dis… Il faudra donc que je retourne voir Lethbridge, moi aussi. Dix contre un que c'est l'histoire de la grand-tante qui l'a rendu méfiant.

S'ensuivit une discussion animée quant à la démarche à suivre dorénavant, discussion qui ne fut interrompue que par l'entrée du majordome venant annoncer à Milady que le déjeuner était servi.

Les deux jeunes gens acceptèrent de partager le repas d'Horatia, Sir Roland en se faisant prier un petit peu, le vicomte, pas du tout. Tandis que les serviteurs s'affairaient dans la salle à manger, il ne fallait plus parler de la broche, mais à peine la table fut-elle desservie qu'Horatia reprit la conversation exactement au point où elle en était restée.

— Tu ne c-comprends pas, P-Pel, q-que si Lord Lethbridge

reçoit ta visite après celle de Sir Roland, il va forcément s-suspecter la vérité ?

— Si tu veux mon avis, il suspecte la vérité depuis un moment déjà. La grand-tante ! Tu parles ! Moi, j'ai une meilleure idée.

— Ta bonne idée, tu vas la garder pour toi ! Je sais à q-quoi tu penses ! Tu t'es déjà battu c-contre C-Crosby et le scandale a éclaté. Et t-tu rêves de renouveler t-tes exploits avec Lord Lethbridge, mais c'est non !

— Tu plaisantes ? Je sais qu'il est meilleur escrimeur que moi, alors je ne m'y frotterai pas. Mais au pistolet, je me défends bien, alors, je ne dis pas…

Sir Roland poussa un cri horrifié.

— Tu ne vas pas faire ça, Pel ! La réputation de ta sœur ! Tu n'as peur de rien, toi…

La conversation s'interrompit car le majordome entra pour annoncer que le capitaine Héron sollicitait une entrevue avec Milady. Les trois jeunes gens étonnés attendirent en silence, en échangeant des regards interrogateurs.

Le capitaine parut sur le seuil, s'arrêta et dit en souriant :

— Eh bien, Horry, ne me regardez pas comme si j'étais un fantôme !

— Assez parlé de fantômes ! s'exclama le vicomte. Nous en avons soupé ! Quel bon vent vous amène, Edward ?

— Avez-vous amené L-Lizzie ? demanda Horatia en se levant pour aller au-devant du visiteur.

Le capitaine secoua la tête.

— Non, et j'en suis désolé, ma chère amie. Elizabeth se trouve toujours à Bath. Je suis à Londres pour quelques jours seulement.

Horatia l'embrassa chaleureusement en disant :

— C'est dommage, mais cela n'enlève rien au p-plaisir q-que me c-cause votre visite, Edward. Oh ! C-Connaissez-vous Sir Roland P-Pommeroy ?

— Je ne pense pas avoir cet honneur...

Les deux jeunes gens se saluèrent, puis Edward Héron demanda :

— Rule est-il absent, Horry ?

— Oui, D-Dieu merci...

Horatia mit la main devant sa bouche, rougit et reprit :

— Ce n'est p-pas ce q-que je voulais dire. Mais il se trouve q-que je suis dans une situation d-délicate, voyez-vous ? Au fait, avez-vous déjeuné ?

— Oui... Quelle situation, si je ne suis pas indiscret ?

— Tellement délicate qu'il vaut mieux n'en rien dire, répondit Sir Roland.

— Nous p-pouvons faire confiance à Edward, tout de même ! protesta Horatia. Pel, tu ne p-penses pas que le c-capitaine p-pourrait nous aider ? Il est notre beau-frère, après tout.

Le vicomte ne s'embarrassa point de formules pour répondre :

— Je ne pense pas que ce soit une bonne idée. Nous n'avons pas besoin d'aide. Je me fais fort de récupérer cette broche et de te la rapporter très vite.

Affolée, Horatia crispa ses mains sur le bras du capitaine.

— Edward, je vous en supplie, dites à P-Pel qu'il ne doit pas se battre c-contre Lord Lethbridge. Cette affaire me serait f-fatale.

— Se battre contre Lord Lethbridge ? Il ne serait pas sage de s'attaquer à lui, en effet. Mais pourquoi votre frère aurait-il cette idée en tête ?

— Ce n'est pas le moment de tout expliquer, reprit le vicomte avec agacement. D'abord, qui a dit que je voulais me battre contre lui ?

— Mais toi, P-Pel ! Tu as même affirmé q-que tu tirais mieux q-que lui.

— C'est vrai que je tire mieux que lui, mais ce n'est pas à un

267

duel que je pense. Tout ce que j'ai à faire, c'est lui appuyer un pistolet sur la tempe et lui ordonner de me remettre cette fichue broche.

Horatia lâcha le bras du capitaine et, pour la première fois, exprima son approbation :

— Je dois avouer q-que ce p-plan me semble très habile, P-Pel.

Le regard du capitaine alla de l'un à l'autre. Il oscillait entre la consternation et la franche hilarité et, ne sachant que penser, il demanda :

— Mais quels sont ces instincts meurtriers qui vous animent ? Si vous me racontiez ce qui s'est passé ?

— Oh, rien, dit le vicomte. Ce type, Lethbridge, a attiré Horry chez lui la nuit dernière, et elle y a perdu une broche.

— Oui, et il veut me c-compromettre, ajouta Horatia. Vous c-comprenez p-pourquoi il ne veut p-pas me rendre la broche. Cette histoire est t-très embarrassante.

Le vicomte se leva brusquement.

— C'est décidé, j'y vais ! Je vais récupérer ta broche, Horry. Pas besoin de finasser, il suffit de foncer droit au but.

Effaré, sans doute désireux de tempérer les ardeurs de son ami, Sir Roland annonça :

— Je viens avec toi, Pel.

Contrarié, le vicomte répondit :

— Tu peux m'accompagner jusque chez moi pour aller chercher les pistolets, mais je n'ai pas besoin de toi pour aller chez Lethbridge. Compris ?

Les jeunes gens sortirent. Horatia soupira.

— J'espère q-qu'il réussira à reprendre ma broche. Venez avec moi dans la b-bibliothèque, Edward. Vous me p-parlerez de Lizzie. P-Pourquoi n'est-elle p-pas venue avec vous ?

Le capitaine Héron ouvrit la porte donnant sur le vestibule et s'effaça pour laisser passer Horatia. Ce faisant, il expliqua :

— Ce n'était pas envisageable. Mais elle m'a chargé de messages pour vous.

— P-Pas envisageable ? P-Pourquoi ? demanda Horatia en regardant par-dessus son épaule.

Le capitaine attendit d'être dans la bibliothèque pour répondre à la question.

— Voyez-vous, Horry, je suis heureux de vous apprendre que Lizzie se trouve dans une situation délicate. Nous l'avons appris voici peu de temps.

Horatia poussa un cri de joie et dit en riant :

— C'est merveilleux, Edward ! Alors, je serai la tante d-de ce p-petit ? Il faudra q-que Rule m'emmène à Bath dès q-que possible. C'est-à-dire… s'il ne demande p-pas le divorce.

Et le rire s'acheva dans un long soupir accablé.

Affolé, le capitaine répondit :

— Seigneur ! Horry, vous m'inquiétez ! La situation est-elle donc si grave ?

— Non… enfin, je veux dire : p-pas encore. Mais si je ne retrouve p-pas ma broche, Rule se séparera de moi. Je ne suis p-pas une épouse c-convenable, Edward. Je m'en rends c-compte maintenant.

Le capitaine invita la jeune fille à s'asseoir sur un sofa, il s'installa près d'elle et lui prit la main.

— Pauvre Horry, dit-il avec tendresse. Ne voulez-vous pas tout me raconter, depuis le début ?

L'histoire lui fut racontée de manière plutôt embrouillée, mais, à force de questions, il parvint à en saisir le fil. Puis, ayant bien réfléchi, il conclut qu'à son avis il n'y aurait pas de divorce. Il ajouta :

— Voici à quoi je pense, Horry. Vous devriez tout raconter à Rule.

— Je ne p-peux pas et je ne le veux p-pas ! répondit Horatia, véhémente. Croyez-vous q-q'un mari soit en mesure d'entendre un tel récit ?

— Il est vrai que le récit n'est pas banal. Cependant, je pense que Rule vous croirait.

— Après toutes les sottises q-que j'ai commises, il ne peut p-plus avoir c-confiance en moi. Et même, si tel est le cas, il se sentirait obligé de p-provoquer Lord Lethbridge en duel, ou de se livrer à des actes d-d'où naîtrait un horrible scandale. Il ne me p-pardonnera jamais d'avoir été la c-cause de tout ce gâchis.

Le capitaine Héron garda le silence. Il pensa que cette histoire en révélait plus qu'il ne semblait au premier abord. Il ne connaissait pas très bien Rule, mais se rappelait qu'Elizabeth avait décelé, chez cet homme, une inflexibilité que dénonçaient les lèvres minces et qu'il ne fallait pas prendre à la légère, selon elle. Le capitaine se fiait volontiers au jugement de sa femme, que corroborait ce qu'il venait d'apprendre. Il ne lui paraissait pas, d'après ce qu'Horatia lui avait innocemment raconté, que ce couple connût l'état de félicité conjugale dont il jouissait avec Lizzie. Si la froideur paralysait déjà les relations entre ces deux êtres, ce qui semblait le cas puisque Horatia avait refusé d'aller à Meering, le moment serait mal choisi, en effet, pour raconter à Rule les tribulations de la broche.

Fallait-il, en revanche, essayer de récupérer ce bijou ? Le capitaine Héron n'inclinait pas à croire que son beau-frère eût de réels talents de persuasion. Il ne le croyait guère capable de succès…

Au terme de ses réflexions, le capitaine tapota la main de la jeune fille et l'assura que tout finirait par s'arranger. Mais, au fond de lui-même, il n'y croyait pas trop. Cependant, comme il avait une dette de gratitude à l'égard de celle qui lui avait rendu sa chère Lizzie, il offrit, avec une grande sincérité, de l'aider par tous les moyens qu'il pourrait mettre en œuvre.

— Je savais q-que je p-pouvais compter sur vous ! s'écria

Horatia, bouleversée. Mais p-peut-être P-Pel réussira-t-il, et alors tout s'arrangera.

Le vicomte revint bien longtemps après, toujours accompagné du fidèle Sir Roland. Horatia ne tenait plus en place. Elle envisageait les hypothèses les plus alarmantes, se représentait de hideuses scènes de combat et s'attendait qu'on vînt lui apporter le cadavre de son frère. Quand il apparut, enfin, et bien en vie, elle se précipita sur lui avec une joie proche de l'hystérie, en pleurant et en criant :

— Oh, P-Pel, P-Pel ! J'étais sûre q-que tu étais mort !

— Mort ? répondit-il en essayant de détacher les petites mains crispées sur son élégante redingote. Pourquoi serais-je mort, je te le demande ? Non, je n'ai pas la broche. Ce bougre de Lethbridge n'était pas chez lui.

— P-Pas chez lui ? Q-qu'allons-nous faire, alors ?

— Nous ferons une nouvelle tentative, voilà tout.

La seconde visite du vicomte, peu de temps avant l'heure du dîner, se révéla aussi infructueuse que la première. Il commenta :

— A mon avis, le gaillard se cache. Puisque c'est ainsi, je le surprendrai demain matin, au saut du lit. Et si son damné valet s'avise de me dire encore que « Milord n'est pas à la maison », je forcerai la porte et j'entrerai pour mener mon inspection. Je le débusquerai bien.

— Alors je pense qu'il vaut mieux que je vous accompagne, déclara le capitaine Héron. On n'entre pas ainsi dans une maison sans causer de grand scandale.

— C'est ce que je me tue à lui dire, ajouta Sir Roland. Pour le moment, il est temps de partir, non ? Il se fait tard. Je passe chez toi demain matin, Pel.

— Bonne idée, répondit le vicomte. Disons 9 heures ?

— 9 heures, ça me va. Allons maintenant prendre un repos bien mérité.

Le lendemain matin, le capitaine Héron se présenta le premier au domicile du vicomte. Il le trouva déjà tout habillé, et occupé à charger un pistolet, qu'il montra en disant :

— Voici une gentille petite arme pour vous. Une fois, j'ai tiré sur une carte, un as, et j'ai mis en plein dans le mille ! Cheston avait parié dix contre un que je n'y arriverais pas. Avec ce pistolet, vous ne pouvez manquer votre but. Enfin, vous… je ne sais pas, mais moi, non.

Le capitaine Héron voulut bien sourire à cette mise en cause de ses talents de tireur et n'y répondre point. Il s'assit sur un coin de la table pour observer le vicomte vidant la poudre dans le canon d'un autre pistolet, et il déclara :

— Tout ce que je vous demande, c'est de ne pas faire sauter la tête de Lord Lethbridge, Pelham !

— Il est possible que je lui inflige une petite blessure, répondit tranquillement le vicomte. Rassurez-vous, je n'ai pas l'intention de le tuer, mais je dois vous avouer que j'aurai du mal à résister à la tentation.

Il introduisit la balle et la poussa, puis introduisit la bourre. L'arme chargée, il déclara avec satisfaction :

— Nous sommes prêts… Où est donc Pom ? Je suis sûr qu'il dort encore.

Il glissa le pistolet dans sa poche, se leva, croisa le regard de son visiteur et reprit :

— Je sais, Edward, cette histoire est très désagréable. Personne ne peut dire comment Rule réagirait s'il venait à l'apprendre. C'est pourquoi je compte sur votre aide.

— Il va de soi que je suis disposé à vous prêter main-forte, dit le capitaine. Si Lord Lethbridge a cette broche, nous la lui reprendrons.

Sir Roland arriva à ce moment. Les trois jeunes gens mirent leur chapeau, se rendirent chez Lord Lethbridge, frappèrent et se trouvèrent en présence d'un valet qui affirma, une fois de plus, que Milord n'était pas là.

— Vraiment ? fit le vicomte, d'un ton ironique. Eh bien ! C'est que nous allons voir. Entrons et jetons un coup d'œil.

— Puisque je vous dis que Milord n'est pas là, insista le valet en retenant la porte. Il est parti hier en voiture et il n'est pas encore revenu.

— Il ne faut pas croire ce qu'il dit, conseilla Sir Roland, de derrière.

— Sir, je vous jure mes grands dieux que Milord n'est pas là. J'ai dit la même chose à l'autre… l'autre personne qui le demande avec insistance, tout comme vous.

Le capitaine Héron intervint. Il donna alors un coup d'épaule dans la porte, qui s'ouvrit toute grande. Et il déclara :

— Ce que vous nous dites là est très intéressant, mais nous allons visiter toute la maison afin de nous assurer que Milord n'est pas rentré incognito cette nuit. Venez, Pel.

Le valet, repoussé sans ménagement, appela à l'aide. Assis dans le vestibule, un individu massif, vêtu d'un gros manteau, observa la scène d'un air guilleret, mais n'offrit pas son aide. Le majordome se montra au haut de l'escalier, mais s'arrêta en voyant qui arrivait. Il s'inclina pour dire :

— Milord n'est pas à la maison, Milord.

— Vous n'avez peut-être pas regardé sous son lit, rétorqua le vicomte.

L'homme au gros manteau éclata d'un rire gras et commenta :

— Bien dit, Votre Honneur. On peut dire que vous lui avez rivé son clou !

— Eh ? fit Sir Roland, qui observait l'individu au travers de son lorgnon. Qui est-ce, celui-là ?

— Comment veux-tu que je le sache ? dit le vicomte.

Il se tourna vers le majordome.

— Restez où vous êtes, ne bougez surtout pas. Je monte dire deux mots à Milord.

Le majordome se plaça de façon à montrer qu'il était décidé à barrer le passage, et il proclama :

— Je vous répète, Milord, que Milord n'est pas ici.

Il vit le jeune homme monter vers lui et sortir un pistolet. Il poussa un cri effaré.

— Milord !

— Laissez-moi passer ou vous pourriez le regretter, affirma le vicomte en montant tranquillement.

Le majordome fit retraite, non sans protester :

— Je vous assure, Milord... Je ne comprends pas, Milord ! Milord est parti pour la campagne.

Le vicomte ricana et poursuivit son ascension, disparut à la vue de ses compagnons. Il revint quelques instants plus tard et avoua :

— C'est vrai. Il n'est pas ici.

— Il s'est taillé ! rugit l'homme au gros manteau. Je le savais ! Oh ! Mais c'est qu'il m'aura pas ! En tout cas, c'est bien la dernière fois que je bosse avec un type de la haute !

Il se leva, enfonça son poing dans son chapeau crasseux et se rassit, le regard brillant de colère. Le vicomte, qui l'avait observé avec intérêt, lui demanda :

— Vous *bossez* avec Lord Lethbridge ? Qui êtes-vous ?

— Mes affaires et pas les vôtres, répondit l'homme. Il me doit vingt guinées, et c'est pas rien. Alors j'attendrai le temps qu'il faudra, mais je les aurai !

Le capitaine Héron s'adressa au majordome.

— Nous avons à traiter avec Lord Lethbridge une affaire

importante et urgente. Pourriez-vous avoir l'amabilité de nous informer où il s'en est allé ?

— Milord, répondit le majordome avec morgue, ne m'a pas donné ce genre de renseignements. Et, croyez-moi, je préférerais le savoir, car ce… ce monsieur, Sir, a l'intention de ne pas bouger d'ici jusqu'à ce qu'il obtienne les vingt guinées que Milord lui doit, selon lui. Ma patience est à bout, et d'ailleurs je crois que je vais appeler la police.

L'homme haussa les épaules et répondit d'un ton hargneux :

— Non, vous n'irez pas chercher les flics. Je sais ce que je sais, et je sais surtout qui couchera en taule si je me mets à dégoiser ce que je sais. C'est clair ?

Le vicomte, qui continuait à l'observer, affirma :

— Il me semble vous connaître. Nous ne nous serions pas déjà rencontrés, par hasard ? Le plus curieux, c'est que votre figure ne me dit rien, mais votre voix, oui.

— Il était peut-être masqué, suggéra Sir Roland.

— Pom, arrête de dire des bêtises… Attends un peu… Masqué dis-tu ?

Le vicomte se frappa la cuisse.

— Mais oui ! C'est vrai, tu as raison ! J'y suis !

Il se tourna vers l'homme et lui dit :

— Vous avez essayé de me dévaliser, une nuit, à Regent's Park, il y a six mois environ ?

L'accusé blêmit et se troubla, se leva et esquissa un mouvement de retraite vers la sortie, en marmonnant :

— Je n'ai jamais fait une chose pareille, Sir. C'est un mensonge !

— Vous savez, je n'ai aucun grief contre vous, parce que vous n'avez rien obtenu de moi, si vous vous souvenez bien.

— Je ne me souviens de rien, Sir. Vous faites erreur…

— Un bandit de grand chemin, alors ? dit Sir Roland. Je

constate que Lord Lethbridge a des fréquentations intéressantes ; vraiment très intéressantes.

Le capitaine Héron s'adressa à son tour à l'individu pour lui déclarer :

— Et moi, je crois savoir quelles affaires vous traitez avec Lethbridge, mon gars.

— Vous savez ? fit Sir Roland, dubitatif.

— Mais oui, et c'est facile ! Faites marcher un peu votre intelligence. J'aimerais bien livrer cet homme à la police, mais je suppose que cela ne va pas être possible…

Et le capitaine Héron se tourna vers le majordome.

— Je voudrais que vous fissiez appel à vos souvenirs. La nuit d'avant-hier, une broche a été perdue dans cette maison. Vous semble-t-il qu'on l'ait trouvée ?

Le majordome sembla ravi de pouvoir, enfin, répondre à une question.

— Non, Sir, personne n'a trouvé de broche. Quand Milord m'a demandé de vérifier ce fait auprès du personnel, c'était juste après la visite de ce monsieur, hier.

Il indiqua Sir Roland.

— Comment ? s'exclama le vicomte. Vous dites bien que Lord Lethbridge vous a fait cette demande *après* la visite de Monsieur ici présent ?

— Positif, Milord. Milord m'a fait appeler dans la minute qui a suivi le départ de Monsieur.

Le capitaine Héron saisit le bras du vicomte.

— Merci, lui souffla-t-il. Nous pouvons partir, maintenant. Venez, Pelham. Nous n'avons plus rien à faire ici.

Il entraîna le vicomte assez réticent, et le valet préposé à la porte s'empressa d'ouvrir. Les trois conspirateurs descendirent l'escalier et se dirigèrent vers Piccadilly.

— Broche perdue dans la rue, marmonna Sir Roland. Je me tue à le répéter.

— On pourrait le croire, répondit le capitaine. Pourtant, Horry est certaine qu'elle lui a été arrachée dans la maison. Or j'incline à penser que le majordome dit la vérité. Se pourrait-il, dans ces conditions, que quelqu'un d'autre l'eût trouvée ?

Le vicomte s'arrêta et s'exclama :

— Drelincourt ! Le misérable crapaud ! L'ignoble individu ! Le...

— Parlez-vous du trop élégant cousin de Rule ? demanda le capitaine Héron. Quel rôle joue-t-il dans cette affaire ?

Sir Roland, qui avait écouté cet échange en silence, secoua le bras du vicomte.

— Bon sang, mais c'est bien sûr ! Tu as trouvé, Pel, tu as trouvé ! Je te parie tout ce que tu veux que Drelincourt a fait main basse sur la broche.

— Bien sûr qu'il l'a prise ! Il était avec Lethbridge quand nous sommes partis. Je jure que je vais lui briser le cou, et le plus tôt sera le mieux !

Sur cette promesse, le vicomte se lança dans une marche forcée vers Piccadilly. Les deux autres s'empressèrent de lui emboîter le pas.

— Pourquoi Drelincourt était-il chez Lord Lethbridge ? demanda le capitaine Héron.

— Il est entré pour s'abriter, parce qu'il pleuvait à seaux, expliqua Sir Roland. Pel voulait lui tirer le nez, et je crois qu'il va le faire pour de bon, cette fois.

Le capitaine Héron augmenta l'allure pour se porter au niveau du vicomte.

— Pelham, un peu moins vite, je vous prie ! Il faut que nous réfléchissions. Si Drelincourt n'a pas la broche et que vous l'accusez à tort, vous allez causer un esclandre pour rien. D'abord, pourquoi aurait-il pris cette broche ?

— Pour semer la zizanie ! Vous croyez que je ne le connais

pas ? S'il a déjà décampé en compagnie de Lethbridge, nous sommes fichus !

Sir Roland approuva d'un air lugubre.

— Je crains que tu n'aies raison. Nous n'allons pas nous en sortir. Le mieux est de s'occuper de Drelincourt ; notre dernière chance. Rien d'autre à faire.

— Tu as raison, dit le vicomte.

Le capitaine Héron se fit sévère.

— Pelham, jeune fou, donnez-moi votre pistolet.

Le vicomte haussa les épaules, lui jeta un regard furieux et continua de marcher. Décontenancé, le capitaine se tourna vers Sir Roland, qui lui dit :

— Il faut le laisser s'occuper de ce gars. Il est bon tireur, vous savez ; excellent tireur, même.

— Je pense que vous êtes aussi fou que lui, soupira le capitaine. Il ne faut pas que cette enquête tourne à la bagarre ; surtout pas !

— Il ne faut pas s'interdire la bagarre si c'est le seul moyen d'arriver à quelque chose, dit Sir Roland. Vous connaissez Drelincourt ?

— Non, mais...

— Alors je comprends mieux votre réticence. Si vous le connaissiez comme nous le connaissons, vous seriez d'accord avec nous. Ce gars-là mérite d'être tué. Ça fait longtemps que je le pense.

Le capitaine exhala un long soupir de désespoir.

19.

M. Crosby Drelincourt avait été trop choqué par son entrevue avec son honorable cousin pour songer à dîner à l'auberge après avoir quitté Meering. Il n'avait qu'une hâte, retrouver son logement à Londres. A Twyford il s'arrêta au relais de poste pour changer de chevaux et il loua par la même occasion les services d'un garde armé. Cette dépense importante lui paraissait nécessaire quoique douloureuse, pour se protéger d'éventuels bandits de grand chemin. Les routes, la nuit, n'étaient pas toujours très sûres.

Le trajet jusqu'à Londres lui parut interminable. Sa chaise de poste l'arrêta devant chez lui à 10 heures du soir. Il s'était alors un peu remis de sa mésaventure et ressentait les affres de la faim. Malheureusement pour lui, comme il n'avait pas imaginé qu'il rentrerait le jour de son départ, aucun souper n'avait été prévu pour lui. Il se vit donc forcé d'aller manger un morceau dans une gargote, en se faisant la réflexion qu'il eût mieux fait de se restaurer en route.

Il dormit tard le lendemain matin. Revêtu de sa robe de chambre, il venait de s'asseoir pour prendre son petit déjeuner quand retentirent des coups donnés à la porte de devant, puis les éclats d'une conversation fort animée. Posant son couteau, il prêta l'oreille. Une voix surtout se faisait entendre, et cette voix, M. Drelincourt la connaissait bien. Il blêmit et dit à son valet, qui venait de poser un pot de chocolat devant lui :

— Je n'y suis pour personne. C'est compris ? Ne les laissez pas monter.

Son valet le regarda d'un air obtus.

— Je vous demande pardon, Sir ?

Affolé, il se leva pour le pousser vers la porte.

— Descendez et dites que je suis absent, imbécile ! Au besoin, empêchez-les de monter. Je ne me sens pas bien ! Je ne veux voir personne !

— Certainement, Sir, dit le valet qui avait du mal à ne pas sourire.

M. Drelincourt se laissa retomber sur sa chaise. D'une main tremblante, il essuya, avec sa serviette, la sueur qui perlait à son front. Il entendit le valet ouvrir la porte, parlementer avec les intrus. Puis, à sa grande horreur, il perçut un pas dans l'escalier, et ce n'était pas son valet qui montait. La porte s'ouvrit sous l'effet d'une poussée brutale, et le vicomte Winwood parut sur le seuil. Il s'esclaffa :

— Alors, comme ça, on est parti ? Je peux savoir pourquoi vous ne voulez pas me parler ?

M. Drelincourt se leva en se cramponnant au bord de la table. Il protesta d'une voix faible et chevrotante.

— Vraiment, Milord, si un homme ne peut plus rester tranquille chez lui quand il en a envie...

Il aperçut alors, par-dessus l'épaule du vicomte, Sir Roland Pommeroy qui lui jetait un coup d'œil curieux. Il poursuivit :

— Puis-je vous demander la raison de cette intrusion ?

Le vicomte s'avança jusqu'au milieu de la pièce, et très familièrement, il s'assit sur un coin de la table. Il gardait une main dans la poche de son manteau. Derrière lui, Sir Roland s'adossa au mur et croisa les bras. Puis arriva un troisième homme, le capitaine Héron, qui choisit d'obstruer la porte.

Très mal à l'aise, M. Drelincourt essaya de toiser ses visiteurs intempestifs. Il toussota et tâcha de prendre un air dégagé pour déclarer :

— Vraiment, messieurs, j'avoue ne pas comprendre le but de votre visite.

Le regard bleu, glacial, du vicomte, le paralysa. Il s'entendit demander :

— Avec quel objet avez-vous quitté Londres hier, Drelincourt ?

— Je... Je...

— Je tiens de votre valet que vous êtes parti en chaise de poste et que vous êtes rentré fort tard hier soir. Où êtes-vous allé ?

— Il ne me paraît pas... Il ne me paraît pas que je doive répondre à cette question, Milord. Où je vais, ce que je fais... rien de tout cela ne vous regarde.

— Il ne va rien vouloir dire, soupira Sir Roland. Je le sens fermé, très fermé.

— Je pense qu'il va parler, dit le vicomte en se levant.

M. Drelincourt recula.

— Milord, je proteste ! Je ne comprends pas ce que vous voulez ! Je suis allé à la campagne pour affaires... affaires privées ! Je vous assure, rien là-dedans qui puisse vous intéresser.

Le vicomte avança d'un pas.

— Des affaires privées, donc... Ces affaires auraient-elles un quelconque rapport avec de la joaillerie, par hasard ?

Le visage de M. Drelincourt prit la couleur de la cendre. Il cria d'une voix étranglée :

— Non, non !

Le vicomte sortit le pistolet de sa poche et le brandit.

— Vous mentez ! Ne bougez pas, je vous prie.

M. Drelincourt s'immobilisa, les yeux écarquillés. Il semblait fasciné par le canon du pistolet pointé sur lui et qui se rapprochait, se rapprochait... Sir Roland émit une recommandation.

— Pas à bout portant, Pel, pas à bout portant ! Essaie de faire les choses décemment.

Le vicomte n'y prêta aucune attention. Il déclara :

— Vous avez pris une broche chez Lord Lethbridge la nuit d'avant-hier, n'est-ce pas ?

Soudain le pistolet descendit et se planta durement dans l'estomac de M. Drelincourt, tandis que le vicomte expliquait, fort aimablement :

— Attention, la détente est très sensible. Un simple effleurement et le coup pourrait partir. Je vous conseille donc de ne pas faire de mouvement inconsidéré. Je sais que vous avez pris cette broche. Qu'en avez-vous fait ?

M. Drelincourt garda le silence. On n'entendait que le bruit de sa respiration, rapide. Sir Roland se décolla du mur, s'approcha, passa derrière lui et le saisit par la cravate, qu'il tordit méthodiquement, en disant au vicomte :

— Range donc ce pistolet. Tu vas voir qu'on peut tout obtenir d'un homme en l'étranglant, et donc sans danger. Il va parler, fais-moi confiance.

M. Drelincourt, qui avait le cou fort sensible depuis que les mains de son cousin Rule s'étaient fermées dessus, poussa un cri suraigu.

— Oui, j'ai pris cette broche ! Mais je ne savais pas comment elle était arrivée dans le salon de Lord Lethbridge, je le jure.

— Vous l'avez portée à Rule ? Répondez ?

— Non, non, je ne l'ai pas fait ! Pas pu...

Le capitaine Héron, qui s'était approché pour observer la scène, hocha la tête.

— Cessez de l'étrangler, Pommeroy. Je pense qu'il dit la vérité.

— Si vous ne l'avez pas portée à Rule, où est-elle ?

— Je ne l'ai plus, cria M. Drelincourt, les yeux exorbités.

— Vous n'imaginez tout de même pas que nous allons avaler

ça ? fit Sir Roland d'un ton calme. Vous êtes bien parti pour Meering, n'est-ce pas ?

— Oui, mais je n'ai pas pu la remettre à Rule. C'est Lord Lethbridge qui l'a.

Surpris, Sir Roland relâcha son étreinte et s'exclama :

— Je n'y comprends plus rien ! Comment se fait-il que Lethbridge l'ait reprise ?

— Il m'a poursuivi et m'a arraché la broche. Je n'ai rien pu faire, je vous le jure. Je dis la vérité.

Le vicomte dit à Sir Roland d'un ton amer :

— Voilà ! Tu vois le résultat de ton histoire de grand-tante ! Je te l'avais bien dit !

— Bonne chose, au contraire, répondit Sir Roland. Nous savons maintenant qui a la broche. Donc, retrouvons Lethbridge, reprenons la broche. C'est simple comme bonjour !

Le vicomte s'adressa à M. Drelincourt.

— Où est Lethbridge ?

Ce à quoi M. Drelincourt répondit d'un ton morne :

— Je ne sais pas. Il m'a dit qu'il dormirait à Maidenhead.

— Maidenhead ? s'exclama le vicomte après avoir réfléchi deux secondes. C'est à vingt-six ou vingt-sept miles de Londres. Disons à trois heures. C'est comme si nous l'avions !

Il glissa le pistolet dans sa poche et ajouta :

— Nous n'avons plus rien à faire ici.

Il se dirigea vers la porte, mais après quelques pas se retourna pour pointer son index en direction de M. Drelincourt qui respirait déjà mieux.

— Quant à vous, la prochaine fois que votre chemin croisera le mien sera aussi la dernière. Allez, viens, Pom. Venez, Edward.

Dehors, le capitaine Héron demanda :

— Et maintenant, que faisons-nous ?

— Il faut réfléchir, dit le vicomte. Allons à mon club. C'est le White.

— C'est que je n'en suis pas membre.

— Et alors ? Pom non plus n'est pas membre. Je le suis, et ça suffit. Suivez-moi.

Au club, ils prirent possession du restaurant, désert à cette heure encore matinale. Le vicomte s'installa confortablement dans un fauteuil, jambes étendues, les mains dans les poches, pour exposer le fruit de ses méditations.

— Disons que Lethbridge part de Maidenhead à 10 heures. Il arrivera à Londres vers 1 heure de l'après-midi ; peut-être plus tôt. Je sais qu'il aime les chevaux rapides.

Sir Roland éprouva le besoin de contester cette hypothèse.

— Il ne partira jamais à 10 heures, Pel ; beaucoup trop tôt !

— Qu'est-ce qui le retiendrait ? Il n'y a rien à faire à Maidenhead. C'est un trou !

— Oui, mais Lord Lethbridge y a pris une chambre. Il ne va pas se lever aux aurores. Toi-même, tu ne te lèves jamais avant 9 heures, n'est-ce pas ? Je parie tout ce que tu veux qu'il n'est pas plus matinal que toi. Disons qu'il part à 11 heures.

— Cette conversation a-t-elle une utilité ? s'enquit le capitaine Héron.

— Si elle a une utilité ? répondit le vicomte d'un ton vif. Evidemment qu'elle en a une ! Nous devons intercepter ce type. Va-t-il déjeuner en route, Pom ?

— Certainement... A Longford, l'auberge du Roi sans tête.

— Ou à Colnbrook plutôt. Le Ruisseau Fleuri sert un mouton rôti aux champignons qui a bonne réputation.

— Ah, je ne crois pas ! Tu ne confondrais pas avec les pigeons qu'on sert à Brentford ?

Le vicomte rassembla ses souvenirs et convint que son ami avait raison, en ajoutant :

— Disons alors que Lethbridge déjeune à Longford, à midi. Voilà qui ne le met pas à Londres avant 2 heures.

— Ce n'est pas mon avis, dit Sir Roland.

— Enfin, Pom ! Donne-lui le temps de finir sa bouteille de vin !

— Oui, mais pas à Longford. Il ne va pas biberonner au Roi sans tête.

— Si tu le prends comme ça, il ne déjeune pas du tout à Longford ! Reprenons.

Le capitaine Héron intervint.

— Vous pourriez cesser de parler pour ne rien dire ? Lord Lethbridge déjeunera où il voudra, cela n'a aucune importance. Vous feriez mieux de penser à la façon dont vous mettrez la main sur lui.

Le vicomte immergea son menton dans les dentelles de sa cravate, signe qu'il réfléchissait intensément.

— Nous n'obtiendrons rien de lui si nous ne le séquestrons pas un peu, dit le capitaine Héron. Il faudrait donc l'attendre chez lui.

Electrisé, le vicomte sursauta et se leva.

— Vous avez parfaitement raison, Edward ! Quelle bonne idée ! C'est ce que nous allons faire.

— Quoi ? Vous voulez le surprendre chez lui ? Tout de bon ? Je crois que vous m'avez mal compris. Je ne disais pas que c'était une bonne idée.

— C'est ce qu'il faut faire, insista le vicomte. Seul moyen...

— Seigneur, écoutez-moi ! Ce n'est pas ce que je voulais dire !

— Bien sûr que si, c'était votre idée. Vous y avez pensé, non ? Et voulez-vous que je vous dise, Edward ? Je n'en attendais pas tant de vous. J'ai toujours pensé que vous étiez un petit peu trop convenable.

— Vous aviez raison, affirma le capitaine Héron en se redressant avec fierté. Je suis aussi convenable qu'il est possible. C'est pourquoi je vous le dis : je ne participerai pas à une entreprise de séquestration.

— Pourquoi pas ? Nous allons opérer en douceur. Nous n'allons pas faire de mal à ce type… Enfin, pas trop…

— Pelham, auriez-vous perdu la tête ? Regardez mon uniforme !

Sir Roland, qui avait assisté à ce débat d'un air pensif, en suçant le pommeau de sa canne, leva la tête.

— Je crois bien que j'ai une idée. Si vous alliez chez vous pour vous changer ? Il est bien vrai que vous ne pouvez garder votre uniforme pour serrer un homme. Pel, tu ne peux pas exiger cela de lui.

— Evidemment ! répondit le vicomte. D'ailleurs, nul d'entre nous ne va partir pour cette expédition dans les vêtements que nous portons actuellement. Il nous faudrait des manteaux.

— J'ai ce qu'il faut ! affirma Sir Roland ; un roquelaure tout neuf. Je l'ai fait faire le mois dernier, chez Grogan. D'ailleurs, j'avais l'intention de te le montrer, Pel. Il n'est pas mal… un beau gris souris, avec des boutons d'argent, mais je n'aime pas la doublure. Grogan a tenu absolument à la faire de soie carmélite, mais je ne suis pas sûr que ce soit le bon choix, pas sûr du tout.

— De toute façon, tu ne peux pas attaquer une voiture vêtu d'un roquelaure doublé de soie ! Il nous faut des manteaux en frise de laine, et surtout des cache-nez.

Sir Roland secoua la tête.

— Désolé, mais je n'ai pas de manteau en frise de laine. Vous en avez, vous, Héron ?

— Dieu merci, non, répondit le capitaine.

— Moi non plus, affirma le vicomte en se levant. Et c'est pourquoi nous devons aller voir le bonhomme qui s'incrustait chez Lethbridge. Il avait un manteau en frise de laine, si vous avez remarqué. Allons-y ! Nous n'avons pas de temps à perdre.

Sir Roland s'empressa de se lever à son tour. Il avait l'air admiratif.

— Tu as toujours de bonnes idées, Pel, toujours ! Il faut bien reconnaître que le chef, c'est toi.

— Pelham, dit le capitaine Héron, avez-vous pensé que cet individu est probablement celui qui a enlevé votre sœur pour la conduire chez Lord Lethbridge ?

Le vicomte écarquilla les yeux.

— Vous le pensez ? Ma foi… vous pourriez bien avoir raison ! Il a dit qu'il attendait parce que Lethbridge lui devait vingt guinées, n'est-ce pas ? Le prix de ses services… Eh bien, je vous dis que si Lethbridge peut engager un individu de cet acabit, nous le pouvons aussi.

Suivi de ses deux acolytes, il sortit du club. Dans la rue, le capitaine Héron reprit :

— Pelham, tout cela est bien beau, mais nous ne pouvons pas nous lancer dans une opération aussi risquée ; en tout cas pas moi. Si nous sommes pris, je serai dégradé, à coup sûr.

— Vous avez vraiment envie de rester dans l'armée ? questionna le vicomte. Peu importe, d'ailleurs. Si vous voulez vous dégonfler, Pom et moi suffirons à la tâche.

Choqué, Sir Roland proclama :

— Pel, mon vieux, tu te rends compte de ce que tu viens de dire ? Héron ne se dégonfle pas, mon cher ami ! Il dit simplement qu'il sera dégradé s'il se fait prendre. Il ne faut pas insulter ainsi un homme pour une simple observation de bon sens.

— S'il ne s'agissait pas d'Horry, convint le capitaine, je me dégonflerais, en effet. Mais pourquoi, tonnerre, n'attendez-vous pas que Lord Lethbridge rentre chez lui, Pel ? Trois hommes comme nous peuvent très bien lui rendre visite et lui reprendre la broche. Pas besoin de se déguiser en bandits de grand chemin pour cela.

Le vicomte fit preuve d'entêtement.

287

— C'est pourtant le meilleur moyen. Ce qu'il faut, c'est éviter le scandale. Imaginez en effet que je place mon pistolet sur la tempe de Lethbridge, qu'il s'en offusque et me provoque en duel ! Nous serons bien avancés, n'est-ce pas ? La situation sera encore pire qu'avant. Rule aura vent de notre entreprise, et si vous pensez qu'il ne verra pas la main d'Horry là-dedans, c'est que vous ne le connaissez pas. Voilà pourquoi je dis que nous devons nous déguiser et agir masqués. Ainsi, pas de scandale. Alors, Edward, êtes-vous avec moi ou pas ?

— Je suis avec vous, dit le capitaine Héron. Ce que vous venez de dire est frappé au coin du bon sens. Espérons seulement que l'aventure ne va pas mal tourner.

— Elle ne peut pas mal tourner… à moins que notre individu ait quitté la maison de Lethbridge.

— Il y est toujours, affirma Sir Roland. Il a dit qu'il attendrait jusqu'à ce qu'il obtienne ses vingt guinées. Lethbridge n'est pas rentré, notre homme n'a pas été payé, donc il est encore là-bas.

Sir Roland ne se trompait pas. Quand ils arrivèrent chez Lord Lethbridge, l'homme au gros manteau en frise de laine se trouvait toujours dans le vestibule, assis à la même place. Il attendait.

Le valet préposé à l'entrée avait tenté un effort méritoire pour claquer la porte au nez du trio, mais sa manœuvre fut déjouée par Sir Roland qui eut la présence d'esprit de se jeter de toutes ses forces contre l'huis, écrasant ainsi l'homme zélé contre le mur. Lorsque celui-ci, tout contus et sans souffle, eut recouvré ses esprits, il s'apprêta, par devoir, à expulser les intrus, du moins à essayer, mais ils lui expliquèrent qu'ils n'en voulaient qu'à l'homme au gros manteau, qu'ils voulaient même l'embarquer car ils avaient une affaire à lui proposer. Très heureux d'entendre cela, le valet se radoucit, et il permit même aux quatre hommes d'entrer dans un salon pour traiter cette affaire dont il ne voulait pas entendre parler.

Nez à nez avec le pistolet du vicomte, l'homme au manteau en frise de laine leva spontanément les mains, non sans protester :

— Hé ! Ne faites pas partir cet engin, Milord. Et d'abord, qu'est-ce que je vous ai fait ?

— Rien, admit le vicomte. Bien mieux, je ne vous ferai aucun mal si vous vous conduisez correctement avec moi. Nous allons parler. Tout d'abord, comment vous appelez-vous ? Allons, ne vous faites pas prier ! Il faut bien que j'aie un nom à mettre sur votre tête !

— Vous n'avez qu'à m'appeler Ned ; Ned Hawkins.

— Comme le Dr Hawkins ?

— Oui, mais aucun rapport. Ce n'est pas mon vrai nom, mais je l'aime bien. Edward Hawkins, je m'appelle, en fait. A votre service, messieurs.

— Pas d'autre Edward, protesta Sir Roland. Il suffit d'un. Et puis, vous imaginez les confusions possibles. Ned sera parfait.

— Je veux bien m'appeler Frederick si cela vous chante, dit M. Hawkins.

— On n'a qu'à en rester à Hawkins, dit le vicomte. Vous êtes une redoutable canaille, n'est-ce pas ?

— Moi ? s'exclama l'homme, la main sur le cœur. Vous faites erreur, Milord.

— C'est cela même ! Ne vous ai-je pas ôté votre chapeau, d'un coup de pistolet, il y a six mois environ, à Regent's Park ?

— C'est-à-dire…

— Quoi qu'il en soit, c'est de l'histoire ancienne, et aujourd'hui j'ai un travail à vous proposer. Que diriez-vous de gagner vingt guinées ?

M. Hawkins grimaça et se renfrogna.

— Il me semble vous avoir dit que je ne travaillerais plus

jamais avec les types de la haute. Je me suis fait avoir une fois, ça suffit.

Le vicomte agita son pistolet.

— Dans ce cas, j'attends ici avec vous pendant que mes amis vont chercher la police.

— Je ne vous le conseille pas, parce que si vous me livrez aux flics, moi je leur parle, aux flics, et le type d'ici, votre ami, eh bien, il se retrouve en prison tout comme moi !

— Aucun problème. Ce n'est pas mon ami ; le vôtre, peut-être ?

M. Hawkins dit ce qu'il pensait de cette supposition en crachant sur le carrelage. Sir Roland protesta.

— Pel, il ne faut pas le laisser cracher comme ça pour un oui ou pour un non. C'est très mauvais genre ; très mauvais genre !

— C'est compris ? dit le vicomte. On ne crache plus. C'est vrai, ça ne sert à rien, en plus. Parlons sérieusement. Le type d'ici vous a refait de vingt guinées. C'est bien ça ?

— Oui, il s'est taillé, le cochon, sans me donner mon dû. Si je réussis à mettre la main sur lui…

— Je peux vous aider à mettre la main sur lui. Que diriez-vous de le secouer un peu, pour vingt guinées de plus ?

M. Hawkins, méfiant, croisa les regards des trois hommes avant de demander :

— Et pourquoi je ferais ça ?

— Parce qu'il détient certain objet que je veux. Alors, décidez-vous : la police ou vingt guinées ?

M. Hawkins caressa longuement son menton bleu de barbe.

— Qui est de la partie ? Vous trois ?

— Nous trois. Il faudra arrêter le carrosse de notre homme.

— Habillés comme ça ? demanda-t-il, en désignant, d'un index fort crasseux, la redingote du vicomte, galonnée d'or.

— Evidemment pas ! fit celui-ci en haussant les épaules. C'est là, déjà, que nous avons besoin de votre aide. Il nous faudrait des manteaux dans le genre du vôtre, ainsi que des masques.

— En frise de laine, dit Sir Roland.

Le visage de M. Hawkins se fendit d'un large sourire.

— Vous, vous savez ce que vous voulez ! Ça me plaît. Vous aurez vos manteaux. Et votre type, il est où ?

— Sur la route de Bath, il revient à Londres.

— Quand ?

— Dans la journée, mais je ne peux dire l'heure exacte.

M. Hawkins pesa la réponse, grimaça, proposa :

— Cette nuit ?

— Certainement pas. Quand la nuit tombera, notre homme sera depuis longtemps chez lui. Cet après-midi ou jamais.

— Comme vous voulez, Milord, soupira M. Hawkins. Donc, nous disons, manteaux et masques… Vous aurez vos canassons ?

— Chevaux et pistolets.

— Il faudra que vous me procuriez une monture, Pelham, dit le capitaine.

— Avec plaisir, mon cher ami.

— C'est tout ce que vous avez comme pétard ? reprit M. Hawkins en désignant l'arme du vicomte. J'aime pas trop. Manque de précision. Ça tire dans tous les sens.

Le vicomte baissa les yeux sur son pistolet.

— Je ne vois pas ce que vous lui reprochez. Il est excellent. J'en ai deux pareils, payés cent guinées la paire.

Pas convaincu, M. Hawkins secoua la tête.

— Ça tire dans tous les sens, je vous dis.

— C'est vous qui le dites ! fit le vicomte agacé. Moi, je les aime bien, j'en suis très content. Dites-moi plutôt où vous allez nous remettre les manteaux et les masques.

— Vous connaissez le relais de poste du Mi-Chemin ? demanda M. Hawkins. Il y a une auberge, dans les environs. C'est là que ça se passera. Rien à craindre, le patron est un ami. Il garde mon cheval en pension. Vous n'aurez qu'à venir m'y retrouver et je vous remettrai vos frusques.

— Comment puis-je être sûr que vous y serez ? demanda le vicomte.

— Parce que je tiens à mes vingt guinées, répondit M. Hawkins. Et aussi parce que je veux mettre la main sur l'autre, là, votre ami.

— Ce n'est pas mon ami, dit le vicomte.

20.

Une heure plus tard, trois cavaliers sortaient de Londres par Knightsbridge. Le capitaine Héron, qui chevauchait un fougueux étalon provenant des écuries du vicomte, avait quitté sa tunique militaire écarlate et sa perruque poudrée contre une redingote brune et un postiche tout simple, avec une petite queue. Avant de retourner chez le vicomte, il avait trouvé le temps de passer à Grosvenor Square, où il avait trouvé Horatia dans un état de grande anxiété. Mise au courant des derniers événements, elle avait regretté que personne n'eût tué M. Drelincourt, « ce misérable ! ». Elle s'était emportée, avait dit tout ce qu'elle avait sur le cœur, et le capitaine avait eu beaucoup de mal à la calmer. Le sujet semblait inépuisable. Puis, l'indignation de la jeune fille quelque peu calmée, le capitaine lui avait exposé le plan ourdi par le vicomte son frère. Elle l'avait aussitôt approuvé, en disant qu'elle le trouvait très astucieux, et qu'à son avis il ne pouvait pas échouer. Sur ce, le capitaine avait pris congé pour se rendre chez le vicomte.

Pessimiste, il pensait ne pas trouver M. Hawkins au lieu de rendez-vous fixé par celui-ci. Du moins, cette hypothèse lui paraissait envisageable, sinon probable. Il avait exprimé ses doutes au vicomte, qui les avait balayés d'un revers de main. Le vicomte était, lui, très optimiste, exalté aussi. Il était donc probable que, si M. Hawkins faisait défaut, l'expédition aurait lieu de toute façon.

A environ un quart de mile avant d'arriver au relais de poste du Mi-Chemin, les trois compères virent venir à eux un cavalier solitaire en qui ils ne tardèrent pas à reconnaître M. Hawkins. Le capitaine Héron reconnut de bonne grâce qu'il avait mal jugé leur nouvel allié. Celui-ci, qui semblait avoir deviné les doutes nourris à son sujet, s'exclama en riant :

— Vous voyez que je suis un homme de parole.

Puis ses yeux se portèrent sur le cheval du vicomte et il poursuivit :

— Ça, c'est du canasson, et je m'y connais ! Mais il est vicieux, sûr ! Ma tête à couper qu'il vous joue des tours de cochon. Bon ! Maintenant, allons-y.

— Vous avez les manteaux ? demanda le vicomte.

— J'ai tout ce qu'il faut, Votre Honneur.

La taverne, qui servait de quartier général à M. Hawkins, se trouvait effectivement non loin du relais de poste, un peu en retrait de la route. C'était un véritable taudis fréquenté par une clientèle peu recommandable, des hommes de la même extraction que M. Hawkins. Pour bien commencer l'expédition, le vicomte commanda quatre verres de tord-boyaux, et il paya d'une guinée qu'il envoya rouler sur le comptoir.

— Ne semez donc pas l'argent ainsi, murmura le capitaine Héron alarmé. En attirant ainsi l'attention sur votre argent, vous allez vous faire détrousser. Un peu de prudence, que diable !

M. Hawkins, qui avait entendu, approuva.

— Le capitaine a raison. Moi, je suis de la partie et j'ai l'œil. Alors, je peux vous dire qu'il y a deux ou trois guetteurs qui vous ont déjà repérés. Vous savez, on a du beau monde ici, que des gens capables d'extraire la monnaie par force ou par ruse. C'est pourquoi je vous dis : prudence ! De toute façon, nous n'avons plus le temps. Videz vos godets et, si vous le voulez bien, nous allons grimper les danseuses et voir les fringues que je vous ai trouvées.

Sir Roland tira le capitaine par la manche et lui souffla à l'oreille :

— Vous savez, Héron, en toute confidence, cet alcool est vraiment très fort, beaucoup trop fort. J'espère qu'il ne va pas monter à la tête de Pel, parce que quand il est ivre, celui-là, il perd un peu le contrôle. C'est pourquoi je dis qu'il ne faut pas lui proposer de grimper des danseuses, même pour rire. Il en serait capable. J'ajoute que M. Hawkins a de drôles d'idées, selon moi. Est-ce bien le moment d'aller voir des danseuses ?

— Je ne pense pas qu'il s'agisse de danseuses au sens exact de ce terme, murmura le capitaine. A mon avis, c'est un terme argotique.

— Oh ! Vous croyez ? fit Sir Roland, soulagé. Je préfère… C'est tout de même une pitié que cet homme ne parle pas l'anglais. J'ai beaucoup de mal à le suivre, voyez-vous ?

Il s'avéra que les danseuses étaient en fait une volée de marches branlantes au sommet desquelles se trouvait une petite pièce encore plus sale et plus malodorante que la salle commune de l'auberge, une chambre puisqu'on y voyait un lit défoncé. Sir Roland s'arrêta net sur le seuil et s'empressa d'appliquer un mouchoir parfumé sur son nez, en disant :

— Pel, non, franchement, je ne peux pas.

— C'est vrai que l'on sent bien l'odeur d'oignons, avoua le vicomte en passant devant lui.

Il entra, s'empara d'un tricorne cabossé qui reposait sur une chaise et, jetant son élégant chapeau *A la Valaque*, l'enfonça sur sa tête. Puis il alla se placer devant un miroir fendu et piqué pour admirer l'effet obtenu.

— Qu'en penses-tu, Pom ?

Le visage enfoui dans son mouchoir, Sir Roland secoua la tête avec détermination.

— Ce n'est pas un chapeau, Pel. Tu ne peux pas appeler cela un chapeau !

M. Hawkins s'esclaffa et tendit au vicomte une longue écharpe qui avait peut-être été blanche en des temps anciens. Il lui montra comment la nouer pour cacher entièrement sa volumineuse lavallière. Puis il baissa les yeux, vit les bottes et grimaça.

— On peut se voir dedans, fit-il d'un ton désapprobateur. Va falloir me mettre un peu de boue là-dessus.

Avec un sourire ironique, il observa Sir Roland qui, l'air dégoûté, s'enveloppait dans un ample manteau à triple pèlerine. Il lui tendit un chapeau encore plus pitoyable que celui du vicomte. Il lui conseilla d'enlever ses gants en chevreau, mais, avisant les mains si blanches qu'ils protégeaient, il jugea finalement qu'il valait mieux les remettre. Enfin, il distribua des masques.

— Gardez-les dans vos poches, recommanda-t-il. Il faudra les mettre juste avant que ça commence à chauffer.

Le capitaine Héron avait noué son écharpe. Lui aussi s'était coiffé d'un méchant chapeau qui descendait jusque sur ses yeux. Il remarqua en riant :

— Je doute que ma propre femme me reconnaisse si elle vient à croiser notre chemin. Le seul problème, c'est ce manteau, que je trouve trop étroit. Je suis un peu gêné dans mes mouvements. Enfin, ça ira... Je crois que nous sommes tous prêts. Nous pouvons y aller ?

M. Hawkins s'employait à tirer une caissette de dessous le lit. Il en souleva le couvercle, révélant trois pistolets d'arçon.

— J'en prends deux, déclara-t-il. Le troisième à qui le voudra.

Le vicomte s'approcha, prit le pistolet en déshérence, le souleva, l'examina et le soupesa.

— Du travail rudimentaire, jugea-t-il. Mais robuste. Pom, tu le veux ? Mais, à mon avis, il vaut mieux ne pas t'en servir. On ne sait pas ce qui peut arriver quand on appuie sur la détente de ce genre d'engin.

— Ce pistolet, fit M. Hawkins, visiblement offensé, a appartenu à Gentleman Joe. Il m'en a fait cadeau juste avant de monter sur la bascule.

— Gentleman Joe, demanda le vicomte, n'est-ce pas celui qui a attaqué une diligence, voici un an environ ? Je crois qu'il a été pendu.

— C'est ce que je viens de dire, soupira M. Hawkins.

— Et c'est avec ce pistolet qu'il travaillait ?

— Exactement.

Avec une petite moue, le vicomte tendit l'arme à Sir Roland et déclara que si tout le monde était prêt, on pouvait partir.

Ils redescendirent l'escalier à grand bruit, sortirent dans la cour où deux hommes à la mine patibulaire surveillaient les chevaux. M. Hawkins les remercia, le vicomte leur jeta la pièce avant de vérifier que ses pistolets se trouvaient toujours dans les fontes. M. Hawkins lui dit qu'il ne devait pas s'inquiéter.

— Ils travaillent pour moi, indiqua-t-il. Vous pouvez leur faire confiance.

On se mit en selle. Le vicomte, avisant la monture de M. Hawkins, demanda :

— Qu'est-ce que c'est que ça ? Vous l'avez trouvé où ?

M. Hawkins sourit et toucha l'aile de son nez, mais refusa d'en dire plus.

Sir Roland, dont le cheval, apparemment, avait aussi piètre opinion de l'auberge que son cavalier car il tirait avec insistance en direction de la route, Sir Roland, donc, s'adressa au vicomte sur un ton alarmant.

— Pel, nous ne pouvons pas circuler sur les routes avec ces vêtements ! Nous allons nous faire remarquer. Moi, je refuse !

— Sur les routes ? dit M. Hawkins. Il n'est pas question de routes. Vous n'avez qu'à me suivre.

Il emmena ses compagnons d'équipée par un cheminement qu'ils ne connaissaient pas et qui leur parut très tortueux. Il leur fit éviter ainsi tous les villages, contourna Hounslow très au large et les ramena vers la route de Bath. Il leur dit alors :

— Il faut nous cacher, bien entendu. Je connais quelques collines boisées qui feront l'affaire. Allons-y. Vous savez à quoi ressemble la caisse de votre homme ?

— La quoi ? demanda le vicomte.

— Sa caisse… son carrosse, c'est ce que je veux dire.

— Je préférerais que vous dissiez directement ce que vous voulez dire. Quant à son carrosse, je sais qu'il est attelé à quatre chevaux, c'est tout.

— Connaissez-vous ses chevaux ? demanda le capitaine Héron.

— Je connais les deux qu'il utilise pour tirer sa voiture légère, mais cela ne nous avance pas. Nous n'aurons qu'à arrêter le premier véhicule que nous verrons passer, et si Lethbridge n'est pas à l'intérieur, nous arrêterons le suivant.

— Excellente stratégie, dit Sir Roland. Ainsi, nous pourrons peut-être nous faire la main avec quelques voitures avant de voir arriver Lethbridge.

En même temps, il faisait tourner son masque entre ses mains, d'un air dubitatif. Il le brandit et ajouta :

— Pel, je n'aime pas du tout ce masque. Il est trop grand.

Le capitaine Héron se pencha pour voir et demanda :

— Moi, j'aime bien le mien. Il est parfait. Qu'est-ce que vous reprochez au vôtre ?

— Il est trop grand, vous dis-je. Si je me mets ça sur la figure, je ne peux plus respirer, c'est certain.

Ils arrivaient aux collines dont M. Hawkins avait parlé. Les bosquets offraient, en effet, une excellente protection tout en permettant de surveiller la route sur une grande longueur. Arrivés à pied d'œuvre, les quatre hommes mirent pied à terre, se dissimulèrent dans les feuillages et s'assirent pour attendre leur homme.

— Je ne sais pas si vous y avez pensé, Pel, dit le capitaine Héron en enlevant son chapeau qu'il jeta sur l'herbe, mais si nous arrêtons plusieurs voitures avant de voir arriver Lord Lethbridge, nos premières victimes risquent de nous dénoncer à Hounslow, d'où le danger, pour nous, de voir arriver la police.

Etendu dans l'herbe, les mains sous la nuque, le vicomte ne répondit pas. Le capitaine insista :

— Vous ne craignez pas un incident de ce genre ?

— Combien de voitures croyez-vous que nous allons voir passer ?

— C'est tout de même la route de Bath.

Sir Roland enleva son masque qu'il venait d'essayer longuement, et fit observer :

— La saison n'a pas encore commencé à Bath.

Le capitaine hocha la tête. Il mit ses mains en visière au-dessus de ses yeux pour les protéger du soleil, puis reprit :

— Vous aimez parier, Pel, n'est-ce pas ? Eh bien ! Je parie dix contre un que votre plan si astucieux ne va pas se dérouler aussi bien que vous le pensez. Le grain de sable, vous connaissez ?

— Tenu ! dit le vicomte. Mais c'est votre plan, pas le mien.

— Du monde sur la route ! annonça Sir Roland.

M. Hawkins, qui observait la route en mâchonnant un brin d'herbe, secoua la tête.

— Ce n'est pas un carrosse.

Il jeta un coup d'œil vers le soleil pour évaluer l'heure et ajouta :

— A mon avis, c'est la diligence d'Oxford.

Quelques instants plus tard, ils virent déboucher, au détour de la route, une lourde diligence brinquebalante tirée par six chevaux. A côté du cocher se tenait un garde armé et sur le toit se pressaient, parmi les bagages, de nombreux passagers qui avaient payé la moitié du tarif pour voyager de cette façon très inconfortable.

— Je ne touche pas à ça, dit M. Hawkins, avec un air de mépris. Qu'est-ce qu'on peut espérer en tirer ? Quelques piécettes, des fois même pas. Trop de risques pour pas grand-chose.

La diligence avait disparu mais on entendit encore longtemps le sourd grondement, comme d'un orage qui se fût éloigné lentement. Quelque temps plus tard passa un cavalier solitaire, se dirigeant vers l'ouest. M. Hawkins l'examina attentivement avant de déclarer :

— Trop petit gibier.

Le silence régnait sur la campagne, troublé par le cri occasionnel d'une alouette. Le capitaine Héron s'était allongé ; il dormait. Le vicomte, assis dans l'herbe, prenait une pincée de tabac quand se fit entendre le bruit annonciateur d'une nouvelle voiture, rapide celle-là. Le vicomte referma sa tabatière et secoua le capitaine, puis il mit son masque. M. Hawkins, qui écoutait intensément, la tête penchée de côté, annonça :

— Six chevaux. Vous les entendez ?

— Six ? dit le vicomte.

— C'est comme je vous le dis. A mon avis, c'est le courrier... Dites, une proposition...

— Oui ?

— Une petite attaque, à quatre... vite fait.

— Attaquer le courrier ? s'écria le vicomte. Certainement pas ! Nous ne sommes pas venus ici pour ça !

— Vous avez tort, soupira M. Hawkins. On n'a pas tous les jours une occasion pareille. Ah ! Qu'est-ce que je vous disais ! C'est le courrier de Bristol.

Il y eut ensuite un chariot qui allait à l'allure d'un escargot, et dont les quatre hommes suivirent la progression, en bâillant. M. Hawkins dit qu'il s'ennuyait ferme et annonça qu'il connaissait un estaminet non loin de là, qu'on pourrait peut-être... Sur un regard du vicomte, très sévère, il accorda que ce n'était pas une bonne idée.

Sir Roland bâilla une nouvelle fois, à se décrocher la mâchoire, et déclara :

— Nous avons vu passer une diligence, un courrier, un cavalier et un chariot. On s'ennuie, on s'ennuie ! Héron, vous n'auriez pas pensé à apporter un jeu de cartes, par hasard ?

— Non, dit le capitaine, qui menaçait de se rendormir.

— Moi non plus, hélas, soupira Sir Roland.

Et il retomba dans une morne apathie.

Dix minutes plus tard, M. Hawkins mettait la main en cornet à son oreille.

— Cette fois, on dirait que ça y est ! Oui, je crois que c'est une voiture... quatre chevaux. Voulez-vous mettre vos masques, Messieurs ?

— Je n'y crois plus, dit Sir Roland.

Il mit néanmoins son masque et monta à cheval. Le vicomte, qui remettait son chapeau et l'enfonçait bien, se mit à rire et s'esclaffa.

— Pom, si tu pouvais te voir ! C'est trop drôle.

Sir Roland haussa les épaules. Il n'avait pas envie de rire. Il marmonna :

— Je te vois, Pel, et ça me suffit. J'ai d'ailleurs hâte que cette mascarade finisse.

M. Hawkins, en selle, se donna les allures d'un général. Le poing sur la hanche, il se retourna pour déclarer :

— Messieurs, allons-y en douceur. Pas de précipitation ! Nous allons descendre gentiment, vous voyez ? Surtout, ne faites pas n'importe quoi avec vos pétards. N'allez pas tirer à tort et à travers. Je suis un honnête bandit, je ne tue pas. Je ne tue pas !

Puis il s'adressa au vicomte en particulier.

— Vous êtes habile avec votre pétard ?

— Ma foi, je me débrouille.

— En cas de besoin, hein ? Seulement en cas de besoin. Et juste pour effrayer.

Le vicomte hocha la tête, tira un pistolet de ses fontes, le vérifia puis caressa l'encolure de sa monture.

— Tu n'auras pas peur, n'est-ce pas ? Allez, on y va tout doucement.

Il agita doucement les rênes. M. Hawkins le retint par le bras.

— Trop tôt, dit-il. Laissez-leur le temps d'arriver. Faut pas qu'ils nous voient trop tôt, ça risquerait de leur donner les foies.

Le carrosse apparut au détour de la route, c'était bien un véhicule tiré par quatre chevaux qui allaient au trot enlevé. M. Hawkins dit encore :

— C'est moi qui dirige la manœuvre. Vous me suivez et vous faites comme je vous dis !

Le carrosse arrivait, les chevaux lancés au grand galop.

— Jolis amortisseurs, remarqua Sir Roland ; voiture de grande classe !

— Vous couvrez les postillons, ordonna M. Hawkins.

— Si nous ne nous décidons pas, rétorqua le vicomte, nous n'aurons bientôt plus personne à couvrir. On y va ?

La voiture allait passer juste au-dessous d'eux.

— On y va ! dit M. Hawkins.

— Taïaut ! s'écria Sir Roland, en agitant son pistolet.

— Pom, tu ne veux pas te taire un peu ? dit le vicomte énervé. Nous ne sommes pas en train de jouer !

Debout sur ses étriers, il pointa son pistolet en direction du carrosse et vit un postillon apeuré se baisser pour éviter la balle qu'il tira très au-dessus du véhicule. Sa monture se cabra et voulut le désarçonner. Il réussit à la calmer puis lui fit dévaler la pente herbeuse en direction de la route. Il cria :

— La bourse ou la vie !

Les postillons s'empressèrent d'arrêter leur véhicule, sous le contrôle du capitaine Héron qui les tenait en respect avec son pistolet qu'il dirigeait tantôt vers l'un, tantôt vers l'autre. Quant à Sir Roland, qui se flattait d'être connaisseur en chevaux, il examinait de près ceux de cet équipage, qui lui paraissaient exceptionnels.

Le vicomte et M. Hawkins s'approchèrent de la portière, dont la fenêtre s'ouvrit brutalement. Parut alors le visage d'un vieillard rouge de colère, mais aussi sa main, qui tenait un pistolet. Il éructa un chapelet d'injures :

— Scélérats ! Canailles ! Je vais vous apprendre, moi, à vous en prendre aux honnêtes gens.

Et il tira.

La balle passa tout près de l'oreille du vicomte. Sa jument se cabra de nouveau. Il la calma avant de tancer le maladroit.

— Hé ! Vous ne pourriez pas faire attention à ce que vous faites ? Vous avez bien failli me tuer !

M. Hawkins passa de l'autre côté de la chaise de poste, et enfila son bras par la fenêtre pour agiter son pistolet sous le nez du gentleman voyageur.

— Allez ! On se lève et on sort de là. Vite, vite, vite !

Il laissa tomber les rênes sur l'encolure de son cheval et se pencha pour ouvrir la portière du véhicule, en prodiguant les encouragements :

— On se dépêche, et on montre ses bagages ! Une petite inspection est prévue !

— Arrêtez ! dit le vicomte. Ce n'est pas notre homme.

— Possible, répondit M. Hawkins, mais j'inspecte ses bagages quand même ! J'ai l'impression que la récolte va être bonne.

Il arracha au voyageur une tabatière en or et la brandit comme un trophée.

— Tenez ! Qu'est-ce que je vous disais ? C'est pas joli, ça ?

— La police va s'occuper de vous ! hurla le voyageur furibond.

Vous n'avez pas honte ? En plein jour, par-dessus le marché ! Je vais m'occuper de vous, moi !

Il surgit de l'habitacle comme un diable de sa boîte, tenant à la main une longue canne en ébène dont il avait visiblement l'intention de se servir. Contournant le carrosse, il se dirigea vers M. Hawkins.

— Rendez-moi cette tabatière tout de suite !

— Il va nous faire une attaque d'apoplexie, marmonna le vicomte ennuyé.

Il contourna à son tour le carrosse pour dire à M. Hawkins :

— Donnez-moi cette tabatière.

M. Hawkins obtempéra de mauvais gré mais sans rechigner. Le vicomte voulut rendre l'objet à son légitime propriétaire, mais celui-ci était si furieux qu'il ne comprit pas le sens de ce geste. Il abattit un coup de canne sur son bienfaiteur, qui l'évita de justesse et qui, furieux à son tour, jeta la tabatière dans l'habitacle, avant de prendre l'homme par la redingote pour lui faire refaire le tour du carrosse et le jeter comme un paquet à l'intérieur.

— Pom ! dit-il, ne reste pas devant les chevaux. La voiture va repartir.

— Ce n'est pas notre homme, n'est-ce pas ? fit Sir Roland en s'approchant. Je m'en doutais… Mais tu as jeté un coup d'œil sur les chevaux ? Les plus beaux que j'aie jamais vus ! Magnifiques bêtes ! Tu crois que Monsieur accepterait de vendre ?

Le vieil homme, qui avait encore un pied sur les marches, montrait le poing et sa canne, et se répandait en invectives.

— Chiens galeux ! Vous allez trouver à qui parler ! Vous aimez ma canne, hein ? Eh bien ! Le premier qui approche, je la lui casse sur la tête ! Vous n'osez pas, hein ? Voleurs, mais pas courageux, si je comprends bien !

Puis il s'adressa aux postillons qui semblaient paralysés sur leur siège.

— Et vous, qu'est-ce que vous attendez pour repartir ? Allez, fouettez ! Et faites passer ma voiture sur ces forbans !

Le fouet claqua, les chevaux s'ébranlèrent. Sir Roland leva la main.

— Attendez !

Il s'approcha de la portière, ôta son abominable chapeau et salua.

— Je n'ai pas l'honneur de vous connaître, Sir, mais je trouve vos chevaux magnifiques ; magnifiques, vraiment ! Justement, je cherche des animaux dans ce genre et...

Le vieil homme poussa un cri de rage.

— Quoi ? Vous voulez voler mes chevaux ? Postillon, je vous ordonne d'écraser ces gens.

— Non, non ! protesta Sir Roland. Vous vous méprenez, Sir. Je n'ai pas l'intention de voler vos chevaux. Ecoutez-moi, je vous prie.

Le capitaine Héron s'approcha de lui et l'entraîna en tirant son cheval par la bride, et en lui soufflant :

— N'insistez pas, c'est inutile, et dangereux en plus. Vous allez faire rater toute l'affaire, si vous continuez.

Sir Roland se laissa faire, mais il gardait le regard fixé sur les magnifiques chevaux qu'il convoitait. Et il finit par soupirer :

— Quel dommage ! Je voulais traiter, moi ! S'il avait voulu m'écouter... Je lui en aurais donné bon prix. Mais vous avez vu, n'est-ce pas ? Il n'a rien voulu entendre. Un fou furieux ! Jamais rien vu de tel !

Le vicomte, qui prodiguait quelques mots d'encouragement à M. Hawkins inconsolable après la perte de la tabatière, se retourna pour répondre sèchement :

— Il ne pouvait pas savoir que tu voulais les lui acheter, ces damnés chevaux ! En outre, je te rappelle que nous n'avons pas le temps de marchander. C'est pourquoi je te le dis, nous ferions mieux de remonter nous cacher dans les buissons... Tu as vu comme ma monture a bien supporté les coups de feu ? Pas mal, non ?

Il caressa affectueusement l'encolure de son cheval. Le capitaine Héron, qui n'avait cessé d'observer le nuage de poussière derrière le carrosse filant à toute allure, déclara avec appréhension :

— Cet homme va nous dénoncer à Hounslow, Pel. Tu entends ce que je te dis ?

— Laisse-le faire, répondit le vicomte. Comment veux-tu qu'il jette la police à nos trousses ? Nous ne lui avons rien pris, pas la moindre babiole.

— Pas la moindre babiole, c'est bien vrai, confirma M. Hawkins. Vous avez vu le coffre-fort sous son siège ? Il devait y en avoir, là-dedans ! C'est la dernière fois que je travaille avec des types de la haute. Rien à tirer avec les gens de votre espèce.

— Cessez de répéter cela sans cesse, dit le vicomte. Vous devenez lassant. J'ajoute que vous pourrez *tirer* tout ce que vous voudrez de l'homme que nous attendons ; mais vous ne dévaliserez personne d'autre tant que vous serez avec moi. Compris ?

M. Hawkins hocha la tête avec une grimace qui en disait long sur ses pensées. Les quatre hommes remontaient la pente. Dans les buissons, ils mirent pied à terre, une fois encore.

— Tout cela est assez facile, dit le capitaine Héron ; amusant aussi. Si nous n'allons pas en prison — en *taule*, comme dirait M. Hawkins —, je garderai un bon souvenir de cet après-midi.

— Facile, facile…, grommela le vicomte. Je n'aime pas nos *fringues*. Trop chaudes. On étouffe là-dessous.

— Quels chevaux magnifiques ! soupira Sir Roland.

L'après-midi s'écoulait lentement. Un chariot passa, puis trois cavaliers l'un après l'autre, et encore une voiture. Le vicomte commençait à s'agiter.

— Lethbridge ne peut pas ne pas passer sur cette route ! Qu'est-ce qu'il fait ? Il ne faut pas le manquer.

— En tout cas, ce que nous avons manqué, dit le capitaine Héron, c'est le déjeuner.

Il tira sa montre et ajouta :

— Il est déjà 15 heures… Je vous signale que je suis attendu pour dîner à 17 heures, South Street.

— Ah, vous dînez donc chez ma mère ! s'exclama le vicomte. Je vous préviens, Edward, que son cuisinier est mauvais comme un cochon. Personnellement, je ne supporte pas sa pitance, et c'est en partie pour cette raison que j'ai choisi de prendre un logement indépendant… Que se passe-t-il, Hawkins ? Vous entendez quelque chose ?

— Oui, une voiture arrive, et j'espère que c'est la bonne, cette fois !

Quand il vit le véhicule, magnifique caisse peinte et vernie, suspendue sur deux amortisseurs en cou de cygne, le vicomte se frotta les mains.

— Cette fois, c'est bien lui. Pom, nous le tenons !

On reproduisit la manœuvre qui avait si bien réussi la première fois. Les postillons, effrayés de se voir attaqués par quatre bandits, arrêtèrent le carrosse et descendirent de leur siège sans se faire prier. Tandis que le capitaine Héron les tenait en respect avec son pistolet, le vicomte se dirigea vers la portière et cria, d'une voix aussi rocailleuse que possible :

— La bourse ou la vie ! Tout le monde descend !

Deux gentlemen occupaient l'habitacle. Le plus jeune se propulsa en avant, un petit pistolet à la main, mais l'autre le retint par le poignet en disant :

— Ne tirez pas, mon garçon. Vraiment, je préférerais que vous n'usiez point de cette arme.

Le vicomte avait laissé tomber son arme. Il semblait médusé, ce qui fit dire à M. Hawkins :

— Ça doit pas encore être le bon.
Ce n'était pas le bon, en effet.
Le comte de Rule descendit dignement de sa voiture. Son regard placide se porta sur le vicomte, puis sur les acolytes de celui-ci. Et il demanda :
— Que puis-je faire pour vous être agréable, Pelham ?

21.

Il n'était guère plus de 16 heures quand de furieux coups retentirent à la porte de la maison londonienne occupée par le comte de Rule. Horatia, qui montait l'escalier pour aller dans sa chambre où elle devait changer de robe, s'arrêta et pâlit. Puis, quand elle vit le portier ouvrir sur Sir Roland Pommeroy qui n'avait pas de chapeau, elle poussa un cri d'effroi et dévala les marches en disant :

— Seigneur ! Q-que s'est-il p-passé ?

Sir Roland, essoufflé, se pencha néanmoins sur la main qu'elle lui tendait, puis il déclara :

— Veuillez pardonner ma précipitation, Milady, mais serait-il possible que nous eussions un entretien en privé ?

— Oui, oui, b-bien sûr ! répondit-elle en l'entraînant vers la bibliothèque. Dites-moi : q-quelqu'un a-t-il été tué ? Ce n'est pas P-Pelham, au moins ?

— Non, Milady. Sur mon honneur, aucun incident fâcheux n'est survenu. Je suis ici sur les instructions de Pelham. Il désirait que je vous mette au courant le plus vite possible. Je suis rentré à Londres à bride abattue, j'ai laissé mon cheval à l'écurie la plus proche, et je suis venu en courant. C'est ce qui explique mon essoufflement. Donc, il faut que je vous dise…

— Q-quoi ? Avez-vous trouvé Lord Lethbridge ?

— Pas Lord Lethbridge, Milady ; Rule.

Haletant, Sir Roland tira un mouchoir de sa poche et s'épongea le front.

— Rule ? s'exclama Horatia, au comble de la stupéfaction.

— Lui-même, Milady. Situation délicate, vous en conviendrez.

— Où ?

— Sur la route, Milady. Il rentrait à Londres.

— Il vous a reconnus ?

— Hélas, oui, Milady. Pas directement… Il a reconnu le cheval de Pelham.

— Q-quel manque de chance, murmura Horatia en se tordant les mains. Q-qu'a-t-il dit ? Q-que pense-t-il de tout cela ? P-Pourquoi rentrait-il plus tôt que prévu ?

— Il ne faut pas vous alarmer, Milady. Pel a fait face à cette situation imprévue avec une grande présence d'esprit. C'est un malin, vous savez !

— Franchement, je ne vois pas c-comment il a p-pu faire face à cette situation.

— Très simplement, Milady. Il a prétendu que c'était un pari.

— Un p-pari… Et R-Rule l'a cru ?

— Certainement ! Pel a déclaré que nous nous étions trompés de voiture. L'histoire est plausible. Cependant, Pel a pensé qu'il valait mieux vous prévenir.

— Oui, b-bien sûr… Mais Lethbridge ? Et ma b-broche ?

Sir Roland remit le mouchoir dans sa poche.

— Pas moyen de le trouver, celui-là. Il devrait être chez lui, maintenant, mais nous ne l'avons pas vu. Pel et Héron font le guet, avec Hawkins. Justement, il faut que j'aille faire une commission chez Lady Winwood, lui dire que Héron ne pourra pas se présenter chez elle à 17 heures. Il essaie de mettre la main sur Lethbridge, vous voyez ? Toujours est-il que Pel m'a dit de vous dire que vous n'aviez pas à vous en faire. Nous tenons l'affaire bien en mains. La broche sera retrouvée, et Rule ne se doute de rien ; vraiment de rien, Milady !

Horatia se mit à trembler.

— Il me semble q-que je ne p-pourrai jamais le regarder en face, murmura-t-elle.

Sir Roland, gêné de la voir au bord des larmes, fit retraite en direction de la porte. Il répéta :

— Il n'y a pas lieu de vous alarmer, Milady. Il faut que j'y aille, maintenant… Il ne serait pas bon que Rule me trouve ici. Vous le comprendrez aisément.

— Vous avez sans d-doute raison, dit Horatia d'un ton morne.

Après que Sir Roland eut pris congé, elle sortit de la bibliothèque et remonta dans sa chambre, où sa servante l'attendait pour l'aider à s'habiller. Elle avait promis à sa belle-sœur de l'accompagner au théâtre de Drury Lane après dîner, et pour cette occasion elle avait choisi une robe en satin, déjà déposée sur le dossier d'un fauteuil. Sa servante, en la délaçant, l'informa que M. Frédin, apprenti de M. Léonard, de Paris, célèbre académicien de la coiffure, était déjà arrivé et l'attendait dans la pièce attenante. Ayant été habillée, la jeune fille se mit donc entre les mains de M. Frédin.

L'artiste capillaire, incapable de comprendre que sa cliente n'était pas d'humeur badine, lui proposa maints arrangements, tous plus merveilleux les uns que les autres, et qui eussent dû ravir tous ceux qu'elle devait rencontrer ce soir. Milady ne voulait pas de *Qu'es aquò* ? Milady avait bien raison ! Trop compliqué pour une soirée. Milady préférerait sans doute un *Torrent mousseux*, mode nouvelle et si charmante. Ou alors, Milady n'étant pas très grande, elle fixerait peut-être son choix sur un *Papillon*, véritable enchantement pour l'œil.

— Je m'en moque, maugréa Horatia. Faites c-comme bon vous semblera.

Déçu, M. Frédin redoubla d'efforts pour intéresser sa cliente. Milady, sans doute, désirait quelque chose de vraiment nouveau, une coiffure *épatante*, comme on disait à Paris ? Le *Hérisson* n'était plus tout à fait à la mode, mais le *Chien fou* plairait beaucoup à Milady ; très distingué, le *Chien fou* ! Bien sûr, l'*Oiseau royal* était toujours en vogue... Mais si Milady inclinait à la morosité, alors la *Chiffe molle* lui conviendrait peut-être.

— Choisissez, mais vite ! dit Horatia. Je suis en retard.

Chagriné de ne pas voir son art reconnu à sa juste valeur, M. Frédin connaissait trop bien les dames pour récriminer. Il travailla dès lors en silence, et ses doigts agiles réussirent à monter, en un temps remarquablement court, une coiffure extraordinaire, formidable masse de boucles poudrées *A la maréchale* et parfumées à la violette.

Revenue dans sa chambre, Horatia s'assit à sa table de toilette et prit le pot de rouge. Elle ne voulait pas que Rule la vît si pâle. Mais elle venait à peine d'en commencer l'application sur ses joues qu'on gratta à l'huis. La porte s'ouvrit et le comte parut.

— Oh..., murmura Horatia au bord de l'évanouissement.

Puis, se rappelant qu'elle devait jouer la surprise, elle se leva en s'exclamant :

— Seigneur ! C'est d-donc bien vous, M-Milord ?

Il avait pris le temps de se changer, quittant ses vêtements de voyage pour une tenue de soirée en velours puce et un gilet brodé de fleurs. Il traversa la chambre pour venir près d'Horatia, dont il prit la main, et la baisa.

— C'est bien moi, confirma-t-il. Mais dites-moi... Surtout ne craignez pas de me le dire... Je suis peut-être de trop ?

— Non, bien sûr que non, répondit-elle, d'un ton incertain.

Elle avait du mal à respirer. Lorsque son mari avait paru, il lui avait semblé que son cœur se décrochait. Ah ! si sa servante n'avait pas été là… si elle n'avait pas perdu cette broche… Mais la servante, cette sotte, s'incrustait et multipliait les révérences, et Lord Lethbridge avait la broche… Voilà pourquoi Horatia ne pouvait pas se précipiter dans les bras de son mari pour pleurer sur sa poitrine. Elle devait, au contraire, se forcer à sourire, ce qui ne lui était pas facile du tout.

— Vous n'êtes jamais de trop, répéta-t-elle. Et je suis prodigieusement heureuse de vous revoir. Mais pourquoi rentrer plus tôt que prévu, Sir ?

— C'est pour vous que je rentre, Horry, répondit-il avec un grand sourire.

Elle rougit et, pour se donner une contenance, ouvrit sa boîte de mouches, d'une main tremblante. Les pensées tourbillonnaient dans sa tête. Il avait dû rompre avec Lady Massey… Il commençait à l'aimer… pas trop tôt… Mais s'il savait, à propos de Lethbridge et de la broche, tout était perdu… Elle n'aurait que ce qu'elle méritait, car elle était l'épouse la plus fourbe du monde. Elle avait manqué à tous ses devoirs…

— Je vous en prie, dit son mari en lui prenant la boîte de mouches. Laissez-moi vous montrer ce que je sais faire.

Il prit un petit rond de taffetas noir et, avec douceur, prit Horatia sous le menton pour l'obliger à le regarder.

— Alors, que disons-nous ? poursuivit-il. Une *Equivoque* ? Hmm, je ne pense pas… Une *Galante*, alors ? Non, cela n'irait pas non plus. Non, ce qu'il nous faut…

Il appliqua la mouche à la commissure des lèvres.

— Un *Appel au baiser* ! s'exclama-t-il.

Puis il se pencha et donna à Horatia un baiser, sur la bouche.

Horatia voulut caresser la joue de son mari, mais sa main retomba. Elle n'avait pas le droit, car elle était l'épouse la plus fourbe du monde. Elle recula, s'adossa à son fauteuil et essaya de rire.

— Milord, nous ne sommes pas seuls ! Et il faut que je finisse de m'habiller, car, voyez-vous, j'ai promis à Louisa et à Sir Humphrey que j'irais au théâtre avec eux, à Drury Lane.

Rule se redressa et se prit le menton pour réfléchir.

— Que faire ? Envoyez un message à Louisa ou aller au théâtre avec vous ?

— Oh, se hâta de répondre Horatia, il ne faut p-pas vous obliger à rester ici p-pour moi, Sir.

Passer toute une soirée avec lui ? Cela lui semblait impossible.

— Alors nous irons ensemble au théâtre, dit Rule. Je vous attends au pied de l'escalier, mon amour.

Vingt minutes plus tard, ils se trouvaient l'un en face de l'autre, de part et d'autre de la grande table de la salle à manger.

— Je veux croire, dit Rule en découpant son canard, que vous ne vous êtes pas trop ennuyée en mon absence. N'est-ce pas, ma chère amie ?

Pas trop ennuyée ? Il avait le sens de l'euphémisme !

— Je ne me suis p-pas trop ennuyée, dit Horatia.

— N'êtes-vous pas allée à la grande soirée chez le duc de Richmond ?

Horatia frissonna.

— Il est exact, Sir, q-que je suis allée à la soirée d-du duc de Richmond.

— Mais que se passe-t-il, Horry ? Avez-vous froid ?

— Froid, moi ? Non, Sir, p-pas du tout.

— Il m'a pourtant bien semblé vous voir frissonner.

— Non, non..., balbutia Horatia. P-Pas froid, p-pas froid du tout. La soirée du d-duc de Richmond était remarquable. Il y avait souper, bal et feu d'artifice, voyez-vous ? L'ennui, c'est q-que mes souliers me faisaient horriblement mal et, à c-cause de cela, je ne me suis pas autant amusée que j'aurais voulu. Ils étaient tout neufs, mais ils m'avaient t-tellement agacée q-que j'aurais voulu les renvoyer au b-bottier. Hélas, l'humidité les a c-complètement gâtés, j'ai d-donc dû les garder.

— Vos souliers gâtés par l'humidité… Quel dommage !

Horatia laissa échapper sa fourchette, qui tomba à grand bruit sur son assiette. Voilà ce que c'était que de vouloir parler pour meubler le silence ! Elle venait de commettre un bel impair, et, elle en était sûre, les questions allaient s'enchaîner maintenant, de plus en plus précises, de plus en plus désagréables.

— Oui, dit-elle. J'ai oublié de vous dire q-que le bal avait été p-perturbé p-par la pluie. Q-quel dommage, en effet. Je me suis mouillé les p-pieds. J'étais très agacée, vous le c-comprendrez.

— Je le comprends. Et qu'avez-vous fait hier ?

— Hier ? Hier… je n'ai rien fait du tout.

Le rire monta aux yeux du comte.

— Ma chère Horry, en êtes-vous bien sûre ? Votre confession n'est-elle pas, disons, incomplète ?

Horatia s'enferra.

— Je vous assure… Je ne me sentais pas très bien, donc je suis restée à la maison.

— Dans ce cas, je suppose que vous n'avez pas vu Edward ?

Horatia buvait un peu de bordeaux. Ses dents s'entrechoquèrent sur le bord du verre.

— Mais bien sûr ! C-Comment se peut-il que je l'aie oublié ? Vous savez donc q-qu'Edward est en ville, n'est-ce p-pas ? Incroyable, q-quand on y pense !

Elle avait l'impression de s'enfoncer, lentement mais inexorablement, dans des sables mouvants. Il lui fallait, de toute urgence, retrouver un terrain plus solide.

— Mais c-comment se fait-il q-que vous sachiez q-qu'il est en ville ?

Lord Rule attendit que le valet eût ôté son assiette et mis une autre devant lui avant de répondre :

— Je l'ai vu.

— Vraiment ? P-Puis-je savoir où ?

— Du côté d'Hounslow. Une rencontre tout à fait inattendue, je dois le dire.

— Je l'imagine sans p-peine. Q-que faisait-il dans ces parages ?

— Il a essayé de me dévaliser.

La cerise passa de travers. Horatia s'étouffa, toussa.

— Il vous a… C-Comme c'est bizarre !

— Je dirais plutôt : audacieux.

— Vous avez raison. P-Peut-être faisait-il cela p-pour répondre à un p-pari, murmura Horatia, qui se rappelait la leçon donnée par Sir Roland.

Lord Rule en convint volontiers.

— Je le pense aussi.

Il leva la tête, son regard croisa celui d'Horatia, et il ajouta :

— Pelham et son ami Pommeroy participaient à l'expédition. Malheureusement pour eux, ce n'est pas moi qu'ils attendaient.

— Vous n'étiez pas… Non, bien sûr, il ne p-pouvait s'agir de vous ! Je veux dire… Ne c-croyez-vous pas q-qu'il serait temps d'aller au théâtre, Sir ?

Rule se leva.

— Vous avez raison, ma chère.

Il prit le manteau d'Horatia, le lui mit sur les épaules en ajoutant :

— Me permettez-vous une suggestion ?

Elle lui jeta un regard inquiet.

— P-Pourquoi p-pas ? Certainement, Sir.

— Vous ne devriez pas porter des rubis avec ce satin, ma chère. L'ensemble de perles et de diamants serait plus indiqué, vous ne pensez pas ?

Il y eut alors un instant de silence qu'Horatia trouva pesant, insupportable. Elle avait l'impression qu'une main invisible l'étranglait, tandis qu'une autre lui broyait le cœur. Elle réussit à dire :

— Il est trop tard pour changer, maintenant.

— Comme vous voulez, dit Lord Rule.

Il ouvrit la porte et s'effaça pour la laisser passer.

Durant tout le trajet vers Drury Lane, Horatia s'appliqua à ne pas laisser mourir la conversation. Elle parla, parla à perdre haleine jusqu'à ce que le carrosse arrivât à Drury Lane. Elle entra au théâtre avec soulagement : pendant trois heures, elle allait échapper à l'angoissant tête-à-tête avec son mari.

Sur le chemin du retour, on pouvait parler de la pièce, bien sûr, et du jeu des acteurs, et de la nouvelle robe de Lady Louisa, tous sujets sans danger. A l'arrivée, invoquant sa grande fatigue, Horatia monta tout de suite dans sa chambre. Dans son lit, elle resta longtemps éveillée, s'interrogeant sans fin sur ce que Pelham avait fait, et sur la façon dont elle devrait réagir s'il avait échoué.

Elle s'éveilla, le lendemain matin, avec la sensation de ne s'être pas reposée. Sa servante lui apporta son petit déjeuner et son courrier. Elle but son chocolat et regarda les lettres, espérant en trouver une du vicomte, son frère. Hélas, elle n'avait que des invitations et des factures.

Reposant sa tasse vide, elle commença de faire sauter les cachets. On la conviait à une partie de campagne, à une soirée de jeu... Elle ne toucherait plus une carte de sa vie ! Un pique-nique... Plus jamais de pique-nique ! Un concert au Ranelagh... Elle espérait n'avoir plus jamais à mettre les pieds dans cet endroit odieux. Seigneur ! Elle avait dépensé trois cent soixante-dix guinées chez sa modiste. Excessif, vraiment ! Et cette autre facture ? Cinq plumes à cinq louis pièce ! Elle avait exagéré, surtout que ces plumes avaient été achetées pour la confection de sa coiffure à la *Qu'es aquò*, qui ne lui convenait pas du tout !

Horatia brisa le sceau d'une autre lettre et déplia une grande feuille de papier toute simple, couverte d'une écriture à longues boucles.

« Si la dame qui a perdu une broche de diamants et de perles, non loin de chez Lord Lethbridge, la nuit de la réception donnée chez le duc de Richmond, veut bien venir seule au temple grec qui se trouve au bout de la grande allée dans les jardins de Vauxhall, à minuit précisément, le vingt-huitième jour de septembre, la broche lui sera rendue par la personne qui l'a actuellement en sa possession. »

Pas de signature. Ecriture déguisée. Horatia, incrédule, contempla cette lettre pendant une longue minute. Puis, soudain, poussant un grand cri, elle poussa son plateau dans les mains de sa servante et rejeta ses draps en disant :

— Vite, il faut q-que je me lève. Donnez-moi une robe de promenade, et un chapeau, et mes gants… Oh ! et p-prévenez q-que j'aurai besoin de mon landau… Non ! p-pas mon landau, ma voiture de ville. Q-qu'elle soit prête dans une demi-heure. Et emportez toutes ces lettres ! D-Dépêchez-vous, je vous en p-prie !

Pour une fois, Horatia ne passa pas un temps infini à sa toilette. Une demi-heure plus tard elle dévalait l'escalier, son ombrelle sous le bras, les gants à la main. Heureusement, Rule ne se trouvait pas dans les parages. Ayant jeté un coup d'œil, en passant, dans la bibliothèque dont la porte était ouverte, elle fila vers la porte. Elle se retrouva dans la rue. Personne ne l'avait vue filer.

Sa voiture l'attendait. Elle ordonna au cocher de la conduire chez son frère, Lord Winwood, qui habitait à Pall Mall. Puis elle monta et s'installa parmi les coussins, en poussant un soupir de soulagement, et un vif sentiment de succès. Elle avait réussi à quitter la maison sans avoir à donner d'explications à Rule.

Le vicomte prenait son petit déjeuner quand sa sœur se fit annoncer. Il lui jeta un regard peu engageant en disant :

— Seigneur, Horry ! Que viens-tu faire ici à une heure pareille ? Tu ne devrais pas ! Si Rule apprend que tu as fui ta maison aux aurores, il risque de se douter de quelque chose.

Horatia plongea une main tremblante dans son réticule et en sortit le billet, qu'elle lui tendit.

— T-Tiens, regarde ! Voici ce q-qui m'amène. Lis !

Le vicomte prit le papier chiffonné, le lissa sur la table, en disant :

— Voyons cela... Tu ne veux pas t'asseoir ? Tu ne veux pas déjeuner ? Alors, qu'avons-nous là ?

— Tu ne c-crois pas q-que cela p-pourrait venir de Lethbridge ?

Le vicomte retourna le papier comme si le verso pouvait lui donner un indice, et il avoua son ignorance.

— Comment veux-tu que je le sache ? Il pourrait s'agir d'un piège.

— Pas forcément ! Il est p-peut-être désolé de ce q-qu'il m'a fait. Il se repent...

Il se montra catégorique.

— Lui, se repentir ? Jamais ! A mon avis, il essaie de remettre la main sur toi. Au bout de la grande allée... Ah, oui ! Je vois. Je connais ce temple. L'endroit n'est pas très sûr. Et il y a une porte non loin. Tu veux que je te dise, Horry : je te parie vingt-cinq livres qu'il va essayer de t'enlever, une fois de plus.

Horatia se tordit les mains.

— Pel, il faut pourtant que j'aille à ce rendez-vous ! Je dois récupérer ma broche, si je le peux.

Son frère se montra peu encourageant.

— Oui, tu dois, bien sûr... Et puis, tu verras bien.

Il rendit la lettre à sa sœur, but une lampée de bière et reprit :

— Nous irons donc à Vauxhall, toi, moi et Pom ; Edward aussi, s'il en a envie. A minuit, tu te rendras au temple, et nous, nous serons cachés dans les buissons. Nous verrons bien qui s'approchera de toi. Si c'est Lethbridge, nous le cravaterons. Si c'est un autre — mais à mon avis, ça ne peut être que Lethbridge —, tu n'auras qu'à donner l'alerte en cas de danger, et nous interviendrons. Dans un cas comme dans l'autre, nous allons récupérer ta broche, Horry.

Horatia hocha la tête.

— Oui, c'est un p-plan très astucieux, P-Pel. En p-plus, je p-pourrai dire à Rule q-que je sors avec toi, il trouvera cela tout à fait normal. A p-propos, Lord Lethbridge n'est-il p-pas revenu en ville, hier ?

Le vicomte se rembrunit.

— Hélas, non. Edward et moi avons monté la garde devant chez lui, avec Hawkins, jusqu'à plus de 21 heures. Nous ne l'avons pas vu. Tu sais que nous avons arrêté le carrosse de Rule ?

— Oui, b-bien sûr. Sir Roland me l'a dit, et R-Rule aussi.

— Je peux bien te l'avouer : ça m'a fichu un drôle de coup quand j'ai vu qui était dans cette voiture. Et lui, il a l'esprit vif. Il faut lui reconnaître qu'il n'est pas idiot. Tu sais qu'il a reconnu mon cheval ?

Anxieuse, Horatia s'écria :

— Mais il ne se doute de rien, P-Pel ? Tu es sûr q-qu'il ne se doute de rien ?

— Bien sûr que non ! Pourquoi aurait-il des doutes ?

Puis le vicomte jeta un coup d'œil sur la pendule et ajouta :

— Il faut que j'aille chercher Pom. Quant à toi, rentre à la maison, Horry.

De retour à Grosvenor Square, Horatia retira son chapeau et ses gants avant de se lancer à la recherche de Rule. Elle le trouva dans la bibliothèque, où il lisait le *Morning Chronicle*. Il se leva à l'entrée de sa femme et lui dit :

— Eh bien, mon amour ? Vous êtes debout très tôt, ce matin.

— Il faisait si b-beau, répondit-elle en lui abandonnant sa main. Je suis allée me p-promener au p-parc avec Maman.

Il attira la main à sa bouche et y déposa un baiser.

— Fort bien. Mais dites-moi : ne sommes-nous pas au vingt-huit, aujourd'hui ?

— Mais oui…

— Donc, vous irez danser chez Almack, avec moi ?

Consternée, Horatia répondit :

— Oh, cela serait merveilleux. L'ennui, c'est q-que je ne p-pourrai pas. J'ai p-promis à P-Pel d'aller à Vauxhall avec lui.

— On n'est pas obligé de tenir toutes les promesses.

— Je suis désolée, m-mais je suis obligée de t-tenir celle-là.

— Est-elle si importante ? Horry, vous risquez de me rendre jaloux de Pelham.

— Oui, c'est v-vraiment très important, affirma Horatia. C'est-à-dire q-que… P-Pel tient à ce que je sois là.

Lord Rule jouait avec ses doigts. Sans regarder sa femme, il demanda :

— Croyez-vous que Pel me permettrait de participer à votre petite expédition ?

— Oh, non ! Je suis certaine que cela ne lui plairait pas du tout.

— Vous en êtes certaine ?

— Je veux dire q-que je le c-crois. Voyez-vous, il veut me p-présenter certaines personnes, des étrangers, q-que vous n'avez sans doute p-pas envie de voir.

Lord Rule parut chagriné d'entendre cela.

— Pourtant, j'ai la réputation d'être très aimable avec les gens, particulièrement avec les étrangers.

Abandonnant la main d'Horatia, il se dirigea vers un miroir pour arranger sa cravate. Le dos tourné, il poursuivit :

— Il ne faut pas vous inquiéter pour moi, ma chère. Si ces étrangers m'agacent, je vous promets de partir sans faire d'esclandre.

Catastrophée, Horatia balbutia :

— Je pense que vous allez vous ennuyer, Marcus.

Il se retourna et s'inclina.

— Avec vous, Horry, je suis certain de ne jamais m'ennuyer. Mais maintenant, si vous voulez bien m'excuser, je dois vous quitter pour traiter certaines affaires urgentes. Le pauvre Arnold doit m'attendre depuis un bon moment.

Horatia le regarda sortir de la pièce. La porte refermée, elle se dirigea vers le bureau près de la fenêtre, s'assit et écrivit en hâte un billet destiné à son frère.

Cette missive atteignit le vicomte alors qu'il revenait de chez Sir Roland Pommeroy. Il la lut, jura d'abondance et se hâta de rédiger une réponse.

« Le diable emporte Rule. Je vais demander à Pom de le mettre hors circuit. »

Horatia prit connaissance de la réponse et le doute ne la quitta pas. Elle se flattait de connaître assez bien Sir Roland pour savoir qu'il n'avait pas le talent nécessaire pour gérer une situation délicate. Cela dit, elle devait admettre qu'elle avait tout fait pour dissuader son mari de l'accompagner et qu'elle avait échoué. Elle n'avait donc plus qu'à espérer en Sir Roland, son seul recours désormais.

Le comte de Rule était toujours enfermé avec M. Gisborne quand un laquais vint lui annoncer que Sir Roland Pommeroy sollicitait la faveur d'un entretien avec lui. Il leva la plume du document qu'il s'apprêtait à signer, et M. Gisborne, qui l'observait, s'étonna de lui voir une lueur d'amusement dans les yeux, lueur qui ne pouvait pas avoir été provoquée par l'annonce d'une visite.

— C'est très bien, dit Lord Rule. Dites à Sir Roland que je suis à lui dans un moment. Hélas, Arnold, voilà qu'un impératif m'oblige à interrompre mon travail avec vous. J'en suis désolé, croyez-moi, mais il faut que j'y aille.

— Désolé, Milord ? répondit M. Gisborne en haussant le sourcil. Si vous me permettez de vous en faire la remarque, je trouve que vous êtes ravi, au contraire.

Lord Rule remit sa plume dans l'encrier et se leva.

— Ce n'est pas l'interruption qui me ravit. Il se trouve, Arnold, que je suis d'excellente humeur depuis ce matin.

M. Gisborne se demanda pourquoi.

Sir Roland avait été introduit dans un des salons. Il se tenait près d'une fenêtre quand Lord Rule entra. Au mouvement de ses lèvres, on eût pu croire qu'il répétait le discours qu'il s'apprêtait à prononcer.

— Bonjour, Pommeroy, dit Lord Rule en fermant la porte. Voilà une visite d'autant plus agréable qu'elle était inattendue.

Sir Roland s'avança à grands pas.

— Bonjour, Rule. Belle journée, n'est-ce pas ? J'espère que vous avez pu rentrer chez vous sans autre incident ? Si vous saviez comme nous avons été navrés de confondre votre voiture avec celle d'un autre. Nous nous en sommes voulu !

— L'incident est déjà oublié, répondit Lord Rule, fort aimablement. Il n'était donc pas nécessaire que vous veniez ce matin pour renouveler l'expression de vos regrets.

Sir Roland porta les deux mains à sa cravate avant de répondre :

— En fait, ce n'est pas ce qui m'amène. J'étais certain, voyez-vous, que vous auriez compris.

— Tout à fait exact, dit Lord Rule en ouvrant sa tabatière. J'avais très bien compris.

Sir Roland prit une pincée de tabac et la porta à son nez. Il opina.

— Fort bon mélange, Rule. Moi, j'ai mon fournisseur à Haymarket, et je prends toujours le même tabac, de l'espagnol.

— Vraiment ? Ce mélange est fabriqué pour moi par Jacobs, sur le Strand.

Sir Roland prit alors conscience qu'il se laissait entraîner dans une discussion qui n'avait rien à voir avec sa mission, et qu'il devait donc briser là sans tergiverser.

— Si je me suis permis de passer, dit-il, c'est pour vous dire que je souhaiterais vous voir à une partie de cartes que je donne ce soir chez moi.

— Mais, mais c'est très aimable à vous, répondit Lord Rule, après une infime hésitation qui trahissait sa surprise.

Ce détail n'échappa nullement à Sir Roland qui, ayant appris du vicomte qu'il devait « mettre Lord Rule hors circuit », avait protesté faiblement : « Comment veux-tu que je réussisse, Pel ? Cet homme, je le connais à peine et c'est réciproque. Il va s'étonner que je l'invite chez moi et probablement refuser. » Remettant donc une main nerveuse à sa cravate, pour la dénouer un peu, il plaida :

— Je sais que mon invitation ne vous laisse pas trop le temps de réfléchir, et j'espère que vous me pardonnerez de vous mettre, pour ainsi dire, le couteau sous la gorge, mais c'est que je n'arrive pas à trouver un quatrième. C'est qu'il s'agit de jouer au whist ce soir, voyez-vous ?

— Mon cher Pommeroy, répondit Lord Rule, je serais ravi de vous être agréable et encore plus de jouer au whist avec vous. Malheureusement...

Sir Roland leva les deux mains, paumes en avant.

— Je vous en prie, ne me dites pas que vous ne pouvez pas venir. C'est impossible ! Vous savez aussi bien que moi qu'une partie de whist ne peut pas se faire à trois. Situation très délicate, vraiment très délicate...

— J'en suis conscient... Je suppose que vous avez déjà demandé à bien des joueurs potentiels ?

— Oh ! Je les ai tous vus ! Impossible de trouver un quatrième.

C'est pourquoi je me permets de supplier Milord de ne pas refuser mon invitation.

— J'en suis extrêmement désolé, dit Lord Rule en secouant la tête avec tristesse. Mais je me vois au regret de décliner votre — euh — flatteuse invitation. Voyez-vous, j'ai promis de participer, avec ma femme, à une petite soirée qui sera donnée dans les jardins de Vauxhall.

Fiévreusement, Sir Roland opposa encore quelques arguments.

— Je suis certain que Milady vous pardonnerait de lui faire faux bond, surtout que la soirée promet d'être pluvieuse. Et puis, avez-vous vraiment envie de participer à une soirée organisée par Pel ? Voilà qui ne doit pas être de votre goût. Les amis de Pel sont bizarres, pour ne pas dire plus. Je vous assure que vous ne les aimerez pas du tout. Vraiment bizarres.

Un mince sourire vint aux lèvres de Lord Rule.

— Vous savez que vous venez de me décider, mon cher Pommeroy ? Si les amis de Pel sont bien tels que vous me les décrivez, il me semble que mon devoir est d'être au côté de ma femme, pour la protéger en cas de besoin.

— Ils ne sont quand même pas dangereux, s'empressa de reprendre Sir Roland. Je crains que vous ne m'ayez pas bien compris, Milord. Ils sont respectables, mais ennuyeux. Voilà ce que je voulais dire : ennuyeux. Bref, une compagnie que vous ne pouvez pas apprécier. Vous serez beaucoup mieux à jouer au whist chez moi.

— Vous le pensez réellement ? fit Lord Rule, qui semblait hésiter. Il est vrai que j'aime beaucoup le whist.

Sir Roland exhala un soupir de soulagement.

— Je savais que je pouvais compter sur vous. Me ferez-vous le plaisir de dîner ? A 17 heures ?

— Qui sont les autres invités ?

Sir Roland répondit sur le ton de la confidence :

— Pour dire la vérité, ma liste n'est pas tout à fait arrêtée… Mais j'ai le temps, jusqu'à 17 heures, n'est-ce pas ?

— Vous me tentez vraiment beaucoup, dit Lord Rule. Et pourtant il me semble que je ne dois pas céder à vos instances. Mais un autre soir, pourquoi pas ? Vous prendrez bien un verre de madère avant de partir ?

Complètement abattu, Sir Roland secoua la tête.

— Je vous remercie, mais il faut que je m'en aille sans tarder. Je vais de ce pas à mon club, où je pourrai peut-être trouver mon quatrième. Je n'ai vraiment aucune chance d'emporter votre adhésion, Milord ?

— Je regrette d'avoir à vous le dire : aucune chance. Je me fais un devoir d'accompagner ma femme à Vauxhall ce soir.

Ainsi Sir Roland s'en retourna-t-il tristement à Pall Mall, où il trouva le vicomte qui l'attendait avec impatience. Il annonça d'entrée :

— J'ai échoué, Pel. J'ai fait ce que j'ai pu, mais pas moyen de le décider.

Le vicomte entra dans une rage folle.

— Que le diable l'emporte ! Croit-il que je vais le laisser perturber mes plans ? Il ne faut pas qu'il vienne ! Je ne veux pas de lui à ma soirée !

Sir Roland, qui se frottait le menton avec le pommeau de sa canne, fit remarquer :

— L'ennui, c'est que tu ne donnes pas vraiment de soirée, Pel. Tu n'as rien prévu.

— Et alors, quelle importance ? répondit le vicomte, qui venait de se laisser tomber dans un fauteuil.

— C'est très important. Rule s'apprête à participer à ta fameuse soirée ; une soirée qu'il ne doit pas aimer, car je le lui ai promis. Je lui ai affirmé que tes amis étaient bizarres, pour le décourager, tu le comprends bien. Donc, si tu n'arranges pas une soirée avec des gens bizarres… tu vois ce que je veux dire ?

— C'est un comble ! rétorqua le vicomte furieux. Non seulement je dois perdre une journée à mettre mon plan au point, mais il faut, en plus, que j'organise une soirée juste pour corroborer tes dires, cette fable insane que tu as servie à Rule. Tu crois vraiment que nous avons besoin d'une soirée ? D'abord, où veux-tu que je trouve des gens bizarres ?

— J'ai fait pour le mieux, gémit Sir Roland. J'ai vraiment fait pour le mieux. Et puis, des gens bizarres, ça se trouve. Il y en a plein en ville, et rien qu'à ton club, je suis sûr...

— Ce ne sont pas mes amis ! objecta le vicomte. En outre, je me vois mal aller à mon club et demander aux bizarres de venir à Vauxhall avec moi. Une soirée ! Une soirée pour quoi faire, d'abord ?

— Donne-leur à souper. Pendant que tes invités seront à table, nous nous éclipserons, nous récupérerons la broche, nous reviendrons... Dix contre un que personne n'aura rien remarqué.

— Pas une bonne solution, affirma le vicomte. Il vaudrait mieux trouver un moyen d'éloigner Rule. Ce serait plus habile, plus efficace aussi.

Dix minutes plus tard, le capitaine Héron arriva. Il trouva les deux amis plongés dans de profondes réflexions, le vicomte ayant le menton dans les mains et Sir Roland suçant le pommeau de sa canne. Il les regarda et dit :

— Je suis venu vous interroger sur vos projets. Je suppose que vous n'avez toujours pas de nouvelles de Lethbridge ?

Le vicomte leva la tête et s'exclama :

— J'ai une idée ! C'est vous qui allez mettre Rule hors circuit !

— Je dois faire quoi ? dit le capitaine Héron.

— Je vois mal comment il pourrait, dit Sir Roland.

— Pom ! protesta le vicomte. Réfléchis ! Rien de plus facile ! Affaire d'ordre privé à traiter : Rule ne pourra pas refuser.

Le capitaine Héron posa ses gants et son chapeau sur la table, avant de demander :

— Pelham, voudriez-vous m'expliquer ? Pourquoi faut-il « mettre Rule hors circuit » ?

— Eh bien ! Parce que… Oh, mais vous n'êtes pas au courant, n'est-ce pas ? Voyez-vous, Horry a reçu une lettre de quelqu'un lui proposant de lui rendre la broche, si elle accepte de rencontrer ce *quelqu'un* près du temple grec, au bout de la grande allée dans les jardins de Vauxhall. J'ai l'impression que ce quelqu'un, c'est Lord Lethbridge. Donc, j'ai imaginé un plan. Ma sœur va à Vauxhall ; Pom vous et moi l'y accompagnons discrètement. Pendant qu'elle se promène dans les environs du temple grec, nous montons une garde discrète.

— Cela me semble un plan judicieusement conçu, dit le capitaine Héron. Simplement, il me semblerait bizarre que…

— Evidemment que c'est un bon plan ! Le meilleur qui se puisse concevoir. Le seul ennui, c'est que Rule, cet importun, a décidé qu'il serait de la partie. Dès que je l'ai appris, j'ai demandé à Pom de l'inviter à une partie de cartes, chez lui.

Sir Roland soupira.

— J'ai insisté autant que j'ai pu, sans aucun succès malheureusement. Rule tient à aller à Vauxhall. Il ne veut pas en démordre.

— Mais alors, comment voulez-vous que je l'en dissuade ? demanda le capitaine Héron.

— Vous êtes l'homme qu'il nous faut, dit le vicomte. Tout ce que vous avez à faire, c'est de vous rendre à Grosvenor Square pour dire à Rule que vous avez une affaire d'importance à discuter avec lui. S'il vous invite à en discuter immédiatement, vous direz que vous ne pouvez pas, que d'autres affaires vous attendent. Vous ne pourrez lui consacrer du temps que ce soir, pas avant. Cela se tient, non ? Rule sait que vous êtes en ville pour un jour ou deux seulement. Vous direz ce que vous voudrez, mais il ne pourra pas refuser de vous entendre, ce soir.

— C'est bien joli, Pel, mais je n'ai aucune affaire d'importance à discuter avec lui.

— Allons ! protesta le vicomte. Vous trouverez bien quelque chose, non ? Ce que vous voulez, on s'en moque, au fond. Affaires de famille, argent, que sais-je ? L'important, c'est que vous réussissiez à éloigner Rule de Vauxhall.

Le capitaine Héron doutait de ses chances de succès et il le fit savoir.

— Comment voulez-vous que Rule me croie si je lui dis que je dois parler d'argent ou de famille avec lui ? Nous ne sommes rien l'un pour l'autre, vraiment rien !

— Il ne faudra pas vous montrer aussi précis de prime abord. Dites-lui simplement que vous voulez avoir un entretien avec lui, ce soir. A mon avis, il n'est pas homme à se montrer trop curieux, à vous presser de questions. Ensuite, je vous fais confiance : le moment venu, vous trouverez quelque chose à dire, non ?

— Il le faudra bien, renchérit Sir Roland. Rien de plus simple, d'ailleurs. Vous avez participé à cette guerre en Amérique, n'est-ce pas ? Eh bien ! Commencez par évoquer ce sujet. Parlez de cette bataille… Je n'arrive pas à me rappeler son nom.

Le capitaine Héron n'était toujours pas convaincu.

— Je ne peux pas espérer de Rule qu'il consentira à écouter toute une soirée des histoires guerrières dont il n'a que faire !

— Ce n'est pas ce que je voulais dire, reprit Sir Roland d'un ton conciliant. Mais réfléchissez : êtes-vous bien sûr que Rule ne s'intéresse pas du tout à cette guerre ? Beaucoup de gens se passionnent pour les exploits de nos armées là-bas. Ce n'est pas mon cas, mais rien ne nous autorise à dire que Rule est dans le même état d'esprit.

— Il me semble que vous ne comprenez pas, soupira le capitaine Héron d'un ton las. Imaginez-vous que Rule croira longtemps que j'ai une affaire d'importance à traiter avec lui, si je me mets à narrer des faits d'armes ?

Le vicomte se montra catégorique.

— C'est vous qui ne comprenez pas. Tout ce que nous voulons, c'est que Rule n'aille pas à Vauxhall ce soir. Vous employez le moyen que vous voulez, vous racontez ce que vous voulez, cela n'a aucune importance, vraiment !

Le capitaine Héron hésita encore.

— Je vous rendrais volontiers ce service, si seulement je trouvais un prétexte plausible pour capter l'attention de Rule.

— Je suis certain que vous trouverez, dit le vicomte d'un ton encourageant. Vous avez tout l'après-midi devant vous pour y réfléchir. Allez, vous voulez bien aller à Grosvenor Square, maintenant ? Soyez gentil…

Le capitaine Héron reprit son chapeau et ses gants. Il soupira :

— J'aurais dû reporter mon séjour à Londres jusqu'à la semaine prochaine, moi !

Le comte de Rule s'apprêtait à entrer dans la salle à manger où l'attendait son déjeuner quand on lui annonça une deuxième visite.

— Le capitaine Héron ? dit-il. Bien sûr que je veux le recevoir. Faites-le entrer.

Il attendit devant la cheminée.

— Eh bien, Héron ? fit-il en tendant la main. Vous arrivez juste à temps pour partager mon déjeuner.

Le capitaine Héron se sentit rougir.

— Hélas, je ne puis m'attarder, dit-il, car je suis attendu de toute urgence à Whitehall. Mais j'ai tenu à passer pour vous demander s'il vous serait possible de m'accorder un moment, en fin de journée, pour un entretien tout à fait confidentiel.

Le regard de Lord Rule se mit à briller. Il demanda :
— Je suppose que *en fin de journée* signifie *ce soir* ?
La rougeur du capitaine Héron s'accentua.
— Pour être tout à fait franc, Sir, je ne crois pas pouvoir reporter jusqu'à demain cet entretien si essentiel. C'est pourquoi, oui, ce soir, serait bien...
Il y eut un petit moment de pause. Puis Lord Rule déclara :
— Dans ce cas, il va sans dire que je me tiens à votre disposition.

22.

Magnifiquementò vêtu de velours marron, arborant comme cravate une cascade en dentelle de Dresde, les cheveux poudrés d'abondance et relevés en ailes de pigeon au-dessus des oreilles, le vicomte se présenta à Grosvenor Square, à la requête de sa sœur, pour dîner avec elle avant de l'emmener à Vauxhall. Elle voulait à tout prix éviter un tête-à-tête avec Rule et avait pensé que, si celui-ci s'avisait de poser encore des questions gênantes, son frère serait capable, mieux qu'elle, d'y répondre avec toute la présence d'esprit nécessaire.

Le comte de Rule se montra d'une urbanité parfaite et conversa, de façon fort agréable, sur toutes sortes de sujets bénins. Il n'y eut qu'un seul moment déplaisant, quand il promit aux deux jeunes gens de les retrouver à Vauxhall, si, toutefois, le capitaine Héron ne l'accaparait pas trop longtemps.

— Aucune crainte à avoir de ce point de vue, déclara le vicomte en s'installant dans le carrosse à côté de sa sœur. Edward s'est engagé à lui tenir la jambe jusqu'à minuit, et à ce moment nous aurons remis la main sur ta babiole.

— Ce n'est pas une babiole, protesta Horatia. Elle appartient au patrimoine familial.

— C'est possible. Il n'empêche qu'elle nous a donné bien du fil à retordre, et je ne suis pas certain qu'elle mérite toute la peine que nous nous serons donnée pour la récupérer.

La voiture les conduisit vers les berges de la Tamise, où le vicomte loua la barque au moyen de laquelle il comptait faire le reste du trajet. Il n'était que 21 heures, inutile, donc, de se presser.

Sir Roland Pommeroy les attendait à l'entrée des jardins. Il s'empressa auprès d'Horatia, lui offrit son bras pour l'aider à sortir de la barque, sans oublier de lui indiquer quelque flòòue d'eau où elle risquait de mouiller ses pieds et le bas de sa robe. Marchant avec elle par les allées conduisant au centre des jardins, il lui recommanda plusieurs fois de ne pas s'inquiéter, et affirma avec une belle assurance :

— Pel et moi monterons une garde efficace. Vous n'avez donc pas lieu d'être nerveuse, si je puis me permettre cette recommandation.

— Je ne suis p-pas nerveuse, répondit Horatia. J'ai grande envie de me t-trouver en p-présence de Lethbridge, p-pour lui dire tout ce que je p-pense de lui.

Après un petit moment de réflexion, elle ajouta :

— Si je n'avais p-pas p-peur du scandale, je souhaiterais même qu'il m'enlève, car alors je saurais lui f-faire regretter son audace !

Cela dit avec un tel regard que Sir Roland ne douta pas qu'elle eût mis ce projet à exécution.

Ils arrivèrent au pavillon pour découvrir que, en plus du bal et des autres amusements ordinairement proposés en ces lieux, un oratorio était donné dans la salle de concert. Puisque ni le vicomte ni sa sœur ne désiraient danser, Sir Roland proposa d'aller écouter la musique. Lui-même n'était pas amateur et, comme ses amis, il préférait d'autres distractions, mais, plein de sagesse, il déconseilla d'entrer dans la salle de jeu, en arguant que Pelham et Horatia, les cartes en mains, laisseraient filer le temps en oubliant les raisons de leur présence à Vauxhall.

Horatia tomba d'accord avec lui sans faire de difficulté, non qu'elle jugeât la musique préférable aux cartes ce soir, mais parce qu'elle n'avait qu'un but, récupérer sa broche, et la façon dont elle emploierait son temps en attendant cet heureux moment lui importait peu.

Le vicomte donna son point de vue. Selon lui, écouter un peu de musique ne serait pas plus ennuyeux que de musarder dans les allées ou de s'asseoir dans un kiosque pour observer les promeneurs.

C'est donc d'un commun accord que les trois jeunes gens se dirigèrent vers la salle de concert. On leur donna le programme. L'oratorio donné ce soir-là était *Suzanne*, une composition de Haendel. Le vicomte, apprenant cela, faillit tourner les talons. Ce Haendel, déclara-t-il hautement, il ne le supportait pas, et, eût-il su qu'on donnait une de ses œuvres, il ne se fût pas approché de la salle de concert, et il eût encore moins consenti à payer une guinée pour y entrer. Il raconta comment il avait été, jadis, accepté d'accompagner sa mère à une représentation de *Judas Maccabée*, en toute innocence car il ne savait pas, alors, à quoi il s'exposait. Il savait, maintenant, et c'était une expérience qu'il ne se sentait pas d'humeur à endurer une seconde fois. Mais puisqu'il le fallait…

La robuste douairière coiffée d'un énorme turban, assise à côté d'eux, l'apostropha avec sévérité :

— Vous ne pourriez pas vous taire et laisser les autres écouter ?

Il se fit alors tout petit et chuchota à l'oreille de son ami :

— Il faut que je sorte d'ici, Pom. Il le faut absolument !

Il renonça cependant, par timidité, en considération du nombre de personnes qu'il lui faudrait déranger puisqu'il se trouvait au bout de la rangée de sièges, contre le mur. Ayant soupiré sur son malheur, il jugea qu'il n'avait plus qu'une solution : somnoler, si c'était possible. Il s'enfonça donc dans son siège et ferma les yeux. Hélas, le bois était dur, et formidable le vacarme produit par ces musiciens et ces chanteurs ! Comment dormir dans ces conditions ? Révolté contre le destin qui s'acharnait sur lui, le vicomte se redressa et s'apprêta à boire le calice jusqu'à la lie.

— Je c-crois bien q-que je n'aime p-pas trop Haendel non p-plus, déclara Horatia à la fin de la représentation, alors qu'ils sortaient de la salle de concert. Cela d-dit, il me semble avoir entendu Maman déclarer q-que *Suzanne* n'était pas un très b-bon oratorio de Haendel, p-pas son meilleur en tout c-cas. T-Tout de même, j'ai b-bien aimé certains airs. P-Pas vous ?

— Pas du tout ! maugréa le vicomte. Je hais Haendel ! Mais assez parlé de lui. Allons plutôt souper, pour nous remettre.

La dinde aux petits légumes et arrosée de bordeaux réussit à lui rendre sa bonne humeur. Il s'adossa confortablement et, le verre en main, déclara qu'il serait agréable d'attendre dans ce kiosque l'heure fatidique de minuit, mais Sir Roland, qui observait assidûment la foule, demanda :

— N'est-ce pas Miss Winwood que je vois là-bas, Pel ?

Le vicomte faillit s'étouffer avec son vin. Il reposa son verre.

— Où ?

De même Horatia reposa son verre de ratafia.

— Charlotte ?

Sir Roland montra discrètement la direction et décrivit :

— Robe bleu clair, rubans roses...

— Je ne la vois p-pas, dit Horatia, mais cela lui ressemble assez. Elle s'entête à p-porter du bleu, une c-couleur qui ne va p-pas du tout avec son teint.

Le vicomte laissa échapper un sourd grondement.

— C'est bien Charlotte, les amis. Et devinez ? Elle est en compagnie de Thérésa Maulfrey.

Horatia se recroquevilla sur son siège et gémit :

— Malheur ! Si elle nous voit, elle v-va s'incruster et nous ne p-pourrons jamais nous en débarrasser. Viens, P-Pel, il ne faut p-pas rester ici.

Le vicomte consulta sa montre.

— Il n'est que 23 heures. Que faire en attendant minuit ?

— Nous p-promener dans les jardins, affirma Horatia ; tourner en rond et éviter T-Thérésa comme la p-peste.

Mme Maulfrey avait décidé de se promener elle aussi, et longuement. Par cinq fois les deux groupes convergèrent l'un vers l'autre dans le dédale des allées et, chaque fois, le vicomte réussit à éviter la conjonction en attirant sa sœur dans un sentier adjacent, voire dans un buisson quand l'urgence l'exigeait. Enfin, il trouva un refuge sûr, une petite place entourée de hautes haies, et il se laissa tomber sur le banc de pierre en déclarant que, si sa sœur perdait à l'avenir l'ensemble des bijoux Drelincourt, il ne lèverait pas le petit doigt pour les retrouver.

Toujours galant, Sir Roland protesta ;

— Pel, tu n'as pas le droit de dire cela, voyons !

Il s'inclina devant Horatia :

— Milady, je me tiendrai, quant à moi, obstinément à votre service, et avec le même plaisir.

— Tu trouves que c'est un plaisir de jouer à cache-cache pendant une heure ? objecta le vicomte. Si encore nous réussissons à arracher la broche à Lethbridge, nous pourrons dire que nous n'aurons pas perdu notre temps. Et, en outre, nous aurons le plaisir de lui faire payer la peine que nous aurons prise à cause de lui.

— Q-quelles sont t-tes intentions ? demanda Horatia avec gourmandise.

— Tu verras bien, répondit son frère, avec un regard terrible. Quelle heure est-il, Pom ?

Sir Roland consulta sa montre.

— Minuit moins dix.

— Dans ce cas, allons-y ! ordonna le vicomte en se levant.

D'une main sur le bras, Sir Roland l'arrêta.

— Imagine que nous trouvions quelqu'un d'autre dans le temple ?

— Pas à minuit ! Tout le monde est en train de souper. Lord Lethbridge doit y avoir pensé aussi, d'où l'heure tardive qu'il a fixée. Bon ! Horry, tu es prête ? Pas trop peur ?

— Même p-pas p-peur ! répondit Horatia avec assurance.

— N'oublie pas ce que tu as à faire. Je récapitule : nous te laissons à l'entrée de la grande allée, car il ne serait pas prudent d'aller plus loin. Notre homme doit surveiller. Donc, tu y vas et…

— P-Pel, je t'en supplie, t-tu m'as déjà dit cent fois ce q-que je devais faire ! Je sais ! Sir Roland et toi vous courez au temple par l'autre côté, pendant que je remonte la grande allée.

— Tu n'as vraiment pas peur ?

— Non… Je crains seulement de rencontrer Charlotte.

Au bout de la grande allée s'offraient, pour conduire au temple grec, plusieurs sentiers étroits bordés de hauts buissons fleuris. Le vicomte et Sir Roland purent donc y progresser à l'abri de tout regard suspicieux. Sir Roland eut la malchance de s'écorcher assez gravement dans un buisson d'aubépines mais, personne ne se trouvant dans les parages pour l'entendre, l'incident n'eut aucune conséquence.

Pendant ce temps, Horatia remontait la grande allée et, craignant de voir surgir sa sœur, elle surveillait les alentours avec une grande attention. Mais son frère avait eu raison de supposer que les promeneurs seraient tous, ou presque tous, en train de souper, car elle fit peu de rencontres, deux couples qui s'attardaient dans les buissons et, vers le milieu du chemin, quelques jeunes personnes qui observaient les messieurs avec une obstination inconvenante. Elle eut également à subir l'intérêt de jeunes gens en quête d'aventures, se vit même suivre par un élégant vêtu de satin, mais celui-ci recula promptement lorsqu'elle se retourna pour le toiser.

La pleine lune rendait presque inutiles les lampes colorées, qui, plantées à intervalles réguliers de part et d'autre de la grande allée, dispensaient leurs jolies lumières. En arrivant au terme de sa progression, Horatia découvrit le temple grec, décoré, de façon assez incongrue, par des lampions. Elle se demanda où se cachaient ses anges gardiens, et ce que le capitaine Héron pouvait bien raconter à Rule, au même moment, à Grosvenor Square.

Il fallait gravir quelques marches peu élevées pour accéder au temple. Ressentant quelque appréhension contradictoire avec l'assurance qu'elle avait manifestée à son frère, Horatia s'arrêta au moment d'entamer cette ascension et jeta un regard nerveux autour d'elle. Il lui avait semblé entendre un bruit de pas.

Son ouïe ne l'avait pas trompée. Quelqu'un approchait, qui descendait un des sentiers menant au temple. Elle resserra sur elle son ample manteau, hésita un moment, puis, serrant les dents, empoigna la rampe et commença à monter.

Le bruit de pas devenait plus fort, plus précis, plus inquiétant. On la suivait. Il ne servirait à rien de tenter une échappatoire et, d'ailleurs, elle arrivait au temple, ce qui lui interdisait toute idée de fuite. Horatia se retourna donc, avec confiance puisque son frère et Sir Roland veillaient sur elle discrètement.

Elle s'attendait à voir surgir Lethbridge, ou un homme masqué, ou même un larron stipendié. Aussi tomba-t-elle de haut en voyant qui se présentait à elle, entre deux colonnes corinthiennes.

— R-Rule… Rule ? bégaya-t-elle. Q-que… que vous m'avez fait peur ! J'attendais P-Pelham… Q-quelle surprise, en vérité.

Le comte foula le sol dallé de marbre pour s'approcher.

— Comme vous le voyez, lui dit-il en souriant, j'ai réussi à échapper à Edward.

Non loin de là, Sir Roland, catastrophé, murmurait :

— Pel, mon vieux, est-ce que tu vois ce que je vois ?

— Evidemment que je vois ! siffla le vicomte.

— Que faisons-nous ?

— Franchement, il n'y a plus rien à faire. Ah ! Héron est un incapable. Le diable l'emporte, celui-là !

Dans le temple grec, Horatia tâchait de faire bonne figure.

— Il est merveilleux q-que vous ayez p-pu vous libérer. Avez-vous s-soupé, au moins ?

— Non, mais vous savez, ce n'est pas pour souper que je suis venu. Je n'avais qu'un but, vous retrouver.

Elle se força à sourire.

— C'est fort aimable à vous, Sir, mais ne devriez-vous pas souper, tout de même ? Je vous en p-prie, allez prendre p-place dans un k-kiosque et restaurez-vous. Moi, j'attendrai P-Pel et vous rejoindrai avec lui dès q-que possible.

Lord Rule s'approcha d'elle et la regarda avec attention.

— Ma chère, on jurerait que vous n'avez qu'une idée en tête : vous débarrasser de moi. J'en suis fort marri.

Horatia sentit les larmes lui monter aux yeux tandis qu'elle niait farouchement.

— Non, bien sûr q-que non ! Comment p-pouvez-vous avoir de telles p-pensées ? C'est simplement q-que je… Je ne peux p-pas vous expliquer.

— Horry, dit son mari en lui prenant les mains. Horry ! Moi qui croyais que vous aviez confiance en moi !

— J'ai c-confiance en vous ! s'écria-t-elle en donnant libre cours à ses larmes. Mais j'ai été une si mauvaise épouse ! Vraiment, je ne voulais p-pas me jeter dans les embarras en votre absence. Ce q-qui est arrivé n'est pas ma faute, mais rien ne serait arrivé du t-tout si je ne vous avais p-pas désobéi, si je n'avais p-pas voulu q-quand même me faire un ami de Lord Lethbridge. Même si v-vous voulez bien me croire, q-quoique je ne voie p-pas comment vous p-pourriez tant l'histoire que j'ai à vous raconter est invraisemblable, même dans ce c-cas, vous ne voudrez jamais me p-pardonner parce que j'ai c-causé un nouveau scandale, p-plus terrible que le p-précédent.

Gardant les mains de sa femme dans les siennes, il la rabroua gentiment :

— Horry, qu'ai-je fait qui puisse vous donner à penser que je sois un tel butor ?

— Vous n'êtes p-pas un butor ! répondit-elle avec véhémence. Mais je sais q-que vous ne voudrez p-plus être mon mari q-quand vous aurez appris dans q-quel scandale je me suis mise.

— Il faudrait que le scandale fût vraiment insupportable pour que je prenne pareille décision.

— Il l'est, soupira Horatia. Il est aussi tellement c-compliqué que je ne sais p-pas par q-quel bout c-commencer pour l'expliquer... Je suppose q-que vous vous demandez ce q-que je fais ici, toute seule, à cette heure tardive, mais...

— Pas du tout ! Je sais pourquoi vous êtes là.

Elle cilla.

— Non, ce n'est pas p-possible. Vous ne p-pouvez pas savoir.

— Bien sûr que si. Vous êtes ici pour me rencontrer.

— Non, vous vous trompez... Mais au fait, c-comment se fait-il q-que vous ayez su q-que j'étais ici ?

— Vous n'en avez aucune idée, Horry ? Vraiment ?

— Non, à moins que... Edward m'aurait-il trahie ?

— Certainement pas. Edward a fait des efforts louables, quoique infructueux, pour me retenir chez moi. Je crois même que si je ne l'avais pas mis dans la confidence, il se serait livré sur moi à des voies de fait pour m'empêcher de sortir.

Lord Rule mit alors la main dans sa poche et ajouta :

— Je suis ici, Horry, pour honorer le rendez-vous que j'ai donné à une dame, et lui rendre ceci.

Il ouvrit la main, en laquelle reposait la broche de diamants et de perles. Horry poussa un cri mi-effrayé, mi-soulagé.

— M-Marcus ! C-Comment se peut-il... Où l'avez-vous trouvée ?

— Je l'ai arrachée à Lord Lethbridge, qui la détenait indûment.

— Alors, mais alors… V-Vous saviez ? Vous saviez d-depuis le c-commencement ? Non, c'est impossible… Q-qui vous a tenu au c-courant ?

— Crosby m'a tout dit. Je crains d'avoir été un peu brutal avec lui, mais c'était nécessaire. Je ne voulais pas qu'il sache quelle dette j'avais contractée envers lui à l'occasion de cette affaire.

— Crosby ? Il est p-peut-être votre cousin, mais c'est l'être le p-plus odieux q-que je connaisse. J'espère q-que vous l'avez b-bien étranglé.

— Je l'ai étranglé.

— Je suis t-très heureuse de l'apprendre, soupira Horatia avec un contentement qui n'était pas feint. Mais si c'est lui q-qui vous a parlé, vous ne p-pouvez pas prétendre c-connaître la vérité, d'une part p-parce qu'il n'était pas là au moment des faits, et d'autre p-part parce qu'il a dû p-prendre un malin plaisir à se répandre en c-calomnies sur moi dans l'espoir de vous dresser c-contre moi.

— Crosby ne parviendra jamais à me dresser contre vous, répondit Lord Rule en épinglant la broche au corsage d'Horatia. Quoi qu'il en soit, c'est de Lethbridge que j'ai appris toute l'histoire. Mais je n'avais pas besoin de recueillir sa confession ni celle d'aucun autre pour savoir que si vous étiez entrée chez lui cette nuit-là, c'était contrainte et forcée.

Horatia ne répondit pas. La gorge serrée, elle sentait des larmes de joie et de gratitude couler sur ses joues.

Lord Rule éleva les mains de sa femme pour les approcher de ses lèvres, mais un bruit de pas le fit se retourner. Le vicomte approchait à grands pas, l'air dégagé.

— Horry, pardon de t'avoir fait attendre si longtemps, mais Lady Louisa… Rule, je dois dire que c'est une chance, une vraie chance.

Il s'inclina. Lord Rule soupira.

— Allez-y, Pelham, dites-moi tout. Je suppose que vous avez

une commission urgente pour moi ? Je dois me rendre à l'autre bout des jardins, où, on m'attend pour me délivrer un message de première importance ?

— Pas si loin que cela, mais il faut tout de même que vous alliez vers les kiosques. Lady Louisa vous y attend. Elle souhaiterait s'entretenir avec vous, m'a-t-elle dit.

— Vous savez que je vous admire, Pelham ? Vous ne vous découragez jamais, n'est-ce pas ?

— P-Pel, ce n'est plus la p-peine, dit Horatia qui venait de se sécher les yeux. Marcus connaissait toute l'histoire. C'est lui q-qui détenait la b-broche, lui aussi qui a écrit le billet p-pour me fixer rendez-vous ici. L'affaire se c-conclut donc ici, de la p-plus heureuse façon. R-Regarde, la broche a retrouvé sa place.

Le vicomte se pencha sur la broche fixée au corsage de sa sœur. Il l'examina avec attention, puis son regard se porta sur Rule, et il éructa :

— Vous n'allez pas me dire, tout de même, que Pom et moi avons remué ciel et terre pour retrouver une broche qui se trouvait dans votre poche ? Je refuse de croire cela !

Lord Rule répondit en riant :

— Je sais que j'aurais dû tout vous dire quand vous m'avez arrêté sur la route, mais je n'ai pas pu résister à la tentation de jouer un peu avec vous. J'espère très sincèrement que vous apprécierez le sel de la plaisanterie et que vous saurez me pardonner.

— Vous pardonner ? reprit le vicomte indigné. Avez-vous conscience que je n'ai plus eu un moment à moi dès que cette satanée broche a été perdue ? Nous avons été obligés de recourir aux services d'un bandit de grand chemin, et même d'enrôler la pauvre grand-tante de Pom.

— Réellement ? fit Rule, intéressé. J'ai eu le plaisir de rencontrer ce bandit, naturellement, mais j'ignorais que la grand-tante de Pommeroy avait mis la main à l'affaire.

— Elle n'a mis la main nulle part, étant donné qu'elle est décédée.

Frappé par une pensée, le vicomte demanda :

— Où est Lord Lethbridge ?

— A Maidenhead, mais je ne pense pas que vous ayez encore à vous soucier de lui.

— Et moi, je pense que je vais me mettre en route pour Maidenhead pas plus tard que demain matin.

— Vous ferez comme bon vous semblera, mon garçon, mais il est de mon devoir de vous avertir que vous ne trouverez pas Lethbridge en état de vous recevoir.

Le vicomte haussa les sourcils.

— Vraiment ? Pom sera très content de l'apprendre. Je l'appelle !

— Je vous en prie, ne vous donnez pas cette peine, Pelham. Loin de moi le désir de me montrer discourtois, mais il faut néanmoins que je vous le dise : ne vous sentez-vous pas de trop ?

Quelques secondes de réflexion s'avérèrent nécessaires pour que le vicomte comprît. Il s'exclama alors :

— J'y suis ! Vous voulez être seul avec ma sœur, n'est-ce pas ? Dans ce cas, je n'ai plus qu'à me retirer.

Il salua, s'éloigna, mais se retourna pour ajouter :

— Vous voulez un conseil, Rule ? Tenez-la à l'œil !

Restée seule avec son mari, Horatia leva vers lui ses yeux encore humides de larmes. Elle soupira :

— Rule, je veux, v-vraiment, essayer d'être l'épouse q-que vous êtes en d-droit d'espérer. Je vous p-promets de ne p-plus causer de scandale, aucun scandale.

— Vous êtes l'épouse dont j'ai toujours rêvé, répondit-il.

Bouleversée, elle murmura :

— Vraiment ? Vous ne vous moquez pas ?

Son mari la prit dans ses bras et l'attira à lui.

— Horry, vous m'avez dit un jour que j'étais plutôt vieux par rapport à vous, mais cette différence d'âge ne nous a pas empêchés de nous marier. Maintenant je vous le demande : croyez-vous réellement que je sois trop vieux pour vous ?

— Vous n'êtes p-pas vieux du tout ! répondit-elle. Vous avez juste l'âge qui c-convient à un mari. C'est moi q-qui, au c-contraire, étais trop jeune, et trop stupide p-pour... pour...

Il lui ferma la bouche d'un baiser, avant de répondre :

— Je sais, Horry. Quand je vous ai épousée, il y avait une autre femme dans ma vie. Elle n'y est plus, mon amour. Qu'il me suffise de vous dire qu'elle n'a jamais tenu aucune place dans mon cœur.

— Y en aura-t-il une pour moi ? demanda Horatia dans un sanglot.

— Vous y êtes déjà.

Comme pour lui en donner une preuve, son mari lui donna un baiser, non pas léger, mais plutôt rude, exigeant, tandis qu'il la serrait contre lui à lui faire perdre le souffle.

— Je n'aurais jamais pensé que vous pouviez me faire cela, soupira Horatia, ensuite, en reprenant ses esprits.

— Ce n'est que le moindre de mes talents.

— J'ai hâte de les découvrir, fit-elle avec un sourire espiègle.

— Encore un baiser, tout de même ?

— Autant que vous voulez !

PROCHAINS RENDEZ-VOUS LE
1er octobre 2008

LA MAÎTRESSE DU CROISÉ, *de Lynna Banning* • n°417

Jérusalem et Ecosse, 1192. Enlevée par les brigands arabes qui viennent de tuer ses parents, Soraya est vendue à dix ans sur un marché aux esclaves. Son maître, Khalil Al-Din, témoigne d'une grande bonté à son égard et lui donne une excellente éducation. Très attachée à lui, Soraya est bouleversée quand, six ans plus tard, Khalil est tué par Marc de Valery, un chevalier franc. Résolue à venger celui qu'elle considérait comme son père adoptif, Soraya se fait passer pour un garçon et devient le serviteur de Marc de Valery qu'elle se jure de poignarder à la première occasion...

LE BARBARE DES HIGHLANDS, *de Ruth Langan* • n°418

Ecosse, 1561. Après le meurtre de son père, attribué au redoutable Brice Campbell surnommé le Barbare des Highlands, Meredith Mac Alpine se retrouve propulsée à la tête de son clan. Aussitôt, Gareth MacKenzie, chef d'un clan ami, lui fait valoir que leur alliance _ et celle de leurs guerriers _ dissuaderait Campbell d'attaquer une nouvelle fois. Meredith, qui n'a pas envie de se marier mais veut protéger ses vassaux, consent à cette union. Mais, le jour des noces, Brice Campbell surgit dans l'église et enlève Meredith...

L'ÉVENTAIL ET L'ÉPÉE, *de Georgette Heyer* • n°419

Angleterre, Régence. Depuis toujours, la ravissante Cléone Charteris subjugue les hommes en général, et Philippe Jettan, son ami d'enfance, en particulier. Mais Cleone, elle, n'a d'yeux que pour sir Bancroft, un gentilhomme aussi hardi sur le pré, dit-on, que dans le lit des dames. Econduit par Cleone, sir Philippe s'exile à Paris, et si son départ affecte la jeune fille, elle n'en montre rien... Six mois plus tard, Philippe réapparaît, précédé d'une flatteuse réputation de don juan. Et c'est au tour de Cléone de découvrir les affres de la jalousie...

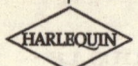

Collection Les Historiques

L'IMPOSSIBLE ALLIANCE, *de Laurie Grant* • n°420

Angleterre, 1140. Veuve après un mariage forcé, lady Claire n'a qu'un souhait : ne plus jamais être soumise à un homme. C'est d'ailleurs pour venger la mort de sa meilleure amie Julia, victime, croit-elle, de la cruauté de son époux, Arnaud de Hawkswell, qu'elle accepte la périlleuse mission confiée par son oncle: enlever les enfants d'Arnaud de Hawkswell, l'ennemi juré de son oncle. Habillée en servante, la jeune femme se rend donc au château de Hawkswell afin de s'y faire engager comme gouvernante...

NOCES À LA COUR, *de Julie Tetel* • n°421

Angleterre, 1154. Sitôt veuve, Gwyneth de Northumbrie apprend avec stupeur que le roi, ou, plutôt, la maîtresse du roi, a décidé de la remarier avec Simon de Beresford, un familier de la Cour. Convoquée à la Tour de Londres, Gwyneth est présentée à l'arrogant chevalier, qui, aussi furieux qu'elle de ces fiançailles forcées, n'essaie même pas de se montrer courtois. Et l'inquiétude de Gwyneth s'accroît encore quand elle apprend que Simon de Bereford, veuf comme elle, n'a pas moins de cinq enfants à sa charge et... une maîtresse !

LADY LIBERTINE, *de Gail Ranstrom* • n°422

Londres, 1821. A l'hôpital, Isabella O'Rourke assiste à la mort de sa sœur aînée qui, violée et battue, expire dans ses bras en lui faisant jurer de la venger. Avant de décéder, la malheureuse parvient à donner une brève description de son agresseur : c'est un aristocrate, grand, brun, séduisant, et dont les lèvres ont un goût étrangement amer. Dès lors, le visage dissimulé sous un masque de dentelle noire, Isabella s'invite aux bals londoniens et prend, chaque fois, l'initiative d'embrasser l'un de ses cavaliers dans l'espoir de démasquer le coupable...

Collection Les Historiques
- 6 titres inédits tous les 2 mois -

A paraître le 1er septembre

Best-Sellers n°341 • thriller
Le cercle écarlate - M.J. Rose

Des hommes nus, aux pieds marqués d'un chiffre rouge : c'est la troisième fois que la journaliste Betsy Young reçoit des clichés de cette mise en scène macabre. La police n'a aucune piste. Seule le Dr Morgan Snow est capable d'établir un lien entre les victimes, car elle reçoit des patientes liées à Scarlet, une société secrète de femmes qui asservissent les hommes à leurs désirs. Morgan, tenue par le secret médical, ne peut révéler cette information à la police. Pas même à l'inspecteur Noah Jordain, qui, sans elle, ne remontera jamais la piste du tueur…

Best-Sellers n°342 • suspense
Les fiancées du Mississippi - Carolyn Haines

Après la mort d'Annabelle, sa fille de 9 ans, dans un incendie criminel, Carson Lynch a connu la descente aux enfers : elle a quitté son mari, son métier de journaliste, et s'est réfugiée dans l'alcool. Deux ans ont passé. A Biloxi, Mississippi, où le patron du *Morning Sun* a recruté Carson, la découverte de cinq jeunes femmes assassinées 24 ans auparavant fait l'effet d'un coup de tonnerre. A peine sont-elles identifiées que la série noire recommence, avec deux nouvelles victimes. Toutes ont l'annulaire gauche sectionné et portent un voile de mariée. S'agit-il du même tueur ? Pour le savoir, Carson Lynch est prête à tout. Car elle a des raisons très personnelles de vouloir retrouver le criminel…

Best-Sellers n°343 • suspense
Dangereuse vision - Heather Graham

Chargés de retrouver le *Marie Josephine*, galion espagnol naufragé au XVIIIe siècle, Genevieve Wallace et Thor Thompson ne vont pas seulement devoir apprendre à explorer ensemble les superbes récifs et les eaux cristallines des tropiques au large de Key West. Car Genevieve, confrontée pour la première fois de sa vie à des visions effrayantes qui les guident dans leurs recherches, va, en levant peu à peu le voile sur le mystérieux naufrage, mettre sa vie et celle de Thor en danger…

Best-Sellers n°344 • roman
Le voile des illusions - Jackie Collins

Trois femmes extraordinaires. Trois carrières prometteuses. Trois divorces imminents.

Dans le monde impitoyable d'Hollywood, où les paparazzi font et défont les stars, Shelby l'étoile montante du cinéma, Lola la bombe latino, et Cat la réalisatrice rebelle, découvrent quelles illusions se cachent derrière le voile du succès. Sous les paillettes éclatent les scandales, les jalousies, les trahisons. Difficile alors, de rester fidèle à soi-même… si ce n'est aux autres.

Best-Sellers n°345 • roman
Retour au lac des saules - Susan Wiggs

A présent que sa fille a quitté la maison, Nina Romano s'apprête à réaliser son rêve de toujours : racheter et rouvrir l'auberge du lac de Saules. Aussi est-elle furieuse d'apprendre que la propriété vient d'être vendue… à Greg Bellamy, le fils de riches qu'adolescente, elle aimait en secret. De retour après son divorce, il a encore trouvé le moyen de se mettre en travers de sa route ! Mais quand il lui propose de s'associer avec lui, elle hésite, déchirée entre sa méfiance envers ce rival déloyal, et son attirance pour un Greg encore plus séduisant qu'autrefois…

Best-Sellers n°346 • historique
Une passion irlandaise - Brenda Joyce

Irlande, 1818.
Après le mariage de leurs parents respectifs, Eleanor et Sean grandissent ensemble. Mais, au fil des ans, Eleanor tombe amoureuse de Sean qui, lui, la considère comme sa petite sœur et ne rêve que de partir à l'aventure. Eleanor essaie en vain de le retenir. Quatre ans s'écoulent sans qu'il donne signe de vie, et la jeune fille, refusant de céder au chagrin, se fiance à un autre. Mais, à la veille de son mariage, Sean réapparaît. Eleanor, bouleversée, apprend qu'il s'est enrôlé dans la rébellion irlandaise et est recherché par les troupes du roi. Alors, elle n'hésite pas : peu importe le scandale, elle suivra Sean n'importe où, fût-ce au péril de sa propre vie. Sean l'enlève le jour de ses noces…

Best-Sellers n°347 • suspense
Les mains du diable - Gwen Hunter

Médecin dans le comté de Dawkins, en Caroline du sud, le Dr Rhea Lynch se trouve confrontée à une série d'étranges événements : tandis que les cas de malaises respiratoires se multiplient de manière inquiétante aux urgences, une jeune accidentée dont le corps porte la trace de sévices atroces se livre à des rituels de magie noire au sein de l'hôpital…
Ce roman est le troisième volet de la série consacrée au Dr Rhea Lynch.

Best-Sellers n°348 • roman
Le testament des Gerritsen - Emilie Richards
La Nouvelle-Orléans, 1965.

Aurore Gerritsen vient de rendre son dernier souffle. Respectant ses instructions, son avocat réunit les proches de la vieille dame, à qui il ne lira le testament qu'au bout de quatre jours, toute personne partant avant ce délai perdant son droit à l'héritage. Un héritage considérable, qui suscite tensions et convoitises. En huis clos dans le pavillon d'été de Grand Isle, les uns et les autres, à travers à travers les journaux intimes, les secrets de famille enfouis depuis des années, et la lecture du testament, vont alors découvrir le lien secret qui les unit à Aurore Gerritsen …

Best-Sellers n°349 • suspense
Spirale meurtrière - Meg O'Brien

Agent littéraire à Los Angeles, Mary Beth Conahan se trouve soudain confrontée aux meurtres de son ex-mari et de deux de ses auteurs. Coïncidence ? Au même moment, l'une de ses anciennes amies, dont elle était sans nouvelles depuis des années, frappe soudain à sa porte pour lui demander de l'aide…
Un récit haletant dans lequel secrets et trahisons s'entremêlent pour mieux nourrir le suspense jusqu'au coup de théâtre final.

ABONNEMENT...ABONNEMENT...ABONNEMENT...

ABONNEZ-VOUS!
2 romans gratuits*
+ 1 bijou
+ 1 cadeau surprise

Choisissez parmi les collections suivantes

AZUR : La force d'une rencontre, l'intensité de la passion.
6 romans de 160 pages par mois. 23,12 € le colis, frais de port inclus.

BLANCHE : Passions et ambitions dans l'univers médical.
3 volumes doubles de 320 pages par mois. 19,13 € le colis, frais de port inclus.

LES HISTORIQUES : Le tourbillon de l'Histoire, le souffle de la passion.
3 romans de 352 pages par mois. 19,13 € le colis, frais de port inclus.

AUDACE : Sexy, impertinent, osé.
2 romans de 224 pages par mois. 11,54 € le colis, frais de port inclus.

HORIZON : La magie du rêve et de l'amour.
4 romans en gros caractères de 224 pages par mois. 16,68 € le colis, frais de port inclus.

PRELUD' : Tout le romanesque des grandes histoires d'amour.
4 romans de 352 pages par mois. 21,40 € le colis, frais de port inclus.

PASSIONS : Jeux d'amour et de séduction.
3 volumes doubles de 480 pages par mois. 19,55 € le colis, frais de port inclus.

BLACK ROSE : Des histoires palpitantes où énigme, mystère et amour s'entremêlent.
3 romans de 384 et 512 pages par mois. 18,60 € le colis, frais de port inclus.

BEST-SELLERS : Des romans à grand succès, riches en action, émotion et suspense.
3 romans de plus de 350 pages par mois. 21,71 € le colis, frais de port inclus.

MIRA : Une sélection des meilleurs titres du suspense en grand format.
2 romans grand format de plus de 400 pages par mois. 23,40 € le colis, frais de port inclus.

JADE : Une collection féminine et élégante en grand format.
2 romans grand format de plus de 400 pages par mois. 23,40 € le colis, frais de port inclus.

Attention: certains titres Mira et Jade sont déjà parus dans la collection Best-Sellers.

VOS AVANTAGES EXCLUSIFS

1. Une totale liberté
Vous n'avez aucune obligation d'achat. Vous avez 10 jours pour consulter les livres et décider ensuite de les garder ou de nous les retourner.

2. Une économie de 5%
Vous bénéficiez d'une remise de 5% sur le prix de vente public.

3. Les livres en avant-première
Les romans que nous vous envoyons, dès le premier colis payant, sont des inédits de la collection choisie. Nous vous les expédions avant même leur sortie dans le commerce.

ABONNEMENT...ABONNEMENT...ABONNEMENT...

Oui, je désire profiter de votre offre exceptionnelle. J'ai bien noté que je recevrai d'abord gratuitement un colis de 2 romans* ainsi que 2 cadeaux. Ensuite, je recevrai un colis payant de romans inédits régulièrement.

Je choisis la collection que je souhaite recevoir :

(☑ cochez la case de votre choix)

- ☐ **AZUR** : ZZ8F56
- ☐ **BLANCHE** : BZ8F53
- ☐ **LES HISTORIQUES** : HZ8F53
- ☐ **AUDACE** : UZ8F52
- ☐ **HORIZON** : OZ8F54
- ☐ **PRELUD'** : AZ8F54
- ☐ **PASSIONS** : RZ8F53
- ☐ **BLACK ROSE** : IZ8F53
- ☐ **BEST-SELLERS** : EZ8F53
- ☐ **MIRA** : MZ8F52
- ☐ **JADE** : JZ8F52

*sauf pour les collections Jade, Mira et Audace = 1 livre gratuit.

Renvoyez ce bon à : Service Lectrices HARLEQUIN
BP 20008 - 59718 LILLE CEDEX 9.

N° d'abonnée Harlequin (si vous en avez un) |__|__|__|__|__|__|__|__|__|__|

Mme ☐   Mlle ☐   NOM _____

Prénom _____

Adresse _____

Code Postal |__|__|__|__|__| Ville _____

Le Service Lectrices est à votre écoute au 01.45.82.44.26
du lundi au jeudi de 9h à 17h et le vendredi de 9h à 15h.

Conformément à la loi Informatique et Libertés du 6 janvier 1978, vous disposez d'un droit d'accès et de rectification aux données personnelles vous concernant. Vos réponses sont indispensables pour mieux vous servir. Par notre intermédiaire, vous pouvez être amené à recevoir des propositions d'autres entreprises. Si vous ne le souhaitez pas, il vous suffit de nous écrire en nous indiquant vos nom, prénom, adresse et si possible votre référence client. Vous recevrez votre commande environ 20 jours après réception de ce bon. Date limite : 31 décembre 2008.

<u>Offre réservée à la France métropolitaine, soumise à acceptation et limitée à 2 collections par foyer.</u>

L'ASTROLOGIE EN DIRECT TOUT AU LONG DE L'ANNÉE.

(France métropolitaine uniquement)
Par téléphone 08.92.68.41.01
0,34 € la minute (Serveur JET MULTIMÉDIA).

Composé et édité par les
*éditions*Harlequin
Achevé d'imprimer en juillet 2008

BUSSIÈRE
GROUPE CPI

à Saint-Amand-Montrond (Cher)
Dépôt légal : août 2008
N° d'imprimeur : 80961 — N° d'éditeur : 13696

Imprimé en France